启真馆 出品

上卷

知识社会史

从古登堡到狄德罗

A Social History of
Knowledge

From Gutenberg to
Diderot

［英］彼得·伯克　著　陈志宏　王婉旎　译
Peter Burke

浙江大学出版社
·杭州·

图书在版编目（CIP）数据

知识社会史. 上卷，从古登堡到狄德罗 /（英）彼得·伯克著；陈志宏，王婉旎译. -- 杭州：浙江大学出版社，2024.10. -- ISBN 978-7-308-25256-0
Ⅰ．C912.67
中国国家版本馆CIP数据核字第20247W56L0号

知识社会史. 上卷，从古登堡到狄德罗
［英］彼得·伯克 著 陈志宏 王婉旎 译

责任编辑	凌金良
责任校对	黄梦瑶
装帧设计	周伟伟
出版发行	浙江大学出版社
	（杭州天目山路148号 邮政编码310007）
	（网址：http://www.zjupress.com）
排　　版	北京楠竹文化发展有限公司
印　　刷	北京天宇万达印刷有限公司
开　　本	635mm×965mm 1/16
印　　张	19.5
字　　数	258千
版 印 次	2024年10月第1版　2024年10月第1次印刷
书　　号	ISBN 978-7-308-25256-0
定　　价	79.00元

版权所有　侵权必究　印装差错　负责调换
浙江大学出版社市场运营中心联系方式：（0571）88925591；http://zjdxcbs.tmall.com

前言与致谢

本书是在对近代早期文本和二手文献四十多年的研究基础上完成的。书中所做的脚注和列出的参考文献仅限于当代学者的著作,而把原始资料放在文本当中进行探讨。尽管本书的研究集中于知识的结构和发展趋势上,并未关注单纯的个体,但它不可能在探讨这样一个主题时不提及很多人名;同时要告知读者,书中提到的每一个人所处的年代及其简介都可以在"索引"中找到。

书中发表的是一项长期研究课题的成果,这项课题产生了大量的文章以及在剑桥、德尔斐、鲁汶、伦德、牛津、北京、圣保罗和圣彼得堡所做的讲座和研讨会的论文。经过长久的酝酿,最终,我受邀在格罗宁根大学第一期范霍夫讲座(Vonhoff Lectures)报告了该研究的内容。

我要特别感谢迪克·德·波尔(Dick de Boer)在格罗宁根对我的悉心照料,他提醒我要注意13世纪和14世纪知识体系转变的重要性。我同样还要感谢丹尼尔·亚历桑德罗夫(Daniel Alexandrov)、阿兰·贝克(Alan Baker)、莫蒂·费恩古德(Moti Feingold)、哈利勒·伊纳尔哲克(Halil Inalcik)、阿兰·麦克法兰(Alan Macfarlane)、迪克·佩尔

(Dick Pels)、瓦季姆·沃尔科夫（Vadim Volkoff）和杰伊·温特（Jay Winter），他们在各方面都帮助过我；感谢乔安娜·英妮丝（Joanna Innes）允许我阅读她还未发表的有关英国政府信息使用方面的优秀论文。

在原稿的评价方面，我还要感谢克莉丝·贝利（Chris Bayly）、弗朗西斯科·贝当古（Francisco Bethencourt）、安·布莱尔（Ann Blair）、格里高利·布卢（Gregory Blue）、保罗·康纳顿（Paul Connerton）、布兰登·杜利（Brendan Dooley）、弗勒里克·埃格蒙德（Florike Egmond）、何塞·玛丽亚·冈萨雷斯·加西亚（José Maria González García）、约翰·黑德利（John Headley）、麦克尔·亨特（Michael Hunter）、尼尔·肯尼（Neil Kenny）、克里斯特尔·兰（Christel Lane）、彼得·梅森（Peter Mason）、马克·菲利普斯（Mark Phillips）、约翰·汤普森（John Thompson）和张芝联。我的妻子玛丽亚·露西亚（Maria Lúcia）通读了原稿，提出了一些有用但棘手的问题，并给出了改进意见。这本书是献给她的。

目　录

第一章　导论：知识社会学与知识史 / 1

第二章　知识之表达：欧洲知识阶层 / 19

第三章　知识之建立：新旧机构 / 35

第四章　知识之定位：中心及其边缘地带 / 56

第五章　知识之分类：课程、图书馆与百科全书 / 86

第六章　知识之掌控：教会与国家 / 124

第七章　知识之销售：市场与出版业 / 162

第八章　知识之获取：读者部分 / 197

第九章　终曲：对知识的信任与质疑 / 223

注　释 / 245

参考文献 / 259

索　引 / 289

第一章　导论：知识社会学与知识史

> 对于知者，任何我们知道的东西看起来总是有条理的、经过验证的、适用的，并且是显而易见的。同理，任何外来的知识体系则是矛盾的、未经验证的、不适用的、虚幻的或是神秘莫测的。
>
> ——卢德维克·弗莱克（Ludwik Fleck）

根据一些社会学家的说法，如今我们生活在"知识社会"或"信息社会"之中，由专业学者及其科学方法所支配。[1] 而根据某些经济学家的观点，我们生活在"知识经济"或"信息经济"当中，它以知识生产和传播行业的大扩张为特征。[2] 知识也成了一个重要的政治问题，矛盾集中在信息是公共的还是私有的，把它看作一种日常用品还是一种社会信誉上。[3] 将来的历史学家很可能会把 21 世纪称作"信息时代"。

具有讽刺意味的是，在知识以这种方式成为人们关注的焦点之时，哲学家及其他学者对它的可靠性提出了越来越彻底的或至少比以前更强烈的质疑。我们现在常常将过去认为是被发现的事物说成是"发明的"或"创造的"。[4] 但至少对于我们所处时代的界定上，就它与知识之间的关系而言，哲学家与经济学家、社会学家的看法是一致的。

我们不应贸然假设说我们这个时代是最先严肃探讨这些问题的时代。信息的商品化如同资本主义一样年代久远（详见第六章）。政府对系统收集的人口信息的利用也由来已久（尤其是在古罗马和古代中国历史中）。至于对知识可靠性的怀疑论，则至少可以追溯到古希腊哲学家爱利斯的皮浪（Pyrrho of Elis）。

这些论述的要点不是想用同样粗糙的连续性理论来取代革命理论。本书的主要目标是试图从长时段动态发展的视角，更加准确地定义当下的特性。一些最新的争论常常能够刺激历史学家就过去提出新的问题。20世纪20年代，日益严重的通货膨胀问题促进了价格史研究的出现。50—60年代，人口的大爆炸促进了对人口史的研究。90年代，学界则对知识和信息史越来越感兴趣。

让我们从社会中的知识因素转向知识中的社会因素这一互补性对立主题。本书的一个目的可用一个词来描述："陌生化"（defamiliarization）。我希望实现俄罗斯批评家维克托·什克洛夫斯基（Viktor Shklovsky）所描述的陌生化（ostranenie），即一种间离效应，使熟悉的东西看起来有些陌生，使自然的东西像是武断的结果，[5] 关键就在于通过描述和分析过去不断改变的体系而使我们（无论作者还是读者）进一步认识我们生活在其中的"知识系统"。人生活在某个系统当中，整个系统就像是"共通感知"。只有通过比较，人们才能想象它是众多系统中的一个。[6] 正如波兰科学哲学家卢德维克·弗莱克曾经指出的那样，"对于知者，任何我们知道的东西看起来总是有条理的、经过验证的、适用的，并且是显而易见的。同理，任何外来的知识体系则是矛盾的、未经验证的、不适用的、虚幻的或是神秘莫测的"。[7]

人们相信某种东西是真理或知识，这种信任受到他们所在社会环境的影响——甚至是决定性的影响，这种说法并不新颖。这里只需提及近代早期的三个著名例子。培根有关族类、洞穴、市场和剧场的"假相"说，维科（Giambattista Vico）对"民族自负"（换句话说，民族中心论）的论述以及孟德斯鸠有关各国法律和气候及政治制度之间关系的研究，都用不同的方式表达了这种基本观点，这些会在下文中有更详细的讨论（参见第210页[*]）。[8] 同样，从某种见识转变为有组织的和系统的研究，通常难度较大，可能需要几个世纪才能实现。这正是现在被称作"知识社会学"的学科的境况。

知识社会学的兴起

作为一项有组织的事业，知识社会学可以回溯到20世纪早期。[9] 更确切地说，至少有三个相似的学派在三个不同的国家——法国、德国、美国——出现。为何单独关注这三个国家的知识与社会之间的关系？因为，这一问题本身就是社会学方面的有趣问题。

在法国，奥古斯特·孔德（Auguste Comte）早已主张知识的社会史——"无名史"，而埃米尔·涂尔干（Emile Durkheim）及其追随者，尤其是马塞尔·莫斯（Marcel Mauss），研究了基本范畴或"集体表象"的社会起源，比如，空间和时间、正统和异端、人的范畴等，这些观念太过基本以至于人们持有它们，却又毫不自知。[10] 这类研究的新颖之处是，系统地考察了最初几个世纪旅行家和哲学家时常评论的"原始"范畴，并得出将社会范畴投射到自然界这个一般的结论，以便以物的类聚再现人的群分。[11]

涂尔干学派对集体表象的关注又引起了一连串的重要研究，包括对古希腊的研究以及由法国汉学家葛兰言（Marcel Granet）所著的论

---

[*] 本书正文中所提及的页码均为英文原书页码，即本书页边码。——译者注

述中国人思想基本范畴的著作。[12] 历史学家马克·布洛赫（Marc Bloch）及吕西安·费弗尔（Lucien Febvre）用同样的方法分析了"集体心态"或共同假设。布洛赫在对英、法国王神迹的信仰研究中采用了此种方法，而费弗尔在对所谓16世纪的不信神问题的考察过程中，认为无神论在当时是不可想象的。[13]

在美国，以研究炫耀性消费和"有闲阶级"理论著称的托斯丹·凡勃伦（Thorstein Veblen），同样对知识社会学感兴趣。作为查尔斯·皮尔士（Charles Peirce）的学生之一及约翰·杜威（John Dewey）的同事——这两位实用主义哲学家曾经对实际情况与我们的说法"相符合"的假设提出过批评——凡勃伦对真理社会学较感兴趣。他尤其关注特定社会群体与制度的知识之间的关系。在这一领域中，他有三项重要的贡献。

第一项贡献体现在发表于1906年的一篇重要文章中。他在文中反思了科学在现代文明中的位置，认为现代的"科学崇拜"包含一种非人格化解释取代拟人化解释的倾向，这是工业兴起和机器技术兴起的结果。第二项贡献是在对美国学术机构的研究中，凡勃伦继续用社会学火炬照亮大学体系的黑暗地带，将学院派学者与其他秘传知识拥有者如"祭司、萨满巫师、巫医"相提并论，指出在这一群体内的秘传知识被看作普遍真理，"尽管在任何局外人看来，显然，这种知识会从这一群体的生活习性中获取它的特性、视野和方法"。

凡勃伦最后一项重要贡献体现在一篇题为《现代欧洲犹太人的超卓智力》（"The Intellectual Pre-eminence of Jews in Modern Europe", 1919）的论文中，他认为犹太人的杰出或创造力在19世纪最为突出，此时正值众多犹太人被同化于基督教文化当中的时代。他强调这种同化尚不彻底，许多犹太教知识分子正逐渐抛弃他们自己的文化传统，但也未能完全接受非犹太人的文化传统。他们处于两个文化世界的边缘，迫于"环境的压力"，他们成为怀疑论者，因为他们自身族群的偶像"被打破了",同时他们也很不愿意去接受异教徒的偶像。与周遭文化那些被认为是理所当然的思想的分离,促使犹太知识分子成为知识的革新者。

在上述最后一项贡献里,凡勃伦的洞察力无疑源于他自己所处的边缘位置,而这部分是他有意选择的结果,部分是因为他具有的挪威农夫移民儿子的身份。当时美国知识分子有着不寻常的种族和社会意识。[14] 总体而言,凡勃伦是个局外人,严格来讲他并未创立什么学派,不过正如我们在下文将要看到的(参见第9页),他的的确确启发了一批思想继承者。[15]

这一时期,德国知识分子更感兴趣的是观念社会学,时而遵循又时而背离卡尔·马克思的思想。比如,马克斯·韦伯(Max Weber)在他称作"新教伦理"(Protestant Ethic)的研究中(最早出版于1904年),将这一价值体系置于社会语境中考察,并且提出了有关其经济后果的理论。韦伯的官僚制理论(参见第118页)尽管最初与之无甚关联,同样也是对知识社会学的一大贡献。其他的德国社会学家,特别是马克斯·舍勒(Max Scheler)和卡尔·曼海姆(Karl Mannheim,他的学术生涯始于匈牙利而终于英国),他们也像韦伯一样认为观念是有其社会情境的,并由不同的世界观或"思想风格"塑造而成。这些思想风格与国家(对曼海姆来讲,而非舍勒)、世代和社会阶级有关。

例如,曼海姆比较了18、19世纪欧洲的两种思想风格。一种是法国式的——自由主义和普遍主义的风格,从恒定的理性角度来判断社会。另一种是德国式的——保守主义和历史主义的风格,因为所经历的是不断变化的世界,所以用历史而不是用理性或宗教来理解经验的意义。曼海姆并非赞扬或指责这两种不同的风格,而仅仅是指出特定群体的社会利益使得其成员对社会生活的某些方面更加敏感。在这一基础上,他们发展了特别的"意识形态"。[16]

尽管如此,根据曼海姆的理论,知识分子是一个"不属于任何阶级的阶层",他们是一群"自由漂浮的知识阶层"(freischwebende Intelligenz),这是曼海姆从阿尔弗雷德·韦伯(Alfred Weber)那里借用的短语,后者是名气更大的马克斯·韦伯的弟弟,同样也是一位重要的社会学家。知识分子由于相对脱离社会,他们比其他人更能看清社会变动的趋势。"相对"这个限定词有时会被曼海姆的批评者忽略。[17]

正是德国的学术群体将他们的事业命名为"知识社会学"(Soziologie des Erkennens, Wissensoziologie)。这是一个比较奇怪的说法,毫无疑问旨在耸人听闻。说到一种历史或一门有关愚昧的社会学,人们接受起来还比较容易,即使在这一领域还只有那么一点研究。[18]套用弗朗西斯·培根的说法,对我们发现真理过程中的障碍的社会分析,也还不是那么难以接受;更让人躁动不安的是关于知识社会学的概念,因为"知道"一词是哲学家所说的"成功类动词":我们所知道的东西,与我们所相信的东西是相对而言的,前者可以定义为真理。对真理作社会学阐释——就像卡尔·马克思和弗里德里希·尼采所提出的那种阐释,这样一种方法至今还有震撼力,米歇尔·福柯(Michel Foucault)在20世纪80年代关于"真理体制"(regimes of truth)的讨论就证明了这一点。在20世纪90年代,把一本有关17世纪科学的论著命名为"真理的社会史",依然是一种刻意的挑衅行为。[19]

知识社会学的复兴

经过一阵子的辉煌之后,有关知识的研究实际上日益衰微,至少在上述三个国家中与社会学的其他领域相比变得极其逊色。从20世纪30年代到60年代,最杰出的学者是美国人罗伯特·默顿(Robert Merton)。他研究了清教与科学之间的关系,尽管他更关注诸如英国皇家学会(Royal Society)这样的机构,但他的研究其实是对马克斯·韦伯关于清教与资本主义关系研究的发展。[20] 波兰社会学家弗洛里安·兹纳涅茨基（Florian Znaniecki）移民美国后，步凡勃伦后尘，出版了《知识人的社会角色》（Social Role of the Man of Knowledge, 1940）一书，不过之后就转向了其他研究。在巴黎，俄国流亡学者乔治·古尔维奇（Georges Gurvitch），在20世纪60年代曾经信誓旦旦地要复兴这门学科，但他在写好研究计划后便与世长辞了。[21] 由美国学者彼得·伯格（Peter Berger）和奥地利学者托马斯·卢克曼（Thomas Luckmann）合作完成的《现实的社会构建》（The Social Construction of Reality, 1966）一书受到广泛关注，也有着较大的影响，但是作者并没有遵循他们自己提倡的知识社会学中广泛使用的研究方法，即通过大量的研究案例来完成自己的研究。知识社会学复兴的主要刺激来自社会学之外，尤其是克洛德·列维-斯特劳斯（Claude Lévi-Strauss）的人类学研究、托马斯·库恩（Thomas Kuhn）的科学史研究及米歇尔·福柯的哲学研究。

列维-斯特劳斯在对图腾崇拜的研究以及更宽泛的"野性思维"（la pensée sauvage）的研究中重新产生了对分类的兴趣。所谓"野性思维"是指具体的而非抽象的思维，比如，西方人认为"自然"和"文化"是相对的，据列维-斯特劳斯本人的研究，美洲印第安人的神话就是在"生"和"熟"相互对立的基础上形成的。[22] 福柯最初接受了医学史和哲学的双重训练，后来逐渐扩大他的兴趣范围。他发明了一整套术语，如"考古学""谱系学""政权"等，以此福柯从家庭的微观层面转到国家的宏观层面来探讨知识与权力之间的关系，同时分析知识的多重空间或"场所"，例如诊所、学校等。[23] 至于托马斯·库恩，他之所以会使他的同事们感到震惊或刺激，是因为他宣称，科学革命在历史上多次发生，这些革命有着相同的结构或发展轨迹，科学革命也源于对正统理论或"范式"的不满，并以一种新的范式的发明而告终，而这种新范式被看作"常态科学"（normal science），直到又有一代研究者对这种传统智慧开始产生不满。[24]

知识问题引起了上一代重要的社会和文化理论家的关注。作为曼海姆的前任助手,诺伯特·埃利亚斯(Norbert Elias)在其学术生涯的末期,研究了知识独立的进程并提出"科学建制理论"。[25] 尤尔根·哈贝马斯(Jürgen Habermas)探讨了知识、人类利益和公共领域之间的关系。[26] 皮埃尔·布迪厄(Pierre Bourdieu)对"理论性实践""文化资本"以及大学之类的机构的权力等进行了一系列研究,旨在确定哪些可算是正当的知识,哪些不是,从而使得知识在社会学中重新占有一席之地。[27]

布迪厄是科班出身的人类学家,还有一些人类学家在这一领域中也作出了重要的贡献。比如,克利福德·格尔茨(Clifford Geertz)写了很多有关地方性知识、信息和常识的论文,并将它们置于微观层面,即把它们放在他进行田野调查的熟人社会的语境中来考察。[28] 杰克·古迪(Jack Goody)考察了在口头和文字文化中不同的知识路途,而他已故的同事欧内斯特·盖尔纳(Ernest Gellner)分析了在经济、政治和思想领域中不断变化的关系,并称这三个领域是生产、强制和认知体系。[29] 我们很容易在这一名单中加入一大堆人名,也同样可以加上从地理学到经济学等其他学科。[30]

与其他"复兴"中的情况一样,那些"新知识社会学"的参与者,有时也夸大了他们与前辈间的距离。[31] 福柯、布迪厄和列维-斯特劳斯都受益于涂尔干及其所关注的研究范畴与分类,尽管像大部分有创造力的思想家一样,他们都不局限于一个传统,并与其导师保持距离。关于知识与利益之间关系的争论经久不衰。[32] 微观研究方法看起来虽然新颖,但在第二次世界大战之前,卡尔·曼海姆就已倡导它,而卢德维克·弗莱克也进行了实践。[33] 至于布迪厄所强调的判定何种知识为正当的那种权力,它的重要性对维多利亚时代的讽刺学家来说是不言而喻的,他们借本杰明·乔伊特(Benjamin Jowett)之口来表达:"吾不

知者，即非知也。"（参见第18页）

尽管如此，知识社会学的第二次浪潮所强调的重点，依然与第一次浪潮有所不同，尤其在四个方面存在差异。第一方面，知识社会学的重心已经从知识获取和传播转移到知识的"建构"、"生产"乃至"制造"上，这种转变成为社会学和其他学科中普遍的后结构主义转向或后现代转向的一部分。[34] 其趋势是不太强调社会结构，而是强调个体、语言以及诸如分类和实验等方法；同时也不太强调知识经济学，而是强调知识政治学和"知识拥有者"。[35]

第二方面则体现在，与之前相比，这些知识拥有者被看作一个数量更庞大、更多样化的群体。实用的、地方性的或"日常"的知识，如同知识分子的活动一样，如今都被社会学家尤其是所谓的"人种志方法论"学派严肃对待。[36]

新知识社会学与老知识社会学的第三个不同之处在于，前者更加关注微观社会学，关注小群体、小圈子、关系网或"认识论共同体"（epistemological communities）的日常知识生活，并把这些小群体看作建构知识和通过特定渠道引导知识传播的最基本单位。[37] 在福柯的引领之下，学者们常常是通过从实验室到图书馆的微观空间来研究这些认识论共同体。[38] 在这些研究中，新的研究路径更接近于人类学的研究方法。"知识人类学"这一短语已被人们广泛使用。[39]

第四方面，德国社会学派主张知识是具有社会情境的，他们这么认为时，思考的是整个社会阶级（不过曼海姆还考虑到了世代）。[40] 现阶段，人们更加关注的是性别和地理研究。

就性别而言，无论女性学者是想成为人文学者还是科学家，都面临着"障碍赛跑"。现在已经有了一系列的相关研究，但依然需要对女性在不同地点、时刻和学科被排挤到知识生活以外的程度进行研究。[41] 从积极方面看，女性主义者已经声称性别有助于构建经验，因此就有特定的"女性认知方式"。[42]

地理学家对知识的空间分布感兴趣，同时，他们也关注知识无法传播的问题以及知识在特定空间中对特定团体的约束问题。[43] 奇怪的是，对知识地理学最为著名的论述却来自一位文学批评家。爱德华·萨义德（Edward Said）在一项引起广泛争论的研究中，步福柯的后尘，对"东方学"（西方有关中东的知识）进行了分析，认为它是一种为帝国主义服务的机制。[44]

虽然我是文化和社会历史学者，但本书将会采用上述多种研究方法，供以修正专业化造成的我们知识界典型的碎片化问题。

知识的社会史

迄今，认真对待知识社会学的历史学者相对较少。詹姆斯·哈威·鲁滨逊（James Harvey Robinson）是一个例外。鲁滨逊是20世纪初美国"新史学"运动的领袖，也是托斯丹·凡勃伦的朋友。他鼓励玛莎·奥恩斯坦（Martha Ornstein）以科学学会在17世纪产生的作用为主题撰写博士论文（参见第39页）。鲁滨逊反思的结果是，"到底大学这种古老而荣耀的学术中心，在知识进步中拥有怎样的地位？这项研究可能有恶意的抄袭成分，因为鲁滨逊的好友凡勃伦所著的《高等教育》一书就持有这个先见，但凡勃伦迟迟不肯出版该书（这本书完成于1908年，却在10年之后才出版）。[45]

然而，在这方面鲁滨逊却不再有继承人了。20世纪20年代与50年代之间，从俄国人鲍里斯·赫森（Boris Hessen）到英国人李约瑟（Joseph Needham），只有少量的马克思主义学者尝试撰写科学研究的社会史，主流科学史学家却避而不谈这个问题。直到60年代以后，从社会观的角度来研究科学才算走上正轨。从这个角度写社会科学的著作很少，而写人文科学的著作就更少了。这些为数不多的著作的研究时段，又都集中于19世纪与20世纪，而不是近代早期。[46]

我之所以选择研究这个主题，是因为我注意到它在学术文献上的空白。对于如此大的课题，任何研究若不有意识地放缓行动，一点一点开掘，不仅是不自量力，也是不可能完成的，因此研究结果可能是一篇论文，也可能是系列的文章。对此，我喜欢先零碎地作简短的研究，将不同的地点、主题、时期或个体拼接在一起，以便将小的碎片拼凑成一幅大的画面。然而，很明显，人们却很需要这样一本著作。通常根本没有人把知识社会学视为一个领域，只是将其看作参考书目、科学史、阅读史、思想史、绘图史和史学史（这是我最初想研究的主题）等学科或次一级学科的集合罢了。

任何主张知识具有社会情境的人，的确都要先给自己定位。毫无疑问，我也有因阶级、性别、民族和世代而产生的偏见，这一点大家很快就会看到。我之所以会选择"知识社会史"作为书名，是为了向曼海姆表达敬意。尽管我已逐渐远离他所使用的研究方法，但是曼海姆的著作在四十多年前曾引起了我对这个题目的极大兴趣。本书是一本以理论为主的社会史著作，不但相较于晚近的福柯及布迪厄的范式理论更系统，也具有埃米尔·涂尔干和马克斯·韦伯的古典理论的特征。第二章和第三章是对知识社会学的回顾，第四章关注知识地理学，第五章讨论人类学，第六章探讨知识的政治学，第七章探讨知识的经济学，第八章采取更具文学性的研究方法，结尾部分则提出一些哲学性问题。

尽管本书会侵入其他学科，但读者一看便会明白，这只是一部历史学者（确切说是近代早期欧洲史学家）的著作而已。本书的研究时段限于文艺复兴和启蒙运动时代。出于比较和对照的需要，本书有时也会打破时空的界限，但总体而言，这是一部近代早期欧洲的知识史著作。

此处所谓的近代早期，是指从古登堡到狄德罗的几个世纪，换言之，是从 1450 年前后铅活字印刷术在德意志被发明，到 18 世纪 50 年代起陆续出版《百科全书》（*Encyclopédie*）这段时间。《百科全书》是那个时代所有可得信息的大全，同时也是一幅政治学和知识经济学的生动画卷。至于知识与印刷品之间的关系，下文会多次加以讨论。此处可以这么说，新媒体的重要性并不局限于将知识传播到更广泛的范围，它还将那些相对私人性抑或是秘密性的知识（从技术机密到国家机密）给予公开。印刷品同样便于人们交流不同的知识，本书将反复谈到这个话题。印刷使知识标准化，使身居异地的人们能够阅读同样的典籍或研究相同的图像。同一个人也可以去比较对同一现象或事件互相冲突和矛盾的记录，因而也鼓励了质疑的态度，犹如第九章所建议的那样。[47]

知识是什么？

"知识是什么？"这个问题，与更为有名的"真理是什么？"的问题几乎同样难以回答。有人常会批评曼海姆，因为他将范畴、价值观念和评价不分青红皂白地说成是由社会决定的。我们同样需要辨别知识与信息，"知其所以然"与"知其然"，什么是确定无疑的与什么又是理所当然的。为方便起见，本书用"信息"一词来特指相对"原始的"、特殊的和实际的，而以"知识"一词表示"通过深思熟虑的"、处理过的或系统化的。毫无疑问，这个差别是相对的，因为大脑会审理一切我们注意的事，但对知识的详细阐述和分类的重要性，则是下文行将出现的话题（尤其是在第五章）。

接下来，文中要探讨的是近代早期的人（并非本书的作者及其读者）所认为的知识，因而关于魔法、巫术、天使和恶魔的知识都包括在内。近代早期知识的观念显然是知识社会史的核心，下文将有更详细的讨论。这两个词的知识的不同类别，如艺术（ars）和科学（scientia）的区别（当时的含义更接近今天的"实践"与"理论"，而非今天的艺术和科学），或者当时意识到的"学术""哲学""好奇心"等词（以及它们在不同欧洲语言中对应的词）的用法。热衷于各种新知识的人，有时会把知识看作"真知"，而鄙视传统知识，称它们不过是空洞的"术语"或毫无用处的"卖弄学问"而已。观念史（德语为Begriffsgeschichte），是这项事业不可或缺的一部分。观念史不仅注意新词汇的兴起，因为它们是新兴味和新思维的风向标；也注意旧词汇含义的改变，并把它们置于原来的语言学领域之中，考察使用它们的社会语境，并恢复它们的初始关联。[48]

下文我要设法避免的是认为知识在进步的传统假设，即有时被称为"认知发展"的概念。这个概念，假如是指整个社会中的人（包括百科全书的各位撰稿人）的认知都在提升，就可能有用。我们很难否认欧洲近代早期知识史中的累积因素：参考书成倍增加；图书馆和百科全书不断扩充；在一个又一个世纪里，想要了解某个特殊主题的人可用的资源越来越多（详见第八章）。

智慧并不是累积的，每个人或多或少需要艰辛的努力学习才能获得智慧。甚至在知识的领域中，个人的知识水平仍然会有退步或进步。过去的一个世纪，中小学等非高等院校和大学的专门化程度越来越高，学生的知识面也比以往狭窄（暂且不论知识深度能否补偿知识的广度）。如今，各种各样的知识竞相吸引我们的注意力，而每一种选择都有其代价。每当百科全书更新时，某些信息就要被删除，以便有篇幅放下别的内容。因此，要找寻某些特定的信息，最好去查阅《不列颠百科全书》第11版（*Encyclopaedia Britannica*, 1910—1911）而不是最新版本。在近代早期的欧洲，随着印刷术的发明、地理大发现以及所谓的"科学革命"之开展，一场"知识大爆炸"迎面而来。然而，在知识积累的过程中，人们在解决问题的同时也制造了一些问题。下文还会再讨论这一点。

不消说，我本人对知识的掌握并不完整，因此在写本书时有必要在编年、地理乃至社会方面进行限制。本书源于一系列的演讲，其目的在于勘探广阔的知识领域，因此只能算作一本论文集而不是一部百科全书。本书实际上受限于占主导地位的知识形式，对此，有必要加以详述。

知识的多样性

本书所依据的文本大多出版于 16、17、18 世纪。书中以讨论口头知识的方式来避免文字中心论（graphocentrism），把图片（包括地图）看作知识的交流途径并用插图的方式来避免逻各斯中心论（logocentrism）。对于实物，从贝壳到货币，从填充式鳄鱼标本到雕像，都会不时提及，因为它们在这一时期被狂热地收集、整理分类，并在陈列室或博物馆中展出。[49] 非言语的实践活动——建造、烹饪、编织、康复、狩猎、耕作等——同样包含在知识定义当中。然而，还有一个大问题有待解决：本书要谈的是关于什么人的知识问题？

近代早期的欧洲，精英们常以自身的学问来认定知识，他们中的多数会持类似黎塞留（Cardinal Richelieu）在其《政治遗嘱》（*Political Testament*）中的看法，即不应教给人民知识，否则他们会不满于自身的生活处境。西班牙人文主义者路易斯·比韦斯（Luis Vives）则不同，他坦承"农民和工匠比那些哲学家更了解自然"（melius agricolae et fabri norunt quam ipsi tanti philosophi）。[50]

今天，那些所谓地方知识和日常知识开始"复原"，很显然每一种文化都存在多种多样的知识，社会史同社会学一样，必须关注"社会上认为是知识的一切事物"。[51] 辨别是不是知识的方法之一，则是依据其功能和用法。比如，社会学家乔治·古尔维奇，就区分了7种知识类型：感知型的、社会型的、日常型的、技术型的、政治型的、科学型的和哲学型的。[52]

另一种方法更接近社会史，可以区别由不同社会群体生产和传播的知识。知识分子通晓多种知识，但是其他领域的专门知识或"专业技能"（know-how）则由官吏、工匠、农民、助产士和大众理疗师（popular healers）来培育。这些隐性知识领域最近引起了历史学者的注意，尤其是在帝国主义时代，欧洲统治者、制图师和医师统统将那些土著居民的知识据为己有。[53]

大多数知识研究是研究精英的知识，包括我自己1978年起所作的大众文化研究，相对而言，很少会谈及认知元素——大众或日常知识。[54]本书循其本源，会重点讨论具有支配性甚至是"学术性"的知识形式，即近代早期常谈到的"学问"。然而，我会努力将学术性知识放到更广的范围内进行研究。学术精英的知识体系与"另类知识"之间的竞争、冲突和交流这一主题，会反复出现在本书中。[55]这些冲突在医学中尤为明显，"阴险狡诈之徒"、巡回医生、摩尔人或妇女均会卷入其中。[56]具体的例子，人们可能会想到巴黎助产士路易丝·布尔乔亚（Louise Bourgeois）1609年出版的《多重观察》（*Observations Diverses*），她称自己是"这一行中第一个提笔记录神授的知识的女性"。

如果我想耸人听闻，我会声称：近代早期欧洲所谓的知识革命——文艺复兴、科学革命和启蒙运动——仅仅是对某些大众或实用知识的可视化呈现（尤其是借由印刷），以及由学术机构确立起它们作为正当的知识的过程。这种说法虽略带夸张，但并不比传统的假设（知识乃学者的学问）更为偏颇。比如，欧洲人在其他大陆收集而来的知识，并不总是对自然和社会直接观察的结果，而是依赖于当地的信息提供者（参见第四章）。

关于学者与工匠之间相互配合的例子，我们会想到文艺复兴时期的意大利。比如，在 15 世纪早期的佛罗伦萨，人文主义者莱昂·巴蒂斯塔·阿尔贝蒂（Leon Battista Alberti）经常与雕刻家多纳泰罗（Donatello）及工程师菲利波·布鲁内列斯基（Filippo Brunelleschi）交谈。如果没有这些专家的帮助，阿尔贝蒂很难写就一部关于绘画和建筑方面的论著。研究文艺复兴时期建筑的学者，探讨了熟练泥瓦匠的技艺传统与其雇主的人文知识之间的相互协作的问题，雇主们会委托泥瓦匠将房子建成他们手中的维特鲁威（Marcus Vitruvius Pollio）的样本的样子。事实上，在文艺复兴时期的意大利，如果没有古拉丁语专家和建筑师之间的通力合作，要对古罗马建筑家维特鲁威的建筑论著进行校订并添加插图是很难想象的。1556 年，威尼斯贵族达尼埃莱·巴尔巴罗（Daniele Barbaro）在校订和翻译维特鲁威的论著时，曾得到泥瓦匠出身的建筑师帕拉迪奥（Andrea Palladio）的帮助。[57]

在某些领域，实干家和学者一样，对印刷出来的知识都有所贡献。[58]人文主义者格奥尔格·阿格里科拉（Georg Agricola）写过一部有关采矿的著作（1556 年出版），这本书的写成，显然很大部分要归功于约希姆塔尔矿工口头告诉他的知识，当时阿格里科拉在该地以行医为生。蒙田（Michel de Montaigne）则走得更远，他在有关食人者的著名随笔中认为，一个单纯粗鲁的人（homme simple et grossier），相比于细致文雅的人（les fines gens），更能提供关于他在新世界的经历的可靠证据，因为细致文雅之人会有许多偏见。

谈及人文学科，经济学（第 101 页有所讨论）的兴起并非无中生有。它不仅涉及新理论的精巧论证，同时还赋予商人的实用知识以崇高的学术地位。商人的知识原是口耳相传的，但在 16 世纪和 17 世纪它们以印刷品的形式流传得越来越广。一些著作，像伦敦商人、之后成为东印度公司总督的约西亚·柴尔德男爵（Sir Josiah Child）所著的《贸易论》（*Discourse of Trade*, 1665），就是这样一部著作。

尽管跨界要付出代价，但政治理论和政治实践之间也有类似的交集。马基雅维利（Niccolò Machiavelli）通过清晰浅显、理论化的形式论述那些官员在会议中常常讨论而统治者在国家治理中经常采用的规则，这引起了一场骚动。《君主论》本是马基雅维利希望有助于自己的事业而敬献给美第奇家族某成员的一份秘密文件，该书在马基雅维利离世几年后的1532年出版。[59] 培根在其《学术的进展》（Advancement of Learning, 1605）一书中提出了一个有见地的论点，他声称："有关谈判及交易的智慧至今还未见于其他文辞之中。"这对他的前辈马基雅维利颇为不公。

此外，关于绘画及其技巧的知识，被称作"鉴赏能力"（connoisseurship）。它是一种口耳相传的知识，16世纪才出现于印刷制品上，尤其是乔尔乔·瓦萨里（Giorgio Vasari）的《意大利艺苑名人传》（Lives），它初版于1550年。提醒我们这一时期理论与实践之间的相互作用的是一个哲学字眼："经验主义"（Empiricism）。这一词源于"江湖医生"（empiric），在传统英文当中指的是那些从事另类医学却缺乏理论知识的男男女女，培根在《学术的进展》一书中谴责了"赤脚医生"（empiric physicians），因为他们既不懂真正的病因，也没有正确的治疗方案。不过，培根对经院哲学家进行了更为严肃的批判，因为他们轻易作出判断，却忽略了日常世界。培根在《新工具》（The New Organon, 1620）一书中写道，"尚未试过的真正方法"既不是跟随凭借经验漫无目的收集材料的蚂蚁（empiric ant），也不是跟随用其内部体液编织网格的经院式的蜘蛛（scholastic spider），而应是追随既采花粉又酿蜂蜜的蜜蜂。要自"感官和细节"（the senses and particulars）始，而后经过多重阶段才达成一般结论（格言 xix, xcv）。下文第九章要谈的中庸之道，就是我们如今的"经验主义"，法语是 empirisme，这个词出现于1736年，在培根派的《百科全书》中对此有专文加以讨论。

培根曾拥有这样一个信念：即使饱学之士也可向普通老百姓学习，而这与他提倡的经验主义认识论密切相关。路易斯·比韦斯（他曾于一个世纪前试图改革知识体系）也秉持类似的想法。伦敦皇家学会继承了培根的思想传统，出版了各种专门知识或各种行业与工艺机密的著作。正如博学鸿儒莱布尼茨（Gottfried Leibniz）所指出的，其目的是"将理论家与经验主义者快乐地结合在一起"（Theoricos Empiricis felici connubio zu conjungiren）。这句话融合了德语和拉丁语的特色。

德尼·狄德罗（Denis Diderot）在这方面也是培根的崇拜者。在《百科全书》中，他同时关注工匠与启蒙哲人（philosophes）二者的知识，比如在一个论"艺术"的词条中，他指出区分人文艺术与机械艺术的差别（参见下文第五章）是不幸的，因为这贬低了一些值得尊敬之人和有用之人的地位。和伦敦皇家学会一样，狄德罗及其编者在《百科全书》中将工艺技术的知识予以公开，很明显这本书在一些实际场合中也有用处。比如，18世纪70年代制造大炮时，一名军事顾问就引用了《百科全书》中有关制造加农炮（Alésoir）的词条，并将其呈献于奥斯曼帝国苏丹。[60]

在这种交流语境内，本书将集中探讨具有支配性的知识形式，尤其是欧洲知识分子所具有的知识。但在近代早期的欧洲，谁才是知识分子呢？下一章将讨论这一问题。

第二章　知识之表达：欧洲知识阶层

> 学问乃学业，赐予我们眺望更远方的光。
> ——伊萨克·巴罗（Isaac Barrow）
>
> 我乔伊特，初来人世。
> 世本无知，而我知之。
> 我乃一山之长。
> 吾不知者，即非知也。
> ——比沁（H. C. Beeching）

本章关注的是近代早期欧洲知识的主要发现者、生产者和传播者。这些人就是我们常说的"知识分子"。卡尔·曼海姆称他们为一个社会群体，"他们的任务是为这个社会解释世界"。在上文（第5页）所引的曼海姆的名言中，他称这些知识分子为"自由漂浮的知识阶层"，一个"不受束缚、不属于任何阶级的阶层"。[1]

延续与断裂

常有人认为知识分子直到 19 世纪中叶才在俄国出现,"知识分子"(intelligentsia)一词被造出来指那些不愿意或难以在官僚系统中找到安身立命之处的文人。或有人认为这一群体产生于 19 世纪末,当时法国上下都在探讨德雷福斯上尉(Captain Dreyfus)是否有罪,加之支持德雷福斯的《知识分子宣言》(*Manifeste des intellectuels*)一文的发表,促使了知识分子阶层的出现。[2] 其他历史学家尤其是雅克·勒高夫(Jacques Le Goff),认为至少在大学(出现)的语境下,知识分子产生于中世纪。[3] 上述分歧部分原因在于知识分子的不同界定,但也反映出人们对学者在欧洲文化史中的变革与延续的相对重要性上有着重大的分歧。

一般人认为现代知识分子是 19 世纪激进知识阶层的传人,而这些激进知识阶层又是启蒙哲人的后裔,这些启蒙哲人要么是新教教徒的世俗化代表,要么是文艺复兴时期人文主义者的后代。检审过往仅是为了找寻像我们自己一样的人,这种观点未免过于"着眼当下"了。米歇尔·福柯并非最早认为着眼当下的态度和连续性有问题的人,但他是批判这些一般假设最为激烈的人。

福柯派的知识分子史可能会探讨 19 世纪知识阶层与 18 世纪启蒙哲人之间的断裂问题,前者想要推翻他们的旧制度,后者则想改革他们的旧制度。此外,福柯派的知识分子史可能会注意到反教权的启蒙哲人和 17 世纪英国清教徒之间的隔阂,后者被看作传统社会"激进知识分子"历史中的首个例子,是从"封建关系中解脱出来的"。[4] 然而,在清教徒们看来,他们真正的、基本的"志业"或"天职"既非从事学术研究也非参与政治活动,两者不过是达到更高目标——宗教——的手段而已。这些教徒怀有远大的理想,这一目标使他们持反智的态度。[5] 另一次断裂是清教徒及其前辈即文艺复兴时期的人文主义者之间的分离，还有一次断裂是人文主义者与他们经常谴责的经院哲学家的分离，经院哲学家即勒高夫所指的中世纪知识分子。

为了避免混淆，最好仿效塞缪尔·柯勒律治（Samuel Coleridge）和欧内斯特·盖尔纳的做法，把这些知识专家称为"知识阶层"（clerisy）。[6]这个词会在下文不时提到，用来描述这样一个社会群体，这一群体的成员都把自己看作"学者"（docti, eruditi, savants, gelehrten）或"文人"（literati, hommes de lettres）。在此种语境下，文（lettres）一词意为学问而非文学（因此就需要在纯文学 [belles-lettres] 中加个形容词）。

从15世纪到18世纪，学者常把自己看作"文人共和国"（Respublica litteraria）的公民，这一说法表达了他们超越国界的群体归属感。本质上，这是一个想象的共同体，但这个想象的共同体有着自身的交往习惯，如信件往来、书籍交换和文人互访，更不用说年轻学者对那些在事业上有提携自己可能的前辈表达心意的仪礼。[7]

本章的目的是要讨论1940年发表的著名社会学文章中所谓的"知识人的社会角色"问题。[8]今天，这句话无疑提出了这样一个问题：那一时代的知识女性处境如何？她们几乎被排挤出学问追求的行列，正如17世纪法国哲学家普兰·德·拉巴尔在其著作《论两性平等》（Poulain de la Barre, *The Equality of the Two Sexes*, 1673）中所指出的那样。

尽管"才女"（bluestocking）一词到18世纪末期才出现，但在近代早期的欧洲就有了女性文人或"博学之女"（learned ladies）这样的称呼。在这些女性文人中，最为著名的有：15世纪的克里斯蒂娜·德·皮桑（Christine de Pisan），著有《女性之城》（*The City of Women*）一书；编辑了蒙田《随笔集》的玛丽·勒·雅尔·德古尔纳（Marie Le Jars de Gournay），研习过炼金术并著文探讨男女平等；博学多才的学者安妮-玛丽·舒尔曼（Anne-Marie Schurman），定居于荷兰共和国，曾在乌特勒支大学授课并写就了一部阐述女性研究才能的著作；还有瑞典女王克里斯蒂娜（Queen Kristina of Sweden），她延请勒内·笛卡尔（René Descartes）、胡果·格劳秀斯（Hugo Grotius）等学者到斯德哥尔摩的朝廷，退位后，她在罗马创办了物理数学科学院。

不过，女性不能和男性一样加入文人共和国之中。她们当中能上大学的极少。尽管她们可能跟亲戚或私人教师学点拉丁文，但如果试图进入人文主义者的圈子，则会遭拒，比如15世纪意大利女学者伊索塔·诺伽洛兰（Isotta Nogarola）和卡桑德拉·费代莱（Cassandra Fedele）即为如此。伊索塔不堪男性公开嘲讽其假装有学问，最终做了修女。[9]

女性也参与了科学革命和启蒙运动。纽卡斯尔公爵夫人玛格丽特·卡文迪什（Margaret Cavendish）出席皇家学会的会议并发表其哲学观点。伏尔泰为夏特莱侯爵夫人（Marquise du Châtelet）写了一本名为《风俗论》（*Essays on Manners*）的书，想要说服她历史和她喜欢的自然哲学同样值得研究。当然，在这些领域，女性处于边缘地位。丰特奈尔（Bernard de Fontenelle）为女性读者写了一部题为《多元世界对话录》（*Conversations on the Plurality of Worlds*）的著作，而弗朗西斯科·阿尔加罗蒂（Francesco Algarotti）出版了名为《女性牛顿主义》（*Newtonianism for Ladies*）的专著，他以恩人姿态自居，设想如果能用浅显的语言向女性解释新科学，聪颖的女性是能够理解的。[10]

中世纪

爱洛伊丝（Héloïse）在成为阿伯拉尔（Peter Abélard）的情人之前是他的学生。她的例子提醒我们，12世纪就有知识女性。自古代晚期以来，正是在那时欧洲第一次在修道院以外出现了知识阶层。这种发展和大学一样，都是由于市镇兴起所带来的日益明确的劳动分工。

知识阶层包含一群有学养的俗人，通常是医生或律师。法律和医学是两门世俗且具高深学问的专业，两者在中世纪大学和大学之外均享有一定的地位。[11] 他们是法人团体（corporate groups），有时组成学院（比如1518年创办的伦敦医学院），重在维护知识与执业上的垄断，反对非正式执业者的介入与竞争。

然而，大多数中世纪大学教师和学生都是教士，通常也是宗教修道会的成员，最著名的当数多明我会。中世纪最具名望的大师——托马斯·阿奎那（Thomas Aquinas）便是一位多明我会修士。甚至像大阿尔伯特（Albert the Great）和罗吉尔·培根（Roger Bacon）这样的自然科学家也是天主教修士。学生通常从一所大学游历到另一所大学。他们是一个国际群体，认为他们与所住城市的一般居民有别，不过是碰巧住在这里而已，正如他们的拉丁文歌曲所唱的那样。关于教师，他们是我们所说的"经院"哲学家和神学家，尽管他们并不用这类称呼，而是自称"文人"（viri litterati）、"教士"（clerici）、"学士"（magistri）或"哲学家"（philosophi）。他们当中的一些文人，例如12世纪的英国人索尔兹伯里的约翰（John of Salisbury），也活跃在宫廷中。[12]

至于"经院哲学家"（scholastici）一词，则是由那些新式大学课程——"人文学科"（参见下文第五章）的支持者创造出来的带有蔑视意味的词。这些讲授新式课程的教师称为"人文主义者"（humanistae），该称呼先在意大利传播，而后传遍欧洲。此类人文主义者是一批新式知识阶层。他们有些身负圣职（holy orders），但大多是俗人，在中学或大学任教，或当私人教师，或依附于慷慨的赞助人。至少对于某些人文主义者而言，教学是宿命而非职业。15世纪晚期，有位意大利人文主义者曾感伤地给另一位人文学者写道："我原先受到君王的恩宠，但因我时运不济，只能创办一所学校。"除了一些法学院的明星教师之外，大部分中学或大学教员薪金普遍较低，这使我们很容易理解那位人文主义者的抱怨。授业解惑可以使人凭借知识谋生，但不可能使人过上很好的日子。[13]

"人文主义者"一词的出现表明，至少在大学，教授人文学科使学者有身份上的认同感。这些人文主义者创建的学会或学院（将在第三章讨论这些机构）同样表达了一种集体身份。[14]

印刷术之影响

印刷术之发明的一个重要影响是拓宽了知识阶层的职业道路。他们当中有些人成为学者型印刷商人，比如威尼斯的阿尔都斯·马努提乌斯（Aldus Manutius）。[15] 有些人为出版社工作，比如做校对、编索引、翻译，甚至受印刷出版商委托写新书。坚守"文人"的职业变得相对容易，但还有困难。至少对于伊拉斯谟（Erasmus）来说，他是足够成功的，写作使他不再依赖赞助人。诺伯特·埃利亚斯描绘了人文主义者的总体形象，尤以伊拉斯谟作为曼海姆式的自由漂浮的知识阶层的典型。他们独善其身，有意"疏远"世界上所有的社会群体。[16]

16世纪中期的威尼斯，一群受过人文主义教育的作家，以笔为生，写了主题多样、品种繁多的作品，并以多产作家（poligrafi）为世人所知（参见下文第七章）。16世纪后期的巴黎、伦敦及其他城市也有类似之人，他们创作了很多作品，包括年代纪、宇宙志、词典和其他知识指南。

教会与国家中的机遇

对16世纪的这些有学问的群体来说，机遇还有很多。宗教改革又增加了一次机会。马丁·路德"信徒皆祭司"的思想起初让僧侣们变得有些多余。路德在威滕伯格（Wittenberg）大学的同事安德里亚斯·卡尔斯塔特（Andreas Karlstadt）则更为激进，他曾不遗余力地为废除学位而奔走。然而，路德还是支持这种理念，即博学的僧侣能向民众传播福音，加尔文和其他新教改革家也赞同这种理念。16世纪中叶以来，天主教创立了很多神学院，同样表现出对教区神职人员教育的重视。[17] 有些神职人员在此类机构接受教育后，以学术为职业，并继续服务于教区。例如路德派牧师保罗·伯尔杜安（Paul Bolduan），就是学科目录学汇编的先驱。通过这种方式，教会可以说在无意间资助了学术研究。

16世纪和17世纪早期学生数量不断增加，就部分缘于大学有了新的功能，此时大学一方面成为教区神职人员的培训机构，另一方面为政府提供需求日增的拥有法学学位的官员。到17世纪中期，学生数量供大于求，很多毕业生对未来心怀绝望。在那不勒斯，学生参与了1647年至1648年反对西班牙的著名抗议运动。有一次，300名学生武装起来走向街头，抗议学校提高博士教育学费。在英格兰，有人认为这些"异化的知识分子"（alienated intellectuals）应对英国革命负有部分责任。[18]

一些受过大学教育的文人受雇成为统治者、贵族及博学家的秘书。众多杰出的意大利人文主义者，包括莱昂纳多·布鲁尼（Leonardo Bruni）、波焦·布拉乔利尼（Poggio Bracciolini）及洛伦佐·瓦拉（Lorenzo Valla），都曾做过教皇的秘书。秘书并非新的行业，但从讲授如何做好秘书工作的专著（尤其是意大利文）的数量上看，这一行业日益重要，因为统治者和贵族的公文数量在增加（参见下文第六章）。[19] 历史上，瑞典在16世纪末期被称为"秘书统治"的时代。很多像出身贫寒的牧师之子约兰·佩尔森（Jöran Persson）那样的人，都成为重要人物。佩尔森更多时候充当的是国师而非秘书，在贵族（他的对手）将其置于死地之前，他一直是瑞典国王埃里克十四世（King Erik XIV）的心腹。西班牙国王菲利普二世时代的秘书统治更为显著。letrado（来源于学者 litteratus）一词是指为皇家服务的律师，他们是文人，与传统上国王身边的武士不同。他们为帝王献计献策，在许多文化中，这是知识阶层发挥的主要政治功能。[20]

学者也会雇用秘书或书记员。比如，伊拉斯谟就雇用了本身也是学者的吉尔伯特·库辛（Gilbert Cousin），而弗朗西期·培根的秘书当中就有年轻的托马斯·霍布斯（Thomas Hobbes）。大使们通常也会有自己的助手，有像阿莫莱特（Nicolas Amelot de la Houssaie）这样的文人，他在担任法国驻威尼斯大使秘书的任内，就曾利用职务之便获取有关威尼斯共和国秘密活动的资料，后来将其发表（参见下文第 147 页）。到了 17 世纪，学会秘书一职已经出现。丰特奈尔是法兰西科学院（French Académie des Sciences）的秘书，亨利·奥尔登堡（Henry Oldenburg）是英国皇家学会的秘书，福梅（Formey）是柏林科学院（Berlin Academy）的秘书，佩尔·威廉·瓦根廷（Pehr Wilhelm Wargentin）是瑞典皇家科学院（Swedish Academy）的秘书。这个职位通常是有薪水的，奥尔登堡就是一例。

到 17 世纪中期，尽管还有一定风险，但作家和学者依靠赞助和出版的收入维持生计变得日渐可能了。一份对活跃于 1643 年至 1665 年间的 559 名法国作家所作的分析表明，如果策略得当，以文学为职业是可行的。文学一词从广义上说，包括了词典和史学著作、拉辛（Jean Racine）的戏剧以及布瓦洛（Nicolas Boileau-Despréaux）的诗歌。[21]

我们不应过分强调与传统的割裂。王室津贴仍是作者和学者主要的收入来源。比如，路易十四不仅把大量津贴补助给了布瓦洛、拉辛和其他的诗人，同时也资助了天文学家吉安-多梅内克·卡西尼（Gian-Domenico Cassini）和语言学家夏尔·康热（Charles Du Cange），尼古拉斯·德·佩雷斯克（Nicholas de Peiresc）和约翰·赛尔登（John

Selden）这样的律师及西奥多·茨温格（Theodor Zwinger）和奥勒·沃尔姆（Ole Worm）之类的医生，他们在闲暇时继续为学术研究作出重要贡献。身为教士或有待当教士的作家的数量还是相当可观的。事实上，在路易十四时代，这一数目依旧庞大。[22] 直到近代甚至更晚近，有相当部分已出版的学术著作依然出自教士之手。

结构之分化

到了 1600 年前后，欧洲知识阶层内部的社会分化过程已很显著。作家是一个半独立的群体，比如在 17 世纪的法国，他们不断使用作家（auteur）和写作者（écrivain）这样的词，显示他们逐渐加强的自我意识。[23] 这一时期，出现了一个颇具影响力的小团体，用我们今天的话来说叫作"信息经纪人"（information brokers），因为他们使处于不同地方的学者发生联系；他们又可称为"知识经理人"（knowledge managers），因为他们努力去收集并整理资料。很多人的名字还会出现在本书中，比如弗朗西斯·培根、让-巴普蒂斯特·柯尔贝尔（Jean-Baptiste Colbert）、德尼·狄德罗、塞缪尔·哈特利布（Samuel Hartlib）、戈特弗里德·威廉·莱布尼茨、马林·梅森（Marin Mersenne）、加布里埃尔·诺德（Gabriel Naudé）、亨利·奥尔登堡、泰奥弗拉斯特·雷诺多（Théophraste Renaudot）。[24]

大学教授同样也成为一个独特的群体，在德语世界尤为显著。到 18 世纪末，德语世界就有四十多所大学，这还不包括其他高等教育机构。这些教授通常是俗人，多数是别的教授的儿子或者女婿。随着对学位服和头衔的不断关注，乌普萨拉大学等大学的走廊也挂上了教授的画像。这些都表现出他们的与众不同。19 世纪，牛津大学的本杰明·乔伊特，从 1870 年到 1893 年间一直担任贝利奥尔学院（Balliol

College）的院长（本章开篇题诗的对象），在他身上体现了近代早期教授的学术权威。

近代早期的学者逐渐视其工作为一份职业。17 世纪后期的英国，在马克斯·韦伯就这一主题发表著名评论的前两个世纪，伊萨克·巴罗——剑桥大学三一学院院长——他在《勤勉论》（*Of Industry*）中讨论了学术作为一门职业的问题，他认为学者的"工作"在于"发现真理"进而"获取真知"。对巴罗而言，"知识"并非"平淡无奇且世俗的"信息，而是特指那些"崇高、深奥、错综复杂和费神的信息，远非一般的观察和感知可比"。那些特殊学术从业人士，有时也视其工作为职业，其中就包括德国历史学家约翰·斯莱顿（Johann Sleidan）和法国历史学家拉·波普利尼埃尔（Henri de La Popelinière）。[25]

学术界的不断分化引发了不同群体之间的冲突，比如，自 17 世纪中期以来，人们对于英国人所谓的"祭司权术"（priestcraft）的抨击力度越来越大。换言之，这是对某知识分子群体的攻击，因为他们用知识欺骗普通民众。[26] 如果当时教士在知识界中没有保留强权，那么这样的攻击就没有必要；如果当时有大量的世俗学者（lay scholars），也不可能有这样的攻击，因为他们超然于自己的新理念，或如他们所说且坚守了"不偏不倚"的观念，即在教会和国家与党派之间保持了客观的立场（直到 18 世纪末，人们还认为知识是"客观的"）。也有人批评律师和医生是世俗教士，因为他们借其客户不甚了解的专门术语的庇护，维护自己的垄断地位。[27]

自 16 世纪中期以来，与德国人对拉丁文化和学问（Gelehrtheit）的兴趣相比，法国人更强调文学（lettres）和方言（vernacular）。德国人觉得法国人肤浅，而法国人认为德国人迂腐。贵族业余爱好者或贤人（virtuosi）（意大利称之为贤人。17 世纪后期，英国人也称之为贤人，不论他们研究的是艺术、古物还是自然博物），有时看不起专业教师或作家。新成立的皇家学会的历史学家托马斯·斯普拉特（Thomas

Sprat）认为，绅士在自然哲学研究中的重要性，恰恰在于他们是"自由和不受约束之人"，这个三百年前的说法让人想起曼海姆的措辞。将某些法国学者形容为追求好奇（curieux）的人，这种方式使我们认为驱动他们的正是某种无私的求知欲。[28]

自 1700 年前后以来，追求学术生涯不仅是当一名教师或者作家，也可以是成为某个机构的领薪学者。像在巴黎、柏林、斯德哥尔摩和圣彼得堡等地成立的科学院，都是这种以知识积累为目的的机构。但是因为经费有限，领薪学者被迫通过其他形式的工作来获取补贴。不管我们是否称这类人为"科学家"（这个词到 19 世纪才出现），这一群体的出现在欧洲知识阶层历史上绝对是有重要意义的。这个群体的某些成员自主地选择他们的职业，而不是在传统的大学里从事教学与研究。[29]

领导学术性学会的是像莱布尼茨和牛顿这样的德高望重的人。他们除了学会的任职之外，还有其他的职业。以莱布尼茨为例，他是一位活跃的图书馆管理员——一项在近代早期变得日益重要的职业。学者型图书管理员包括 15 世纪梵蒂冈的巴托洛梅奥·普拉蒂纳（Bartolommeo Platina），16 世纪维也纳的胡果·布洛提乌斯（Hugo Blotius），17 世纪罗马和巴黎的加布里埃尔·诺德，17 世纪基尔的丹尼尔·蒙霍夫（Daniel Morhof），18 世纪耶拿的布克哈德·斯特鲁维（Burkhard Struve）和蒙大拿的历史学家卢多维科·穆拉托里（Ludovico Muratori）。这一时期的图书管理员被称作文人共和国里重要的"媒介者"。他们让自己的同事注意到某些信息，且比大多数同事更缓慢地放弃追求普遍性知识的理想。[30]

大学之外的另一份工作，是充当统治者的顾问或是做一名史官。中世纪早就有这样的职位，但在近代早期，随着更多中央集权国家的兴起，这类职位也日渐增加。做这份工作的有我们所熟知的著名学者和作家，如让·拉辛（路易十四时期的历史学家），约翰·德莱顿（John

Dryden，查理二世时期的历史学家），塞缪尔·普芬道夫（Samuel Pufendorf，普鲁士和瑞典国王的历史学家），甚至还有伏尔泰（路易十五时期的历史学家）。人们或许还会在这一群体中加入为数不多的文人，他们以政府顾问为业，在我们所谓的"文化事务"或"宣传事业"上为政府献言献计。比如，路易十四时期的法国，诗人与批评家让·夏普兰（Jean Chapelain）和夏尔·佩罗（Charles Perrault，今天他作为童话作家为我们所熟知）等人组成了自己的"学术小圈子"，思考研究如何最大限度地展现君主的公共形象。[31] 一些德国学者，像赫尔曼·康令（Herman Conring）（参见第91页）以及布克哈德·斯特鲁维既是大学教授又是当地王公的顾问。像中国官员一样，政府依他们的知识水平高低而赋予他们不同的权利。德国的官僚阶层已经开始兴起。[32]

群体认同

尽管存在分化和冲突，但知识阶层的群体认同感越来越强。这从有关文人的书籍的出版中得到反映，如意大利耶稣会士达尼埃莱·巴尔托利所著的文人志士》（Daniele Bartoli, *The Man of Letters*, 1645，多次重印并译为多种语言），还有达朗贝尔（d'Alembert）侯爵论同一主题的论文（1752）。《百科全书》载有"文人"（Gens de lettres）这一词条，强调这些文人并非专业狭窄的专家，"尽管他们不是什么都学过，却有能力进入不同的领域"（en état de porter leurs pas dans ces différentes terrains, s'ils ne peuvent les cultiver tous）。18世纪瑞士医生西蒙·蒂索（Simon Tissot）甚至写了一本有关妨碍文人行业健康的书（1766）。

对德国官员来说，他们更喜欢"学者"（Gelehrte）或"博学家"（Polyhistor）这样的称呼。在17世纪的德国，这些人有时被认为属于一个社会阶层（der Gelehrten Stand）。反映他们集体自我意识的是丹尼尔·蒙霍夫的《博学家》(*Polyhistor*, 1688) 一书的出版, 这是一本时代学术指南, 与布克哈德·斯特鲁维的《学问之概要》(*Introduction to the Knowledge of Learning*, 1704) 性质相似, 两者相互竞争, 且都有多种版本问世。另一个标志是传记合集的出现, 比如约翰·布克哈德·明克教授主编的《学者词典》(Johann Burchard Mencke, *Gelehrten-Lexicon*, 1715), 及哲学家雅各布·布鲁克主编的《德国学术名人堂》(Jakob Brucker, *Ehrentempel der Deutsche Gelehrsamkeit*, 1747)。学者自我意识的另一个象征是批评家约翰·克里斯托夫·哥特谢德 (Johann Christoph Gottsched) 的说法, 他声称学者可以与统治者一样自由行动, "认识到除了理性和一支更有力的笔之外, 没有什么上级" (die Vernunft und eine mächtigere Feder)[33]。近代早期的后期阶段, 在莱比锡大学求学的年轻学子歌德, 对于那里教授们的崇高威望有深刻的印象。

欧洲的知识阶层也把自己看作文人共和国中的公民, 这一词语可以追溯至 15 世纪, 但自 17 世纪中期以来得到频繁运用。《文人共和国新闻》(*Nouvelles de la République des Lettres*) 是一本创立于 1684 年的期刊。从 17 世纪 60 年代起, 不断有学术文章或文化评论得到发表, 从而为其读者创造了一个新的空间, 如《学者杂志》(*Journal des Savants*, 1665), 皇家学会的《哲学会刊》(*Philosophical Transactions*, 1665), 罗马的《作家报》(*Giornale de' letterati*, 1668), 莱比锡的《学者文萃》(*Acta Eruditorum*, 1682) 等。[34]

《文人共和国新闻》的主编是皮埃尔·培尔 (Pierre Bayle), 他被称为那个时代知识分子的典型。培尔是一名法国加尔文教派教授, 他为摆脱路易十四统治时期对新教徒的迫害而移民至荷兰共和国。他在鹿特丹教过一阵书, 后来靠写作为生。由于培尔在词典史、脚注史和怀疑论上的地位, 他的名字将再次出现在下文中。[35]

1685年，国家宽容新教的敕令被废除*，众多法国加尔文派牧师也像培尔一样移民他国。当发现加尔文派牧师和传教士供大于求时，有些人转向了文学界，尤其是报纸期刊（参见下文第七章）。这些昔日的牧师是最初的"新闻工作者"，这个词在1700年前后最早在法文、英文和意大利文中被使用，指的是学报或文学杂志的撰稿人，与那些在日报或周报上报道新闻的地位低下的新闻记者（gazetiers）相异。由此，印刷术（的发明）不断地创造新的行业。[36]

　　在18世纪，随着期刊数量的激增，新闻工作者的影响力不断扩大。杰出的文人，包括历史学家在内，收到的报酬也在增加（参见下文第八章）。在英国，亚历山大·蒲柏（Alexander Pope）被认为是第一个独立的文人，之后是塞缪尔·约翰逊（Samuel Johnson）。[37]在法国，像狄德罗以及其他为《百科全书》撰稿的启蒙哲学家，以培尔和约翰逊为榜样，为了生存，创作了这部参考书——尽管利用百科全书来支持一项政治工程是一件极新奇的事。

　　那些在文学上取得成功的案例并不会让我们忘却"地下文学"，或是18世纪英国所谓的"格拉布街"（Grub Street），换句话说，这是一个不成功的、生活凄苦的作家世界，伏尔泰称其中的作家为文学贱民（la canaille de la littérature）。[38]然而，从比较视角来看，到18世纪为止，令人震惊的是，欧洲大部分地区出现了一批或多或少独立的且有独立政治见解的文人。他们集中在巴黎、伦敦、阿姆斯特丹和柏林等大城市，定期互相联系。我们之所以说欧洲的"大部分"，是为了提醒人们，在东正教的世界里，知识阶层几乎全部是神职人员，除了一小部分"西化"的学者，如迪米特里·坎特米尔（Dimitri Cantemir，摩尔达维亚王子及柏林科学院院士），或伟大的俄国全才米哈伊尔·罗蒙诺索夫（Mikhail Lomonosov）——他先是在一家神学院里接受教育，1736年转到圣彼得堡科学院继续求学。

---

* 即亨利四世1598年颁布的《南特敕令》。——译者注

伊斯兰世界与中国

西方的知识阶层当然并非独一无二。在伊斯兰国家，乌力玛（"ulama"，即"知识专家"）长久以来在社会上享有崇高的地位，有的是清真寺（宗教教育 [madrasas]）附属学校的老师，有的是法官或是统治者的顾问。与中世纪的西方一样，这一知识阶层与宗教（包括教会法）是紧密相连的。以基督教的视角来看，他们算不上教士，因为穆斯林否认在个人与上帝之间存在中间人。[39] 有些学者获得了国际声誉，如伊本·西那（Ibn Sina, "Avicenna"）和伊本·鲁斯德（Ibn Rushd, "Averroes"），中世纪时，两者就已闻名于西方了。

和西欧一样，近代早期的奥斯曼帝国的学生希望在完成学业后能够在乌力玛或者大学研究系统中谋职。17世纪中期，这个希望破灭了，为此引发了伊斯坦布尔的学生的不满，正如在牛津和那不勒斯发生的那样。[40] 穆斯林学者与近代早期欧洲的学者之间最大的差别在于交流媒介上。正如前文所提到的，印刷术给欧洲文人提供了各式各样的机遇。伊斯兰世界则不接受印刷术，直到1800年左右还停留在口语及手抄文稿交流的世界里。[41]

在中国，士绅或"知识阶层"的地位更加显赫，正是这一群体（与太监和其他人互相竞争）为历代帝王治理了近两千年的国家。在这近两千年的大部分时间中，朝廷通过不同等级（县试、府试、院试、乡试、会试及最后的殿试）的考试层层选拔政治精英、地方长官或官员。考生在考场上相互隔离，在自己的考位上答题。他们的答案通常是对儒家经典的评论。考试实行糊名法，考官不知道考生是谁，最后由主考官评分。这种制度比近代早期世界的任何其他制度都更接近于"能人统治"的体制。[42]

西方对中国的兴趣不断增加（第193页将予以讨论），这包括对中国文人（相当于欧洲的知识阶层）有着强烈的好奇心，甚至羡慕之心。

牛津大学教授罗伯特·伯顿在他的名著《忧郁的解析》（Robert Burton, *Anatomy of Melancholy*, 1621）一书中，提出了他所谓的"我们自身的乌托邦"的设想。在这个理想的共和国中，地方官是由考试甄选出来的，"一如中国的文人"。一位皇家学会《哲学会刊》（1666 年 7 月）的撰稿人，在检审一篇最新的描述中国的文章时，提出了同样的根本性问题，他指出，"他们的高贵是源于学识和学养，无关血统或出身"。正因如此，18 世纪法国改革家弗朗索瓦·魁奈（François Quesnay）想要模仿中国的考试制度，而伏尔泰等贤哲则推崇中国的官员，称他们为文官（fonctionnaires lettrés）。中国的制度很可能对 19 世纪的法国、普鲁士和英国实行文官考试制度给予了一定的启发。[43]

关于对近代早期欧洲的知识阶层的探讨，值得用一整本书的篇幅，仅从此处所作的简短讨论就足以看出：不考虑知识分子追求职业成就所在的各种机构，是难以确定他们的身份的。下一章将探讨这些机构及其对知识的贡献。

第三章　知识之建立：新旧机构

> 学校、学会、学院等团体建立的目的是容纳博学之士和培养学问，但在这些团体的习俗与机构中，每件事看起来都不利于知识的发展。
>
> ——培根（Bacon）

> 古登堡并非大学教授，哥伦布也不是大学教授。
>
> ——肖弗莱尔（Schöffler）

依据前文曼海姆的说法（参见第 5 页），"自由漂浮的知识阶层"的信念与其他群体的信念相比，更少受到社会压力的困扰。这一观点引起了经济学家约瑟夫·熊彼特（Josef Schumpeter）的回应，他认为曼海姆的思想只不过是"一种偏见"。[1] 不管熊氏的说法正确与否，我们确实需要留意，近代早期大多数的知识阶层和近代的知识阶层一样，并非完全自由漂浮，而是依附于大学之类的机构。知识的机构环境是知识史的一个必要部分。[2] 各个机构都致力于发展了自身的社会推动力量，同时也承受着外界的压力。创新的作用力和抵制创新的反作用力对这本知识社会史来说尤为重要。

在转向近代早期的欧洲之前,最好是先介绍两种基本的理论。一种是知识创新社会学,另一种是文化再生产社会学。第一个理论与托斯丹·凡勃伦(参见第3页)相关,关注的是局外人及处于社会边缘的个体和群体。凡勃伦在其《现代欧洲犹太人的超卓智力》一文中阐释,这种地位是通过处于两种文化世界的边界的犹太知识分子来体现的。这种处境鼓励怀疑主义和社会分离,并使他们很容易成为另一社会学家——意大利的维尔弗雷多·帕雷托(Vilfredo Pareto)所称的知识"投机者"。[3]

帕雷托将这些投机者和与之对立的社会类型,即在传统体制内工作的知识"食利者"进行对照。第二种理论与皮埃尔·布迪厄有关,它关注的是学术机构中产生的食利者,以及这些机构再生的倾向,它们同时累积并传播布迪厄所谓的"文化资本"。换言之,它们发展了"既得的利益"。诺伯特·埃利亚斯也用"机构"来表达类似的观点。他在一篇简短而精辟的论文中,把学术部门形容成具有"主权国家的某些特征"的机构,接下来继续分析它们为资源而竞争并试图建立垄断和排除异己的过程。[4] 类似的垄断性和排他性策略可见于多个行业的发展历史,如教士、律师和医生。19世纪,工程师、建筑师、会计师等也加入了这一行列。

这两种理论似乎不谋而合。假定它们具有无条件的普遍适用性,当然是不明智的。不过,在本章对1450年到1750年间学术机构的简短探讨中,能够记住有这样的理论就再好不过了。

布迪厄和埃利亚斯的理论似乎很适用于中世纪晚期。如前所述,自12世纪始,城市和大学的兴起在欧洲是同时发生的。牛津、萨拉曼卡(1219)、那不勒斯(1224)、布拉格(1347)、帕维亚(1361)、克拉科夫(1364)、鲁汶(1425)等城市都纷纷仿效博洛尼亚和巴黎成立大学机构。到1451年格拉斯哥大学成立为止,大约开办了50所大学。

这些大学是法人团体，它们有法律特权，包括独立权和在其所在地垄断高等教育权。当然，它们也互相承认彼此所授予的学位。[5]

这一时期，一般认为大学理所当然应该专注于传授知识而不是发现知识，同样也认为过去伟大的学者和哲学家的主张与解释是后辈难以企及或无法驳斥的。因此，教师的职责就是阐释这些权威的观点（亚里士多德、希波克拉底、阿奎那，等等）。至少从官方角度看，可以研习的学科是固定的：它们是"文科七艺"（文法、修辞、算术、几何、天文、逻辑、音乐）和三门研究生课程——神学、法学和医学。

尽管如此，大学还是鼓励辩论，尤其是正式的"争论"，这个对抗制度像是一个法庭，对立双方就某一"主题"进行辩护和反驳。托马斯·阿奎那尽管只是综合了各种传统中的因素，而非完全提出新论，但他的例子还是提醒我们，"现代人"是有可能成为权威的。那些反对阿奎那在神学探讨中引用异教徒思想家亚里士多德的学说的声音说明，纯粹地依据学术共识来描述这些机构是一个多么大的错误。同样有争议的是中世纪后期不同的哲学流派，尤以"唯实论者"（realists）和"唯名论者"（nominalists）之间的冲突为甚。事实上，在近代早期，没有人批评中世纪的大学意见过于统一，只是批评学者太好争论。然而，卷入这些争端的主角则共享诸多假定，他们的争论一般会限制在少数几个确切的主题上，比如一般命题或一般法则的逻辑地位。[6]

第二章已经提到，中世纪欧洲大学的教师几乎都是神职人员。大学这种新式机构到12世纪才发展起来，被嵌在教会这个更古老的机构之中。难怪我们常说中世纪教会垄断了知识。[7] 然而，正如第一章所述，我们不应该忘记知识的多样性。中世纪的工匠（他们有自己的培训机构、工作坊和行会）、骑士、农夫、助产士、家庭主妇等都各有不同的知识。所有这些知识主要是靠口耳相传的方式传播。然而，印刷术发明之时，西欧世俗之人的读写已有很长的历史了（相反，在东欧，因信奉东正教，他们使用古斯拉夫语字母，俗人能读书写字相对罕见）。

第三章 知识之建立：新旧机构 | 37

异教徒的数量和大学数量一样成倍增长,他们被称为"文本共同体"(textual communities),他们因讨论书写在书本上的思想而团结在一起。[8]

各式各样的知识有时会相互竞争并产生冲突,这也帮助我们解释了思想的变迁。但是许多重要问题还有待解答。异教徒和其他的局外人是否曾经进入知识机构当中?如果是,那它是如何发生的?这些变化是不是合法?这些变化是由于思想上的说服还是政治上的联盟?是知识的创新导致机构的改革,还是为了提供使这些创新得以繁荣的生态小环境(ecological niches)[9],从而必须创造新的机构?这一时期,弗朗西斯·培根等人对此早有讨论。培根和下一代的路易十四时期的大臣让-巴普蒂斯特·柯尔贝尔一样,尤其注意到学术研究史中物质因素的重要性,比如建筑物、基金会和捐款。17世纪中期,他在英国的追随者也秉持如此看法,他们在所谓的"知识改革"中得到大量的物质财富。[10]

接下来几节将会考察三个世纪间知识上的变化,集中讨论这一时期的三大文化运动——文艺复兴、科学革命和启蒙运动——尤其关注机构在知识创新过程中所处的地位,看看它们是促进了知识的发展还是阻碍了知识的创新。第五章将进一步讨论新学科的发明与建立(参见第99页),并作为日后知识再分类的一部分。

文艺复兴

与文艺复兴联系在一起的人文主义运动至少在意图上不是一场革新运动,而是一场复兴古典传统的运动。然而,从反对大多数"经院哲学家"的传统学识意义上讲,它又的确是一场有自主意识的创新运动。所谓经院哲学家,是指主宰"中世纪"大学的哲学家和神学家。

"经院哲学家"和"中世纪"这些措辞正是这一时期人文主义者的发明，以说明他们与过去的区别，以及他们究竟是什么样的人。

大多数人文主义者都曾在其所批判的大学里就读。然而，值得注意的是那些最具创造力的人文学者，大部分时间却游离于体制之外。比如彼特拉克（Petrarch）就是一位漂泊文人（wandering man of letters）；洛伦佐·瓦拉因批判知识的"权威"而遭怀疑，离开了帕维亚大学，先后为那不勒斯国王和教皇服务；莱昂纳多·布鲁尼是佛罗伦萨的大臣，负责为共和国的来往与交流写信；马尔西利奥·费奇诺（Marsilio Ficino）是美第奇家族的医生，而更具创造力且更边缘化的人物是列奥纳多·达·芬奇，他受过绘画训练，自学成才最后终成大师。在意大利之外，虽然巴黎和波兰的大学多次要为伊拉斯谟提供终身教职，但他不愿长久待在任何一所大学里。

人文主义者在讨论中发展其思想，但他们并不在大学环境下辩论，而在他们自己创立的新机构——"学院"（academy）中辩论，因为旧式群体常常敌视新的主题。学院乃受柏拉图启发而产生，与现代的研讨班相比，更接近于古代的会饮（symposium）（包括饮酒）。它比某些圈子（比如彼特拉克的门生）更为正式和持久，但不如大学的教授团体正式。学院在探索创新方面是个理想的社会形式。这些群体逐渐转变成机构，有固定的成员、议会章程和定期会议。到 1600 年为止，仅在意大利就成立了近 400 个学院，从葡萄牙到波兰等欧洲其他地方也有很多学院成立。[11]

思想讨论不再是学者的专利。正如前面所述，在 15 世纪早期的佛罗伦萨（参见第 15 页），人文主义者阿尔贝蒂常与雕刻家多纳泰罗及工程师布鲁内列斯基相互交流。阿尔贝蒂圈子中的另一名成员是数学家保罗·托斯卡内利（Paolo Toscanelli），他的兴趣包括地理学，特别对通往印度之路感兴趣。托斯卡内利询问那些回到欧洲时路过佛罗伦萨的旅行家——他们可能与哥伦布有过联系，并因此获取许多相关信息。[12]

在意大利，托斯卡内利只是非正式探询各样旅行信息，在葡萄牙和西班牙则正式地进行着。在15世纪的葡萄牙，从亚洲带来的信息和货物，会进入里斯本的"印度商行"（A Casa da India）。塞维利亚"贸易商行"（La Casa de Contratación）建立于1503年，就像是关于新世界知识的大仓库。它还是一所训练航海员的学校，由总领航员（piloto mayor，先后是亚美利哥·韦斯普奇 [Amerigo Vespucci, 1454—1512] 和塞巴斯蒂安·卡伯特 [Sebastian Cabot, 1474—1557]）主持。教学有时在航海员的家中进行，有时在贸易商行（Casa）的小教堂里进行。欧洲第一所航海学校很快获得了国际声誉（1558年英国领航员史蒂芬·伯勒 [Stephen Borough] 的造访即是明证）。[13]

王室的支持对"印度商行"、"贸易商行"及其他机构的建立都至关重要。16世纪早期，巴黎的人文主义者遭到神学院的抵制，他们向国王弗朗索瓦一世寻求帮助。弗朗索瓦一世因此创建皇家读者学院（Collège des Lecteurs Royaux），以鼓励对希腊文和希伯来文的学习与研究。16世纪后，国王亨利三世赞助了一所宫殿学院，该学院讲授柏拉图的思想，与佛罗伦萨"柏拉图学园"有关。[14]

王室的支持对人文主义者也很重要，因为他们在一些知识圈子里遭到排挤。各大学的反对势力也不一样。16世纪早期，莱比锡和牛津的反对力量都很强大。牛津一群反对学习希腊文的势力被称为"特洛伊人"（Trojans）。在新式机构，反抗人文主义的力量相对较弱，因而至少有一段时间，它们能够摆脱因袭过去的压力，威滕伯格、阿尔卡拉和莱顿等新兴大学也是如此。[15]

威滕伯格大学建于1502年，它的创始人早先在莱比锡和图宾根接受教育。该校最初沿袭旧传统进行办学。然而，在之后的五六年内，人文主义者开始在大学扮演极为重要的角色。未来的创新者接管新机构应该比接管旧机构更为容易。因此马丁·路德在一所只有15年办学史的大学发动了一场宗教改革运动，也非偶然。一年之后，在路德及其他教授的许可下，菲利普·梅兰希通（Philip Melanchthon）受聘为希腊文教授，成为大学改革方案的一部分。马堡大学（1527）、柯尼斯堡大学（1544）、耶拿大学（1558）以及黑尔姆施泰特大学（1576）等16世纪后期的新教大学中的教授，均以梅兰希通对艺术课程的改革为典范。与其他地方的机构相比，新式机构身上保留的传统较少，且对人文主义的敌意也更小。[16]

阿尔卡拉大学于威滕伯格大学创办后6年即1508年成立。由于阿尔卡拉大学有意模仿巴黎大学并聘用了许多巴黎大学或萨拉曼卡大学的旧员工，所以它的创办并不能算作人文主义的胜利。[17]在威滕伯格大学，人文主义则已经胜过经院哲学。在1517年更古老的鲁汶大学成立一个性质相同的学院之前的几年，阿尔卡拉大学建立了"三语"学院，以此来鼓励对拉丁文、希腊文和希伯来文三种圣经语言的学习。1514年至1517年间，阿尔卡拉大学编辑并印行了著名的多语种对照版《圣经》，在从事这项工作的众多学者中，就有著名的人文主义者安东尼奥·德·内夫里哈（Antonio de Nebrija）。[18]

莱顿大学（1575）与威滕伯格大学和阿尔卡拉大学的创办宗旨不同，作为一所加尔文宗大学，其创办有意识形态的考量。首任管理委员会主席是雅努斯·都塞（Janus Dousa），他使用我们这个时代所熟悉的办学方法，即以高工资、低课时的方式来吸引最杰出的学者，其中包括植物学家伦贝特·多东斯（Rembert Dodoens）和查理·德·莱克卢斯（Charles de l'Ecluse）以及古典学者约瑟夫·斯卡利戈（Joseph Scaliger）。莱顿大学的正式结构并不新颖，但历史学和政治学这两门相对新式的人文学科，很快就在那里获得了显著的地位。讲授历史的是杰出的人文主义者尤斯图斯·利普修斯（Justus Lipsius）。从学生数量上讲，政治学则更为成功，在1613年至1697年间有762名学生在此修读政治学。[19]

以上所举的例子，不是要表明新兴大学里的所有教师都是革新者，也不意味着新思想为新机构所垄断。同时，对人文主义怀有敌意的并不是大学本身，而是某些大学中的某些群体。鲁汶大学在1477年和萨拉曼卡大学在1484年设立的修辞学讲座，与17世纪早期牛津大学和剑桥大学设立的历史学讲座一样，都表达了对人文主义研究（studia humanitatis）的同情。人文学者的思想逐渐渗透到各所大学中，相比于官方法规，其对非正式课程的影响尤甚。[20] 然而，在科学革命发生之前，人文主义运动最具创造性的阶段已经结束。如今，挑战既有规则的是"新哲学"，换言之，我们所谓的"科学"。

科学革命

17世纪所谓的"新哲学"、"自然哲学"或者"机械哲学"，与文艺复兴时期相比，是更具自我意识的知识创新。它摒弃了古典与中世纪传统，包括以亚里士多德和托勒密思想为基础的世界观。新思潮与一场普遍被称为"科学革命"的运动紧密相连，不过质疑这种说法的人越来越多。[21] 和人文主义者一样，这场运动的支持者试图扩大自身的领地，并将另类知识（alternative knowledges）纳入学问之中，比如化学就吸收了不少冶金术工艺传统；植物学则从园丁与民间治疗师的知识发展而来。[22]

尽管像伽利略和牛顿等这场革命的主将也在大学工作，但学术圈对新哲学抵制很大（明显的例外是新成立的莱顿大学，它在17世纪成为医学创新的一个主要中心）。[23] 针对这种抵抗，新事物的支持者成立了自己的组织，比如佛罗伦萨的实验学会（Accademia del Cimento in Florence, 1657）、伦敦的皇家学会（1660）、巴黎的法兰西皇家科学院（Académie Royale des Sciences in Paris, 1666）等，这些机构让人想起人文主义者的学会,但它们更强调自然研究。

玛莎·奥恩斯坦在1913年出版的书中指出(参见第9页),大学对"新哲学"的敌意导致科学学会的创立,它们成为另类的机构体系。依据奥恩斯坦的观点,"除了医学院,大学在17世纪对科学进步的贡献微乎其微"。人们常常重申这个看法。[24] 以英国为例,历史学家认为皇家学会的成立源于17世纪中期威廉·戴尔(William Dell)、约翰·韦伯斯特(John Webster)等学者对牛津大学和剑桥大学的批判。[25] 身为医生、炼金术士及教士的韦伯斯特,在《各学会调查》(*Examination of Academies*, 1654)一书中批判大学是"散漫而徒劳无益的臆测"的经院哲学的大本营,他建议学生应该多花时间研究自然,"把手放在煤炭和熔炉上"。常有人指出,直至1663年剑桥大学才有数学讲座。

自20世纪70年代末以来,学术界出版的许多研究著作,严厉批评所谓大学反对"新哲学"或不愿推动"新哲学"发展的传统观点。这些作者认为,数学研究和自然哲学研究在大学里拥有重要的地位,而同期对大学的批判要么知之甚少要么有意误导。以牛津为例,人们常提到分别在1597年和1619年设立的天文学和几何学讲座。也有人强调大学对新思想感兴趣,比如,巴黎大学有时讨论笛卡尔的观点,牛津大学有时探讨哥白尼的思想,莱顿大学有时则热议牛顿的思想。至于当时的人对大学的批评,有人指出皇家学会想借此引起公众的注意以便获得支持,而激进的清教徒戴尔和韦伯斯特各有打算,因此不能仅从字面来看待他们的言论。[26]

当这个争议尘埃落定之后,我们逐渐明白,简单地认为进步的学会与反动的大学是相互对立的,容易产生误解。要衡量大学与其他机构之间孰轻孰重,不是一件容易的事,因为大量的学者既属于大学也属于其他机构。在这类争论中,我们所需要的是区别不同的大学、不同的时刻、不同的学科,尤其是在不同的问题上——看看大学是否难以产生新思想,抑或未能快速传播这些新思想,还是积极地反对新思想。[27]尽管存在这些困难，但似乎还是可以达成几点暂时性的结论。

首先，和人文主义运动一样，随着新型机构的激增，留给人们的印象是：相当多的支持改革自然哲学运动的人，他们本身把大学视作改革的绊脚石，至少在运动发展初期是如此。这些新场所给新网络、小团体或"认识论共同体"提供了适当的微观环境或物质基础，而新网络、小团体或"认识论共同体"常常被证明在知识历史上扮演了重要角色（参见上文第一章）。

其次，是时候谈谈这些新型机构的差异了。有些机构是在大学内成立的，比如植物园、解剖室、实验室和天文台，所有一切均是较为传统建制下的创新岛屿。新的莱顿大学到1587年有了一个植物园，到1597年有了一间解剖室，1633年有了一个天文台，1669年建立了一个实验室。相对新式的阿尔特多夫大学则在1626年有了植物园，1650年有了解剖室，1657年有了天文台，1682年则创建了实验室。

一些机构是由民间创办的，由一群志同道合之人组成一个学会，如17世纪罗马的自然哲学家或林西学院（Lincei）。个人也可以将其住宅的一部分改造成博物馆或珍奇屋（cabinet of curiosities），用于展览宝石、贝壳、奇异动物（如短吻鳄）或者畸形动植物。此类博物馆在17世纪的兴起明确表明，当时也不全以文字为中心来传播知识观念。像捷克教育改革家扬·阿姆斯·夸美纽斯（Jan Amos Comenius）所推崇的，人们既关注事物，也关注文字（参见第85页）。[28]

另一些机构则由政府成立，它们大规模的工作计划和昂贵的设备，没有政府的支持是不行的。天文学家第谷·布拉赫（Tycho Brahe）在汶岛（the Island of Hveen，图1）所建的著名天文台，就是1576年由丹麦国王资助创建的。法兰西科学院也由皇家创办。巴黎天文台于1667年由路易十四投资兴办，格林尼治的皇家天文台则由查理二世于1676年援建，以与路易十四这个强大对手竞争。

王公的宫廷本身也为自然哲学研究提供了机会。如鲁道夫二世他本身迷恋自然哲学研究统治时期的布拉格,以及当时科西莫大公二世统治时期的佛罗伦萨都是很好的例证。约翰·约钦姆·贝歇尔(Johann Joachim Becher)是一位极具创意的设计师,对炼金术、力学、医学和政治经济都有兴趣。17世纪中期,他在维也纳宫廷比在任何一所大学都显得自由自在。[29] 然而,虽然这是机遇,却有时会有其代价。伽利略得扮演佛罗伦萨的侍臣;政府则督促法兰西科学院放弃"奇怪"的研究,认为那是在玩"游戏",而应做"与国王和国家相关的有用

图 1 版画:汶岛天文台。来自第谷·布拉赫《新天文仪器》(*Astronomiae Instauratae Mechanica*, 1598)

第三章 知识之建立:新旧机构 | 45

研究"。[30]

此外，还有一些新机构是排外的，像法兰西科学院和排外程度较低的皇学家会；而其他新机构有为民众拓展对新思想的理解的功能。17世纪早期伦敦格雷沙姆学院（Gresham）的讲座，就向全体市民开放，大部分用英语演讲，而不是大学里惯用的拉丁语。在巴黎，泰奥弗拉斯特·雷诺多从1633年起在他的职业介绍所（Bureau d'Adresse）举办了很多的演讲，主题广泛，任何人都可前往听讲。巴黎的皇家植物园（Royal Garden）于1640年向民众开放，为他们提供解剖学、植物学和化学讲座。[31]

前文讨论了各个群体和组织对所谓"机械哲学"（mechanical philosophy）的兴趣，以及"机械哲学"在18世纪的成功，但我们不应忘记与之竞争的"神秘哲学"（occult philosophy）。对神秘事物的不断关注也是近代早期的一种创新形式，这在一些宫廷中很明显，尤以鲁道夫二世为甚。它同样产生了自己的机构，如关注秘密知识的秘密学会——玫瑰十字会（the Rosicrucians）。

上述几段谈到的新机构并不局限于自然哲学的范畴。比如皇家学会给旅行者的指南（参见第202页），不仅关注世界各地的动植物，也关注世界各地居民的生活习性。1670年前后，当莱布尼茨计划创办德国学会时，他提到要以皇家学会和法兰西科学院为典范，但比它们更为重视人文学科（res litteraria）。博物馆和珍奇屋（或珍玩橱柜）不仅搜集了贝壳和动物标本，还有罗马古钱币或来自遥远的中国或墨西哥的物品。17世纪一些最著名的学会也关注语言，尤其像佛罗伦萨的秕糠学会（Crusca of Florence，它在1612年出版了一部字典）、德国的丰收学会（Fruchtbringende Gesellschaft, 1617）以及法兰西学院（Académie Française, 1635）。1610年到1665年间，巴黎盛行由贵族知识女性赞助的非正式的文学沙龙，并在朗布依埃大厦（Hôtel de Rambouillet）等地聚会，这些沙龙也注重语言方面的知识。[32]

还有一些学会关注历史，比如成立于 1580 年的伦敦古文物专家研究会（Society of Antiquaries）或者乌普萨拉古史学会（Antikvitetskollegiet at Uppsala, 1666）。图书馆或实验室有时也成为学者聚会的场所。宗教修道会的修道院有时会成为开展集体学术项目的地方，比如博兰德会成员（Bollandists）在安特卫普（Antwerp）的耶稣会信徒之家（Jesuit house）撰写了圣徒行记，莫尔会修士（Maurists）在圣日耳曼·德佩的本笃会修道院（the Benedictine monastery of Saint-Germain-des-Prés）创作了宏伟的历史著作，每周一次的讨论会在该本笃会修道院举办，它有时会被称为"学院"。[33]

培根称这些地方为新式"学术中心和场所"。培根派学者、皇家学会历史学家托马斯·斯普拉特则称这些地方为"知识的中心"。它们的共同之处，在于为创新——新思想、新方法、新主题——和创新者提供了良机，不论创新者是否得到学术上的尊重。值得强调的是，这些场所鼓励参与者进行讨论。知识辩论很大程度上要归功于社会形式的变化，以及辩论所处的社会框架——从研讨会场到咖啡屋。在近代早期的欧洲，学会促进了知识阶层建立起集体身份并鼓励学术共同体的发展，包括更小和更为亲密的面对面群体，以及文人共和国里更大的共同体（见第 19 页），后者通过访问及通信保持联系。简而言之，我们不应忘记"机构化的重要性"。[34]

启蒙运动

从机构观念角度讲，18 世纪在很多方面标志着欧洲知识史的一个转折点。首先，大学对高等教育的实际垄断受到挑战。其次，我们目睹了研究机构、专业研究人员及"研究"这个思想本身的兴起。最后，知识阶层，尤其是法国知识阶层，相比以往更加深入地参与经济、社

第三章 知识之建立：新旧机构 | 47

会和政治改革事业，也就是启蒙运动。此三点需要逐条细细地探讨。

1700年，欧洲已有高等教育机构的替代物。尽管艺术家仍旧在作坊中接受训练，但不断有人进入佛罗伦萨、博洛尼亚、巴黎等地的院校接受额外的教育。索勒（Sorø, 1586）、图宾根（1589）、马德里（1629）等地为贵族男孩研习数学、防身术（fortification）、近代语言和其他对他们未来军事或外交职业生涯有用的技能而开办了学校。色当和索米尔在1600年左右为法国加尔文派教徒成立的学校或准大学，在1685年被镇压之前，一直在思想生活上起着重要的作用。阿姆斯特丹的雅典学院（the Athenaeum，建于1632年）重视历史学和植物学这类新兴学科。

然而，正是在18世纪，有了一个重要发展：学术机构大量增加。布鲁塞尔（1711）、马德里（1744）、威尼斯（1756）和伦敦（1768）创办了文艺学校。柏林（1705）及其他城市不断建立起新式贵族学院。1663年到1750年间，伦敦城内外及像兰开夏郡的沃灵顿等外郡市镇，有近60所为英国国教的持异议者而成立的学院。这些人被排挤出牛津和剑桥，其中自然哲学家约瑟夫·普利斯特里（Joseph Priestley）就在沃灵顿任教。

反英国国教学校的课程不如牛津、剑桥等大学那样传统，它们的课程是为未来的企业家而不是绅士所设计的，因此更加重视现代哲学（比如洛克的思想）、自然哲学和近代历史（通用课本是德国律师塞缪尔·普芬道夫所著的《欧洲政治史》）。教学有时用英语而非拉丁语。[35]在中欧，像斯图加特的卡尔舒勒学院（Karlschule）是为向未来官员传授政治艺术而建立的。当时还创办了一些与后来的技术学院相当的新式机构，用以教授工程学、采矿学、冶金学和森林学，比如1709年在卡塞尔成立了加洛林学院（Collegium Carolinum），1717年、1718年分别在维也纳和布拉格创办了工程学院，1763年在哈茨山（Harz mountain）建立了林业学院，以及在匈牙利的塞尔梅克班扬（Selmecbánya）和萨克森的弗莱堡

(Freiberg）成立了煤矿学院（1765）。

18世纪的另一个重要发展是创办了许多促进和激发科研的机构。"研究"（research, recherche, ricerca）一词当然源自"搜索"（search），16世纪的某些书名中已经有这个词，包括艾蒂安·帕斯奎耶的《法国研究》（Etienne Pasquier, *Recherches de la France*, 1560）。这个词一般多用作复数而非单数。17世纪末，不管是在艺术、科学、历史或医学研究中，这个词的使用都很普遍，18世纪末就更常见了。和"研究"一词一样，其他词的使用也变得稀松平常："调查"（意大利语是indagine）一词从其原始的法律意义引申而来，"实验"（意大利语为cimento）一词则从通常的测验的含义转变为仅指对自然规律的试验。伽利略著名的小册子《实验者》（*Il Saggiatore*），以类似的方法采用了"试验"（assaying）一词的比喻说法。

将这些词放在一起，意味着在某些圈子里，大家越来越认识到要更加系统、专业、实用地和协同性地搜索知识。佛罗伦萨的实验学会以匿名形式出版了他们的实验记录，好像关注的是社会学家奥古斯特·孔德所讲的"无名史"（参见第3页）。出于上述的各种原因，有人指出，在1700年前后人们从"好奇"转而热心"研究"，莱布尼兹的备忘录中对此作了概述。他建议在柏林成立一个学院，但其目的不仅仅是满足好奇心（Appetit zur Curiosität）。与这种研究有关的想法，是指知识储备在质或量上并非恒定，而是能够"提高"或"增长"的。下文将对此进行更详细的探讨。

在这种认识和促进研究的机构的发展之间有着较为显著的联系。培根在其哲理小说《新大西岛》（*New Atlantis*, 1626）中有著名的"所罗门宫"的想象，描述了研究机构中的33名研究人员（不包括助理），把他们分成"有见识的商人"（四处旅行带回知识）、观察者、实验人员、汇编者和翻译，等等。这类机构已经在欧洲好几个地方存在了，只是规模较小而已。培根的想象获得公认在很大程度上要归功于罗马

第三章 知识之建立：新旧机构

的林西学院（伽利略是其成员之一）、第谷·布拉赫在乌兰尼堡的天文台（有建筑群和助手），或者塞尔维亚的贸易商行（参见第36页）——它收集数据并更新海图。它们对培根的视野的影响，比一般人知道的可能还要大。

反过来，培根对"所罗门宫"的描述可能会刺激许多机构的改变。皇家学会有许多培根的崇拜者，他们希望建立一个实验室、一座天文台和一家博物馆。皇家学会也进行收费，用得来的款项资助罗伯特·胡克（Robert Hooke）和尼希米·格鲁（Nehemiah Grew）的研究。更大手笔则出自路易十四的大臣柯尔贝尔，他为科学院花了24万里弗的研究经费，其中部分是给某些学者的薪水，使他们得以开展植物自然史之类的集体项目的研究。[36]

17世纪60年代的创举在18世纪又得到进一步发展。18世纪是学会的世纪。学会一般由统治者资助，付给专家薪俸，让他们进行研究工作，并允许他们在大学之外兼职。19世纪的专业科学家出自半职业的传统。18世纪有近70个完全或部分关注自然哲学的学会建立，其中最著名的有柏林、圣彼得堡和斯德哥尔摩科学院，而法兰西科学院于1699年重组。它们有精力充沛的主席（像伦敦的班克斯[Banks]或柏林的莫佩尔蒂[Maupertuis]），或活跃的秘书（如柏林的福梅或斯德哥尔摩的瓦伦汀），这样的学会能够成就很多事情。它们组织知识收集的远征考察队（参见第129页），并提供奖赏，为此逐渐形成一个国际网络，人们互相访问、交流通信和交换出版物，有时也共同进行研究，因此实际上加入了莱布尼茨所倡导的学术"贸易"之中，即学问交流（einen Handel und Commercium mit Wissenschaften）。[37]

这种越来越正式的知识组织并不限于自然研究。很多像本笃会这样的修道院，以17世纪后期莫尔会修士为榜样，但比之更重视集体研究的作用。它们在18世纪成为法国或欧洲德语区历史研究的重镇。[38]莱布尼茨认为新成立的德国科学院任务之一是进行历史研究。很多德法外省研究院也相当重视此类研究。法兰西金石铭文与文艺学院（the Paris Academy of Inscriptions）于1701年模仿科学院而建立，其成员由政府发放薪水。[39]1712年，外交大臣托尔西侯爵（Torcy）在巴黎创办了研究政治学的学院。1757年前后，约翰·丹尼尔·舍普夫林（Johann Daniel Schöpflin）教授在斯特拉斯堡也成立了研究政治学的学院。[40]包括历史研究在内的研究在18世纪30年代建立的新式哥廷根大学中占有重要的地位。

18世纪是众多自发协会发展的重要时期，许多协会致力于信息和观念的交流，常造福于改革事业。其中，英伦三岛上的三个协会可以证实人们对实用知识日益增长的兴趣：一是都柏林农业改良学会（1731）；二是鼓励贸易和制造的伦敦技术学会（1754）；三是交换科学和技术信息的伯明翰月光社（1775）。[41]18世纪早期伦敦、巴黎等地日益兴起的共济会支部，正好说明了这个新的趋势和秘密知识的古老传统。

在启蒙运动时代，甚至像沙龙和咖啡馆这类非正式的组织也在思想交流方面起了部分作用。巴黎的沙龙被誉为"启蒙运动工作坊"。在唐桑（Claucline de Tencin）夫人的主持下，像丰特奈尔、孟德斯鸠、马布利（Mably）和爱尔维修（Helvétius）等人经常定期会面讨论，而莱斯皮纳斯（Espinasse）夫人则扮演了达朗贝尔、杜尔哥（Turgot）等《百科全书》编撰团队成员聚会上女主人的角色。[42]自17世纪后期以来，咖啡馆在意大利、法国和英国知识生活中起着重要的作用。伦敦的道格拉斯和海洋咖啡馆举办数学讲座，柴尔德咖啡馆则是书商和作家的天堂，威尔咖啡馆为诗人约翰·德莱顿及其友人提供了聚会的好去处，法国的新教徒难民则在彩虹咖啡馆聚会。建于1689年的巴黎普洛科普咖啡馆，则是狄德罗及其朋友会面的好场所。咖啡馆主人经常在屋内摆放报纸和杂志以吸引顾客，也因此鼓励大家对时事新闻的公共讨论，今天所谓"舆论"即于此中兴起。这些机构促进了思想碰撞，并提供了个体之间邂逅的场所。[43]

新闻界,尤其是期刊社也可被视为一种机构。18世纪时,期刊对知识生活起着日益重要的作用,并有助于文人共和国中想象共同体的传播、凝聚和权力的日益增长。1600年至1789年间创办了多达1267种法文杂志,其中176种杂志是在1600年至1699年期间创办的,其余则在这之后发行。[44]

总结上述所言,欧洲近代早期的学术机构似乎证实了布迪厄关于文化再生产思想以及凡勃伦有关边缘与创新的思想。大学也可能有效地延续其传统的教学功能,但一般而言,它们并非新思想发展的场所。它们受制于"机构惰性",将自身孤立于新趋势之外,以便保持其法人的传统。[45]

长期来说,在学术生产机制创新背后,则是马克斯·韦伯所称的"常规化"(Veralltäglichung)和托马斯·库恩所谓的"常态科学"周而复始的时期。在欧洲,自12世纪初到现在,被称为大学的新机构取代修道院而成为学问的中心时,这些发展周期就清晰可见了。某一时期创新的、边缘的和非正式的群体,会有规律地转变为下一代或下下一代正式的、主流的和保守的组织。这并不是说传统组织不再从事改革或革新。建立于18世纪的本笃会修道院这类相当古老的机构(参见第43、47页),在进行研究工作时也扮演了新角色。同样地,在19世纪研究工作的重组中,各大学尤其是德国的大学,致力于恢复其首创精神,从而领先于各个学院。

结论与比较

这些创新和常态化周期是否为普遍现象,抑或仅限于西方历史的某个阶段?欧洲近代早期的制度与伊斯兰国家的宗教学校(madrasas)

体系极为相似，尤其是在西方人所说的"中世纪"巴格达、大马士革和开罗以及 16、17 世纪时期的奥斯曼帝国。

尽管伊斯兰世界里没有神职人员，但清真寺的附属学校，很像欧洲教会控制下的教育机构。学校主要的学习科目是《古兰经》(*the Quran*)、《哈迪斯圣经》(*the Hadith*，先知语录）及伊斯兰法典。学生生活区可汗（the khans）、教授薪俸、学生生活补贴和免税基金会或支持这个体系运行的宗教基金（wakfs），都让我们想到至今依然存在于牛津、剑桥等大学的大学体系。在 12 世纪，伊斯兰教育体系很可能影响了牛津大学和剑桥大学。辩论会（munazara）上的正式辩论组织类似西方的辩论，文凭（ijaza）或某个教师颁给学生的教学许可证则类似于中世纪欧洲的教学特权（licentia docendi）。[46]

指出这些相似之处并认为西方可能有意识地采取伊斯兰教育制度的历史学家，并没有否认两大体系之间存在的巨大差异。然而，较晚近的历史研究表明，中东的知识与教育组织并非那么正式。而这个"体系"如果可以称之为体系的话，也只是个流动的体系。教学许可证（ijaza）是私人执照，而不是来自某个机构的授权。影响某个教师职业生涯的不是他从哪里学到知识，而是师从于谁。学习的主要场所是一个非正式的学习圈子（halqa），事实上是一个对教师保持敬意并与其保持距离的半圆，或是在教师家中，抑或是在某个清真寺里。当时没有固定的课程。学生可以随意从一个导师转到另一位导师那儿。事实上，甚至用"学生"一词来形容这个学习圈子的人也不是很合适，因为这些人只是业余时间来上课，这其中就包括女性在内。难怪晚近一位历史学家称宗教学校是"坚韧而不拘礼节的"。[47]

我们不应过分强调基督教和伊斯兰教育世界的差异。西方大学在近代早期并不如 1800 年后正式。[48] 不过，伊斯兰对一成不变的制度的长期抵抗却令人印象深刻。有人也许会问，制度上的流动性是否与更为开放的知识体系有关。答案显然是否定的。然而，虽然学生可以自由地从一位导师门下转到另一位导师门下学习，但他必须继承一位资深学者的思想，而非忙于私下阅读并提出个人观点。[49]

与上文所提的机构一样，奥斯曼帝国的伊斯兰宗教学校（medrese, madrasa 一词的土耳其语表达形式）也持有类似的做法。苏丹穆罕默德二世在征服伊斯坦布尔不久后建立了一些清真寺，其中有 8 所附属学院。17 世纪时伊斯坦布尔城已有 95 所学院，而到 18 世纪则上升到 200 所。学院的课堂是开放的，但对那些想要在乌力玛委员会中取得法官、顾问或老师（müderris）等要职的学生来说，获得某位特殊老师的支持是至关重要的。到 1550 年为止，身居要职的实际的先决条件是要在某个著名学院就读过，这些学院就是所谓的"内部"群体。后来学院引入了学位证书和结业考试的形式，这些迹象表明伊斯兰教育体系正趋向正规。[50]

在伊斯兰教育体系（无论是其阿拉伯还是奥斯曼帝国形式）中，自然研究处于边缘位置。大部分自然研究是在学院之外进行的。医学教育是在伊斯兰国家中有悠久历史的医院里展开的，而天文学研究则在专业天文台里进行。我们所知的最早天文台建于 1259 年，新的天文台则建于 1577 年的加拉塔（Galata）——乌兰尼堡天文台建成后一年，它在苏丹穆拉德三世的支持下由学者塔基云迪恩（Takiyyüddin）主持完成。不过，它在 1580 年为士兵所毁，这标志着自然知识不但在机构中处于边缘地位，有些人也认为它是非宗教形式的。[51] 然而，如前所述，边缘性有时也会是一种优势。因此，医学和天文学在伊斯兰世界里既处在边缘领域，又是创新的场所。

尤以奥斯曼帝国为甚，在很多方面似乎证实了凡勃伦和布迪厄的理论，然而，非正式体系一直延续了下来，说明不能将制度化认为是理所当然的趋势。伊斯兰世界和基督王国（天主教，尤其是基督新教，而非东正教）之间的相似性和差别，突出反映了伊斯兰世界中反对知识创新的强势力量，包括抵制知识分子的新技术，即印刷术。有一种假说认为，印刷术可以使得思想上的冲突更为人所知，也鼓励人们进行独立的批判。这也得到历史比较分析的支持。[52]

一般而言，边缘个体似乎更容易产生绝妙的新思想。另外，要将这些想法应用于实践就有必要建立机构。比如，就以所谓"科学"为例，18 世纪的制度创新似乎对学科的应用有重要影响。[53] 然而，机构迟早会限制并阻碍进一步的创新。各机构成为既得利益的场所，机构中的人曾做了不少投资，也害怕失去其智力资本。库恩所谓的"常态科学"，其之所以保持主导地位，背后是有社会和知识根源的。

因此，知识的社会史如宗教的社会史那样，是一则从自发性宗派转化为国教的故事，这种转化在过去曾不断重复发生。它是一部编外人员和编内人员、业余人士与专业人员、知识企业家和知识食利者之间互动的历史。它同样是创新与传统、流动与固定、"融化与冰冻趋势"、正式与非正式知识之间的互动。一方面，我们看到了开放的圈子和网络，另一方面也看到其他一些机构的固定人员在确定资格，设定权限，修筑和维持界限，将其与竞争对手及外行男女相隔离。[54] 读者也许会支持创新者而反对卫道士，但很可能在漫长的知识历史中，两者都曾起过同等的作用。

第四章　知识之定位：中心及其边缘地带

> 在比利牛斯山这一边是真理的东西，在另一边就成了谬论。
>
> ——帕斯卡尔（Pascal）

> 一个在外旅行的人，如果想要将知识带回家，那么他必须带着知识去旅行。
>
> ——约翰逊博士（Dr Johnson）

1654年的莱顿，一位意大利天主教汉学家和一位信奉基督新教的荷兰阿拉伯学家相遇。这次邂逅看似不大可能，却很有收获。两人和当时一群人一样，对比较年代学感兴趣，更确切地说是对同步现象着迷。莱顿大学阿拉伯语教授雅各布·哥利乌斯（Jacob Golius），虽然不通中文，却猜想15世纪穆斯林学者乌鲁·伯格（Ulugh Beg）的年代学是以中文文献为基础的。意大利耶稣会士卫匡国（Martino Martini）不懂阿拉伯语，他大半辈子都在中国传教，曾研究过这些原始中文史料。然而，当两者将其手中原文译为共同语言——拉丁语时，伊斯兰与中国的关系便显而易见了。

这个故事反映了当时文人共和国的一些特点，比如，它证实了有时学术性合作能超越宗教的差异，也说明空间在知识史上的重要性。

首先，个人偶遇的重要性。这个重要性并不仅限于技术转让，当然在知识领域比在其他领域更为重要。[1] 从上文哥利乌斯和卫匡国的例子看，人与人之间的邂逅比书信往来更有效，且影响更为深远。洛伦佐·玛伽洛蒂（Lorenzo Magalotti）在佛罗伦萨与德国传教士约翰·格鲁贝（Johan Greuber）相见后才写了有关中国的著作，而莱布尼茨把他对中国研究的热衷归因于他与另一位传教士C. F. 格里马尔迪（C. F. Grimaldi）在罗马的邂逅。

其次，莱顿偶遇一事告诉我们城市有充当十字路口和邂逅场所的功能。当然，将哥利乌斯和卫匡国的生活与经历同步起来是非常困难的。当时卫匡国从中国返回罗马述职，在路上被荷兰人俘虏，他只好将自己的中国地图交给专精印制地图的阿姆斯特丹布劳家族著名的印刷厂，从而被允许乘船前往阿姆斯特丹。[2] 当他的船在1653年12月停泊在卑尔根市时，卫匡国此行的目的传到了哥本哈根学者奥勒·沃尔姆那里。沃尔姆兴趣广泛，对中国也有兴趣。他写信给在莱顿的儿子，让他转告哥利乌斯说卫匡国快到了。哥利乌斯于是写信给在阿姆斯特丹的卫匡国，请他驱船到莱顿小叙。几个星期后，哥利乌斯的休假申请获得了其所在大学的批准，两人因此得以在安特卫普会面。[3]

学者之间的会面要经历一些困难，是因为在近代早期欧洲，知识的分布并不均衡。本章我们将会探讨知识的地理学。谈到真理的地理学，这个想法与知识社会史同样具有震撼力（参见第5页）。事实上，蒙田已经探索过知识的地理学，他在《随笔录》（第二册，第十二章）中写道："与这些大山相连的真理，在世界的另一端则是错误。"（quelle vérité que ces montagnes bornent, qui est mensonge au monde qui se tient au delà.）帕斯卡在他的《沉思录》（卷六十）中更简洁地说："在比利

第四章　知识之定位：中心及其边缘地带　｜　57

牛斯山这一边是真理的东西，在另一边就成了谬论。"（Vérité au deçà des Pyrénées, erreur au delà.）

本章依据晚近对地理学和科学史的研究，主要考察知识的"空间分布"：发现知识、保存或详述知识，以及传播知识的地方。[4]

一个人的知识与他生活的地方密切相关。以僧侣马克西姆·格里克（Maxim Grek）为例，他在意大利生活多年，他也是将哥伦布地理大发现的消息告诉俄国的第一人（1518年左右）。然而，早在1513年，土耳其舰队司令皮瑞·雷斯（Piri Reis）所绘制的地图就显示有美洲了（这源于他手中一张从西班牙俘虏那儿缴获的哥伦布第三次航行时所绘制的地图副本）。[5]

在使用"知识的地理学"这一短语时，要从两个层面进行区分。从微观层面来说，有"知识殿堂"之分，前一章已经有所讨论。传统的知识场所如修道院、大学、藏书室和医院（一些街头新闻，则来自酒馆和理发店），新型场所有实验室、艺术长廊、书店、图书馆、解剖室、办公室以及咖啡馆。[6]另外，印刷厂的书店，既可以用于聚会，也可以是阅览新出版物的地方。伊拉斯谟常去威尼斯学者出版商阿尔都斯·马努提乌斯的印刷厂。17世纪早期，保罗·萨皮（Paolo Sarpi）在威尼斯一家名为"行船"的商店与其友人聚会。伽利略的对手奥拉齐奥·格拉西（Orazio Grassi）则常去罗马一处叫"太阳"的商店，詹姆斯·鲍斯韦尔（James Boswell）是在伦敦的汤姆·戴维斯书店后面的会客厅与塞缪尔·约翰逊初次会面。

印刷术发明之后，图书馆的面积有所增加，其重要性也日渐提升。至少在某些地方，大学内的图书馆与演讲大厅相互竞争。鲁汶大学一直到1639年依然声称，图书馆没有存在的必要，因为"教授即是移动的图书馆"。但在莱顿，情况则相反，图书馆每周开放两次，教授有时会把馆里的钥匙借给学生。[7]除了大学之外，下文会谈到一些私立或公共图书馆成为学术中心，以及学术交流、信息与思想交流，还有书籍阅读的场所。当时，在图书馆里要求保持安静是不大可能也是无法想象的。和书店、咖啡馆一样，图书馆鼓励将口头沟通和出版交流相结合。难怪图书馆的改革在 17 世纪中期英国所规划的培根式学术改革中占有一席之地。一位名叫约翰·杜里（John Durie）的改革家声称：图书管理员应该是"推进一般知识的媒介"。17 世纪 50 年代，有一些改革家希望杜里的友人塞缪尔·哈特利布（参见第 74 页）能担任牛津大学伯德利图书馆馆长。但该事并未成功，否则从实践意义上，我们会更明白知识的媒介之意义。[8]

在威尼斯、罗马、巴黎、阿姆斯特丹和伦敦等大城市，知识公共空间成倍地增加而且不断专业化，因此我们会在下文中更加关注这些大城市。城市的公共空间方便了政客与学者、绅士与工匠、从事田野与研究室工作者之间的交流互动。简而言之，其有利于不同知识间的碰撞（参见第 13 页）。从古至今，各种社交形式对知识传播甚至是知识生产都有一定的影响力。

在宏观层面上，城市也具有连接欧洲与中国或南北美洲的"长距离网络"中转站的作用，这些城市如亚洲的果阿邦、澳门和长崎，美洲的利马和墨西哥城，欧洲的塞尔维亚、罗马、阿姆斯特丹和伦敦。[9]难怪 17 世纪中期要求职业"情报员"将信息从国外发到英国的"一般知识储藏馆"，并指定这些情报人员必须住在"最好最为中心的地方"。[10]

在这一宏观层面上，近代早期世界的知识史，有时是指从欧洲扩散到全球各地的信息传播史——尤其是科学信息。但中心—边缘模式受到人们的批评，因为它忽略了帝国主义的政治活动，未能充分考虑知识从边缘到中心以及由中心到边缘的反向流动现象。[11]

本章重点关注的是知识从欧洲边缘转移到中心的问题，而将知识政治学放到第六章中来谈。虽然下文会谈到各种知识，但重点仍是欧洲人不断加强对欧洲以外的世界的意识。这种意识常为宗教、经济和政治利益所强化，但有时也是为了追求纯粹的知识。工具性的知识与无私的好

第四章　知识之定位：中心及其边缘地带

奇心之间不应区分得太清晰。[12] 然而，在它们之间做些区别也是有益的。

下文的主题，是有关知识的日益集中化，它与物质通信的改善和印刷书籍的兴起相关。这些发展反过来与世界经济的兴起（参见第157页）、某些大城市的兴起（常常是大图书馆所在地），尤其是集权制的兴起等有关（参见第101页）。然而，知识的集中化部分是自发形成的，是与文人共和国有关的知识交流的产物。

文人共和国

文人共和国或"学问联邦"（Respublica Literaria）一词在近代早期的欧洲，使用频率越来越高，用来指代国际学者共同体。[13] 这个文人共和国的地理学本身在这一时期也处于不断变化之中。比如，尽管乌普萨拉大学早在1477年就已建立，但是瑞典直到17世纪才正式加入文人共和国，当时克里斯蒂娜女王邀请笛卡尔等学者到斯德哥尔摩来。住在乌普萨拉附近斯考克勒斯特乡间别墅的贵族军人卡尔·古斯塔夫·弗兰格尔（Carl Gustaf Wrangel），通过其在汉堡、阿姆斯特丹、伦敦、华沙、维也纳等地的联络员组成的通信网络，来获取最新的自然哲学发展信息。北美在18世纪加入文人共和国，当时像科顿·梅瑟（Cotton Mather）及乔纳森·爱德华兹（Jonathan Edwards）等文人，通过订阅《学术著作史》（History of the Works of the Learned）这类英文杂志，来追踪欧洲文化动态。[14]

俄国在彼得大帝统治末期加入欧洲文人共同体，晚于瑞典，但早于北美。1714年，俄国贵族亚历山大·缅什科夫（Alexander Menshikov）当选皇家学会院士，这一年正值俄国第一家公共图书馆对外开放。莱布尼茨关注的是他称之为向俄国"移植"艺术与科学的计划，并在不同场合向沙皇表达了该想法。彼得大帝为其雄辩所折服，因此聘请莱布尼茨为顾问,并于1724年在圣彼得堡建立科学院时就以柏林科学院为蓝本,此为莱布尼茨几年前所设计好的。1725年,即彼得大帝驾崩之年,法国天文学家约瑟夫-尼古拉斯·德里希尔(Joseph-Nicolas Delisle)来到圣彼得堡,此后20年间他一直在该地培养俄国的天文学家。在下一代中,米哈伊尔·罗蒙诺索夫将到马堡研习化学,与伏尔泰通信,并帮助建立莫斯科大学。[15]

所谓"俄国人发现欧洲"与欧洲人发现俄国发生于同一时期。1550年以前,印刷品中没有什么有关"莫斯科大公国"(Muscovy)的资料。这种情形在此后慢慢改变,并在1697年得到迅速改变,那年彼得大帝向西欧派出一个包括他自己在内的250名俄国人的庞大使节团,前往荷兰、英国、法国、意大利等地进行考察,西欧人也因此得以进一步了解俄国。向西欧读者介绍俄国文化的书就有J. 柯鲁的《沙俄帝国现状》(J. Crull, *Present Condition of the Muscovite Empire*, 1699)、E. Y. 伊迪斯的《行者三载》(E. Y. Ides, *Three Years' Travels*, 1704)、J. 佩里的《俄国国情》(J. Perry, *State of Russia*, 1716)以及F. C. 韦伯的《新俄国》(F. C. Weber, *The New Russia*, 1721),其中《新俄国》一书为德文著作,但很快就有了法文和英文译本。[16]

地理学的知识与知识的地理学完全是两码事,但是两者之间有一定的交集,那就是地理学知识的起源。[17]下文以一个研究案例,探讨当重要的信息新通道建成后,欧洲以外的世界文人共和国的知识就会大不一样。[18]

长崎与出岛

我们暂且以日本为例,将其作为这个案例研究中所需的个案。1550年以前,欧洲人对日本所知甚少。13世纪旅行家马可·波罗曾提到过"日本国"(Cipangu)这个地方,但没有指出更多细节。1549年,耶稣会士方济各·沙勿略(Francis Xavier)及其同胞来到这个完全陌生的地方。16世纪晚期以降,关于日本的知识是经长崎市传播到西方的。1580年,一位皈依基督教的权贵将长崎捐献给耶稣会士。1587年,他们失去了对长崎的控制,但是布道团还在,并在那安装了一台印刷机。

基督教布道团在日本是成功的。但是由于太过成功,反而惹祸上身。基督教的传播警醒了日本的统治者,导致许多传教士及日本信徒遭到迫害,同时统治者还在17世纪30年代至19世纪50年代实行了"锁国"(sakoku)政策。日本此时虽并没有与外国人彻底断绝往来,但与外国包括商业关系在内的各种关系已经减少到最低程度并被严格控制。这一时期,荷兰商人取代葡萄牙耶稣会士成为日本与西方交流的主要媒介,长崎的作用也被出岛(Deshima)取代。

出岛是一个人工岛,长宽不超过几百英尺,它建在长崎港内,目的是控制那些危险的欧洲人。荷兰商人是荷兰东印度公司(VOC)的员工,他们的交易被限制在这个弹丸之地进行。1641年至19世纪50年代,日本与西方的全部贸易都在出岛进行,直至美国舰队叩关成功。[19] 尽管有官方的阻挠,但出岛依然是知识交流的场所(规模较小)。日本政府严禁出口本国地图,也不准外国人学日语。然而,这些障碍都可以克服。在出岛住过的西方人中,有三个人对日本的描述为欧洲人所知。第一个人是1639年至1640年间荷兰东印度公司在岛上的主管弗朗索瓦·卡隆(François Caron)。[20] 第二个是1690年至1692年间在岛上服务于荷兰东印度公司的德国人恩格尔贝特·肯普弗(Engelbert Kaempfer)。第三个人已是在锁国时代晚期(1775年至1776年间)在出岛作为医生供职于荷兰东印度公司的瑞典植物学家卡尔·彼得·桑伯格(Carl Peter Thunberg)。

旷野与研究室

长崎是一个大城市，因此从欧洲人的角度来看，是一个边缘的中心。远离欧洲的边缘城市的新闻媒介功能也不应被遗忘，这些城市有果阿、澳门、巴达维亚、墨西哥城和利马。

在传播有关世界其他地方的知识到西方的过程中，一些欧洲的主要城市起着更为重要的作用。各种不同的城市，如港口、首都和大学城，在这方面的作用也不同，对此我们会在适当的时候进行讨论。然而，下文的重点会放在城市边缘与中心之间的互动上，更具体而言，是田野与研究室的互动，主要讨论知识进口到欧洲及其随后的"处理过程"——汇编、计算、分类和批判。

在田野收集奇风异俗知识的欧洲著名收藏家，有1546年至1550年间探索中东，寻找鸟类和鱼类新物种的皮埃尔·贝隆（Pierre Belon），还有1570年至1577年间奉西班牙国王之命前往墨西哥，研究当地动物、植物和矿物的弗朗西斯科·埃尔南德斯（Francisco Hernández）。[21] 我们不该忘记近代早期大量流入欧洲的有关世界各地自然历史的信息。接下来，我应该优先讲解异域文化、宗教、语言和风俗的知识，比如桑伯格对日本民族的描述，而不是他对日本花卉的介绍。

进口知识

"进口知识"一词提醒我们，贸易尤其是港口在信息传播过程中发挥了重要作用，比如长崎，港口的居民经常会到水岸与新靠岸的水手聊天。在星盘、海图、地图及地球仪中，港口都是贸易的中心。港口同样也是不同类型知识及不同民族之间相遇的主要场所。下文将以里斯本、塞尔维亚、威尼斯及阿姆斯特丹等欧洲当时的大港口的历史为例，说明这些偶遇。

在知识史上，尤其是在15、16世纪的知识史上，里斯本的重要性在于，它是葡萄牙海上帝国的首都。"印度商行"及"几内亚商号"（Armazém da Guiné）从果阿、澳门、萨尔瓦多、西非等地获取知识和货物。大半辈子都在"印度商行"工作的历史学家乔奥·德·巴罗斯（João de Barros），在收集有关亚洲信息方面有着天然的优势。以印度为例，他向来自果阿的士兵、官员和商人咨询。为了取得有关波斯的信息，他可以询问那些曾在霍尔木兹从事贸易的人。他从旅行家门德斯·平托（Mendes Pinto）和多明戈·德·塞沙斯（Domingo de Seixas）处打听到关于日本和暹罗的事情。至于中国方面的信息，他则买了个奴隶替他翻译文籍。[22]

塞尔维亚享有信息中心的优势，尤其是在16世纪的繁荣时期，这要归功于它是墨西哥及秘鲁白银进口到西班牙的唯一官方入口。每年白银舰队的到来都会带来一些有关新世界的信息。正因如此，尼古拉斯·蒙纳德斯（Nicolás Monardes）医生没有离开塞尔维亚半步，就能写出有关南北美洲药物的名著，也成为塞尔维亚在信息获取方面占优势的明证。

正如第三章所提到的，塞尔维亚的"孔特拉塔西翁商行"（或"贸易商行"）是一座知识宝库，尤其是海洋线路的知识宝库，该处藏有海图模型。当航海者出航回来，会提供新的信息以便更新海图模型（著名的 *Padrón Real*）。天文地理学家也与该贸易商行有联系。当地的侨商，尤其是热那亚人，对他们的亲属同胞前往从事贸易的世界各地都很熟悉。[23] 塞尔维亚同样也是重要的印刷中心。1500年至1520年间至少有300种书在此出版，其中很多是由德国移民印刷的。这一时期，外国书籍主要通过塞尔维亚进入西班牙国内。塞尔维亚作为信息中心的地位又因费尔南德·哥伦布（西班牙文为Fernando Colón，哥伦布的儿子）图书馆的建立得到强化，该图书馆有近 2 万册图书。16、17 世纪，塞尔维亚还因蓬勃发展的学院巩固了信息中心的地位。[24]

至于威尼斯，它在半个世纪之前被法国历史学家称为"近代早期世界最为重要的信息中心"。[25] 15 世纪和 16 世纪时，威尼斯的优势在于它是东西方交流的纽带。威尼斯海上帝国包括达尔马提亚、塞浦路斯（到 1570 年为止）以及克里特岛。奥斯曼帝国是一个实力强劲的邻邦，因此，威尼斯的政治生命依赖于土耳其苏丹与大维齐尔（grand viziers）的个性和政策、土耳其军官调动的知识。威尼斯派驻伊斯兰堡的外交官（bailo），不仅要照顾当地的威尼斯商人，还要将从土耳其苏丹翻译官和医师那里得来的政治新闻，传达给威尼斯共和国的总督及其顾问。

最新的"里亚尔托新闻"，有助于维持众多威尼斯人的商业利益。驻外商人的家书，成为家族生意的"资料库"。威尼斯商人在阿勒颇、亚历山大港和大马士革站稳脚跟，这些地方定期会有信息传来，甚至远东地区也会不定期地传来信息。三个威尼斯人对传播缅甸知识到西方的贡献尤其大，他们是 15 世纪的尼可洛·康迪（Nicolo Conti）、16 世纪的塞萨雷·费德里奇（Cesare Federici）和格斯帕罗·巴尔比（Gasparo Balbi）。[26] 1501 年，当传言印度香料已运达里斯本时，威尼斯政府派遣了一名秘密代理人前去葡萄牙打探实情并发回报告。他的报告保存至今。虽然威尼斯比罗马、巴黎和佛罗伦萨更晚得知哥伦布发现美洲新大陆的消息，但威尼斯在整个 16 世纪都对新世界抱有极大的兴趣。[27]

到了 17 世纪，里斯本、塞尔维亚和威尼斯这些商业中心的地位已不如以前那么重要，它们被安特卫普（16 世纪中期的某段时期）、阿姆斯特丹和伦敦赶超。在知识以及其他商品方面，安特卫普是贸易中心，又是地图绘制中心（尤其在亚伯拉罕·奥特柳斯 [Abraham Ortelius] 时期）和出版记述遥远国度文字的中心——从埃尔南·科尔特斯（Hernán Cortés, 1522）对墨西哥的记述到耶稣会士的日本书信集（1611—1632）。

阿姆斯特丹的西印度商行（图2）和东印度商行仿效并逐渐取代早期各个贸易商行的模式。荷兰东印度公司在巴达维亚的办事处每年会向东印度商行递交年度报告，报告包括东印度公司的整体经营状况（参见第157页）。阿姆斯特丹证券交易所（图3）尤其对香料等商品的供应新闻极端敏感，它是另一个获取海外信息的中心。[28]少数族裔（包括西班牙和葡萄牙的犹太人、斯堪的那维亚的水手以及英、法的宗教难民）是阿姆斯特丹重要的信息来源，正如昔日希腊人、斯拉夫人、西班牙人和土耳其人在威尼斯，西班牙人和意大利人在安特卫普，以及热那亚人在塞尔维亚曾发挥重要作用。通过各种通道传到阿姆斯特丹城的信息，经报纸（参见第168页）及其他传播方式很快就会传播出去。借助这种方式，阿姆斯特丹成为"全欧信息交流总枢纽"。[29]

知识的首都

港口不能垄断所有的信息。各国的首都，尤其像罗马、巴黎和伦敦，是港口最为强劲的竞争对手，在政治新闻领域尤其如此。

罗马长久以来一直与威尼斯争夺信息中心的地位。[30]首先，梵蒂冈是天主教世界的总部，它是日本、埃塞俄比亚、中国以及欧洲一些国家大使前来拜访的中心，也是教皇使者（罗马教廷大使）定期发回报告的中心。其次，罗马是多明我会、方济各会以及耶稣会等传教修道会的总部所在地，其中最重要的是耶稣会，世界各地的耶稣会分部和大学要向罗马的修道会会长作定期汇报或寄送年报。17世纪，教廷传信部（类似西班牙分部）成为另一个获取传教地区信息的知识的中心。

16世纪90年代，乔万尼·波特罗（Giovanni Botero）能在罗马汇

图 2 版画：西印度商行。来自策森（P. Zesen），*Beschreibung von Amsterdam*（阿姆斯特丹，1664）；大英图书馆复本（1300 D.7）

图3　画作：《阿姆斯特丹交易所》(1653)。来自伊曼纽尔·维特（E. Witte），鹿特丹，博伊曼斯·范伯宁恩美术馆

编成《环球行纪》(*Relazioni Universali*)，靠的是他与耶稣会士网络的联系。比如，他引用了波塞维诺（Possevino）对俄国的描绘，贡扎尔沃·德·席尔瓦（Gonzalvo de Silva）对非洲莫诺莫塔帕（Monomotapa）的描述，以及刚从中国回到欧洲的罗明坚（Michele Ruggieri）带来的知识。尽管他选择以论说文的形式来呈现他的材料，但他有时也会讲讲最热门的新闻。他在阐述中国时会停顿下来，告诉读者说："当我写到这里时，新闻传来说留在中国的两位神父遭受了种种迫害。"[31]

罗马也是学术信息的中心。它的教育机构享誉欧洲，包括罗马第一大学以及为培养外国留学生传教士而创办的多所学院——德国学院（1552）、希腊学院（1577）、英国学院（1578）、马龙派教会学院（1584）以及爱尔兰学院（1628）。罗马城同样是林西和乌莫里斯提（Umoristi）等学院的所在地，以及古文物学家佛勒威奥·欧斯尼（Fulvio Orsini）、鉴赏家加西诺·德·波佐（Cassiano del Pozzo）和博学家阿塔纳斯·珂雪（Athanasius Kircher）等非正式学术圈的所在地。它吸引了来自法国、西班牙、德国等地的学者。

巴黎（以及自17世纪以来作为其卫星城的凡尔赛）是另一个政治信息的中心。路易十四时代的土耳其、波斯、摩洛哥和暹罗大使馆提醒我们，当时外交往来并不仅限于欧洲国家。17世纪时，随着信息不断传入巴黎，法国中央集权也得以不断加强（参见下文）。

巴黎也是一个学术信息的中心。官方机构如皇家图书馆、皇家植物园、法兰西科学院、法国天文台和法兰西金石铭文与文艺学院，都从事信息的收集与讨论。巴黎同样是一个非正式学会和学院的中心。人文主义学者在迪皮伊兄弟（Dupuys）位于普特温大街（rue des Poitevins）的住宅中会面，这个地方是历史学家雅克-奥古斯特·德·图（Jacques-Auguste de Thou）著名图书馆的所在地，1617年由迪皮伊兄弟正式继承。1619年至1648年间，包括笛卡尔、帕斯卡尔和伽桑狄（Gassendi）在内的自然哲学家，在毗邻皇家广场（现为孚日广场，Place des Vosges）的马林·梅森修道院（Marin Mersenne）里聚集。1632年至1642年间，泰奥弗拉斯特·雷诺多在他位于巴黎圣母院的加兰德大街（rue de la Calandre）的通讯处（职业介绍所）举办多种主题讲座，任何想听的人都可以参加。[32]

至于伦敦的重要性，在于它同时兼有港口和首都两方面功能。伦敦是俄国公司（成立于1555年）、黎凡特公司（成立于1581年）、东印度公司（成立于1599年）以及阿非利加公司（成立于1672年）的总部所在地。很多国外信息都传到伦敦个体商人那里，但是各公司的总部也收集信息，比如莫斯科大公国会馆，就有约翰·迪伊（John Dee）和理查德·哈克路特（Richard Hakluyt）等学者在那里与商人会面，讨论地图与路线问题。位于利德豪大街的东印度商行，与其荷兰竞争对手一样，也讨论与处理地图等事宜。那里储藏着地图、海图及航海日志，而寄往此处的信件则提供了有关印度货物的价格等详细信息。

以这种方式传入伦敦的信息不尽是商业信息。皇家学会秘书长亨利·奥尔登堡在他给第三年的《哲学会报》所作的序言中写道，那些从"美洲殖民地"和其他地方传到"这个著名大都市"的信息，归根结底都源于贸易。[33] 同样，皇家学会历史学家托马斯·斯普拉特，将伦敦"这个强大帝国的首都"比作"促进知识发展的殿堂"，以及"由世界各国的报告与情报组成的知识最适合的归宿地"。

皇家学会是信息交流的重要场所，但也有竞争对手。16世纪晚期以降，位于主教门街的格雷沙姆学院就有关于自然哲学等主题的公开讲座。华威巷的医学院也有讲座，1657年一位医生形容它是真正的所罗门宫（Solomon's House）。人文学科则有古文物专家研究会，他们于1586—1608年间在圣保罗大教堂附近的德比之家《先驱报》办公室探讨英国历史。正式而言，伦敦缺少一所大学，但它是四大律师学院（Inns of Court）所在地，这是一所律师培训学校，有时被称为第三所大学。[34]

从欧洲其他国家来的移民，也为伦敦带来了知识，使伦敦城的知识更为丰富。奥尔登堡本人来自不来梅，他的朋友哈特利布则来自埃尔宾（今波兰埃尔布隆格）。和在阿姆斯特丹的情况一样，从法国来的新教难民当中就有很多文人，他们在17世纪晚期定居于伦敦（参见第29页）。

图书馆的地理学

如果我们考察大型图书馆的地理分布，可以证实某些欧洲城市在知识界的优势，但是城市与图书馆的关系也并非完全如此，比如牛津大学伯德利图书馆就是一座小型大学城里的大型图书馆，而埃斯科里亚尔图书馆（Escorial Library）则位于城市的远郊地区。想要阐释它们所处的位置，不得不谈到两位富人的兴趣。国王菲利普二世建了埃斯科里亚尔图书馆，而托马斯·伯德利爵士（Sir Thomas Bodley）则将其藏书捐赠给了牛津大学。

然而在意大利和法国，最好的图书馆都在最大的城市。在意大利，重要的城市有佛罗伦萨（有劳伦齐阿纳图书馆）、威尼斯（有马尔恰纳图书馆）、米兰（有安布洛其亚图书馆），最重要的是罗马（有梵蒂冈图书馆、罗马第一大学图书馆、罗马耶稣会图书馆、1614年开放的安杰丽卡图书馆，以及巴贝里尼图书馆、塞西和斯巴达家族图书馆、克里斯蒂娜女王图书馆等重要的私人图书馆）。旅游指南中都有这些图书馆的信息。意大利神父卡罗·皮亚扎（Carlo Piazza）所著《罗马著名图书馆》（1698）一书，对上述图书馆做了最为翔实的描述。

意大利城市那不勒斯也拥有藏书丰富的图书馆，其中法学家朱塞佩·瓦勒塔（Giuseppe Valletta）的图书馆在1700年左右就有1万册藏书。然而作为知识中心，这座城市在17世纪晚期开始走向衰落。一些当地学者向英国访客吉尔伯特·伯内特（Gilbert Burnet）诉说，他把这些人对宗教法庭及如何艰难地从英国和荷兰共和国获取书籍的抱怨都记录了下来。

我们暂且以维科为例说明17、18世纪之际那不勒斯学术上的问题。要写一部关于比较历史的巨著，作者当然需要很多信息。维科成长于17世纪晚期的那不勒斯，那不勒斯是一个活跃的知识交流中心，在那里能方便地读到拉丁文新作。当维科渐渐长大，他和那不勒斯都陷入

第四章　知识之定位：中心及其边缘地带 | 71

了孤立的境地。文人共和国的两门必备语言——法语与英语,他都不太精通。维科日益陷于孤立的迹象之一体现在他 1744 年发表的杰作《新科学》(Scienza Nuova)最后一版上,其中对于日本的讨论竟未提及恩格伯特·坎普法在 20 年前的重要研究(参见第 60、192 页)。[35]

　　巴黎居民则更为幸运。17 世纪末期,巴黎的图书馆数量超过了罗马。12 世纪的圣维克多图书馆于 1500 年左右已完成图书编目工作(参见第 184 页),并于 17 世纪正式对公众开放;还有大学图书馆、克莱蒙耶稣学院图书馆(为向路易十四致敬,改名为路易大帝图书馆)、大主教马扎然(Mazarin)图书馆(在他死后变成公共图书馆)以及皇家图书馆——它在 16 世纪 60 年代从布洛瓦搬迁到巴黎,并于 17、18 世纪逐渐对公众开放(参见第八章)。1692 年的一份巴黎指南列出了不少于 32 座读者可以随意进入的图书馆,包括 3 个公共图书馆(马扎然图书馆、圣维克多图书馆及皇家植物园图书馆)。

　　目前所提到的城市并非均匀分布于整个欧洲,而是集中于南部和西部地区,是时候将视野转向欧洲大陆中部、北部和东部了。中欧的大学较多,14、15 世纪时已形成一个大学网络,包括布拉格、克拉科夫、维也纳、莱比锡和波若尼(今天的布拉迪斯拉发)等大学。1576 年至 1612 年鲁道夫二世统治时期,他位于布拉格的行宫成为当时知识的中心,吸引了天文学家第谷·布拉赫和约翰内斯·开普勒(Johannes Kepler)、炼金术士麦克尔·麦尔(Michael Maier)和麦克尔·桑蒂夫吉乌斯(Michael Sendivogius)以及人文主义者匈牙利人约翰内斯·桑蒲库斯(Johannes Sambucus)。长久以来,更为重要的城市是维也纳。它不仅是大学的所在地,还拥有一座帝国图书馆——霍夫图书馆(Hofbibliothek)。到 1600 年为止,该图书馆已有 1 万册左右的藏书;60 年代曾由图书管理员彼得·兰贝克(Peter Lambeck)进行细致清点;而到 1680 年,它已拥有 8 万册藏书,因此 18 世纪初重建了一座更为恢宏的图书馆,不久后向公众开放。[36]

北欧和东欧地区人口稀少，因此其城市规模往往不大（莫斯科城除外），也不像南欧和西欧的城市那么集中。除了创办于 1477 年的乌普萨拉大学，其他学术机构成立更晚。比如 1578 年在维尔纽斯，1632 年在多帕特（即塔尔图）和基辅，1668 年在伦德，1661 年在利沃夫，1687 年在莫斯科（一座神学院）及 1724 年在圣彼得堡才成立学术机构。尽管在这个大区域中只有少量印刷厂和书店，但在 17 世纪末它们还是略有增多。为发展东欧市场（参见第 164 页），当时在阿姆斯特丹印书，这是读者的幸运，却阻碍了当地知识的交流。[37] 尽管 1661 年沃芬布特尔（Wolfenbüttel）的公爵图书馆已有 2.8 万册藏书，1760 年哥廷根大学图书馆有 5 万册藏书，1786 年柏林皇家图书馆有 8 万册藏书，但大型图书馆在这一地区还是较为稀缺。

有两个现象可以表明在这些地区比在西欧更难接触到知识。首先，许多学者向西迁徙，或是去参访图书馆，如 17 世纪拜访牛津大学图书馆的德国和斯堪的那维亚学者；或是去那里长住，如波希米亚学者扬·阿姆斯·夸美纽斯曾住在伦敦和阿姆斯特丹。其次，18 世纪早期，在莱布尼茨的建议之下，普鲁士及俄国政府希望引进外国学者，以便将柏林和圣彼得堡打造成知识的中心。这些引进的学者中，就有数学家尼古拉斯·伯努利和丹尼尔·伯努利兄弟（Nicolas and Daniel Bernoulli）、莱昂哈德·欧拉（Leonhard Euler）和皮埃尔·莫佩尔蒂。

除了会有一些不便，在东欧或中东欧小城镇上继续追求学术生涯，这也并非不可能。以历史学家马蒂亚斯·贝尔（Matthias Bél）为例，他一生都住在波若尼这个地方，但他研究的是本地的历史。巴托洛梅乌斯·凯克曼（Bartholomäus Keckermann）的短暂一生大半在但泽地区（Gdańsk）度过，出版了至少 25 本著作，但基本上是对各个学科的系统整理，并不需要特别的信息。

对母语不是意大利语、西班牙语、法语、德语、荷兰语或英语的欧洲人来说，获取日常知识也需要付出更大的努力。中欧和东欧国家

第四章　知识之定位：中心及其边缘地带 ｜ 73

到后来才逐渐开始出版本国语言的参考书籍，比如阿帕扎·谢雷·詹努斯的《匈牙利百科全书》(Apáczai Csere János, *Hungarian Encyclopaedia*, 1653)，以及第一部波兰语百科全书——契米洛夫斯基出版于18世纪中叶的《新雅典》(Chmielowski, *Nowe Ateny*)。

我们可举墨西哥的卡洛斯·德·锡古恩萨·贡戈拉（Carlos de Sigüenza y Góngora）为例，生动说明学者依然要面对远离学术中心所带来的问题。他生活在一个有大学、印刷厂和出版社的大城市，他本人是大学数学教授。尽管如此，锡古恩萨在书写本国历史和古代史时，需要用到西班牙征服墨西哥之前所用的象形文字，他还是被迫引用塞缪尔·帕切斯（Samuel Purchas）和阿塔纳斯·珂雪等欧洲人的著作，只有这些外文书才印有这种象形文字。为了亲眼看看这些已由西班牙人带回欧洲又散布他处的手稿，他必须造访罗马和牛津这些遥远的城市。[38]

城市作为信息来源的本身

近代早期城市信息服务水平的提升，部分是因为城市的劳动分工，部分是为了满足信息需求日益增长的需要。生活在欧洲大城市的人们容易迷失，为此需要获取更多的信息。这些城市又不断产生出与自身相关的大量信息。

比如，大城市的职业结构中渐渐多了口头交流的各类专家。这些专家包括巴塞罗那交易中心（Lonja）经纪人，他们倾听他人对话，撮合商人相互接触。18世纪伦敦的"推销员"，宣传秘密婚姻服务，或把新近靠岸船舶带来的新闻带到劳埃德咖啡馆。民谣商人（the ballad-sellers）在城市街头走动，在巴黎的新桥（Pont Neuf）或马德里太阳门广场（Puerta del Sol）驻足停留；在这些地方，盲人歌手驻唱于官方报纸办公室及邮政系统终端——邮局（Correos）之间，并售卖历书、报纸和政府敕令。[39]

政府通告成倍地出现在街角或教堂大门口。比如，1558 年的佛罗伦萨，新的禁书索引张贴在城市的教堂大门上。查理二世时代的伦敦，街头广告宣传栏上张贴着戏剧广告。1782 年，一位前往伦敦的瑞士游客惊叹店铺名的盛行居然甚于招牌。街道名称也越来越多地标示在墙上（巴黎是从 1728 年开始的）。18 世纪时，门牌号在大城市也越来越普遍。18 世纪 70 年代，一位到马德里游玩的英国访客发现，"街道名称"写在了街角的房屋上，并且所有的"房子都有编号"。

每一位旅行者都知道，城市越大，越需要向导，不管是一位导游或是一本指南。在近代早期的欧洲，尤其是在罗马、威尼斯或巴黎，需要专业向导或导游（ciceroni）引导游客进行城市观光，同时还需要旅行指南。罗马旅行指南的印刷数量很大，中世纪时已经流传所谓的《罗马神迹》这类印刷品。这本指南连续出了许多增订版，除了原有的对遗迹、赎罪券和教皇的介绍以外，还有更多古物、邮政服务和画家等世俗信息。弗朗西斯科·圣索维诺（Francesco Sansovino）的《威尼斯旅行指南》，最早出版于 1558 年，它是一本畅销书，并在 17 世纪末被文塞佐·克洛内利的《外国人指南》（Vincenzo Coronelli, *Guide for Foreigners*）取代，后者后来又被一本描述城市及郊区六日游，成书于 18 世纪，名为《外国人启蒙》（*The Foreigner Enlightened*）的旅行书取代。

阿姆斯特丹、巴黎、那不勒斯等地的旅行指南都模仿上述旅游指南的形式。波塔努斯（Pontanus, 1611）、达珀（Dapper, 1663）、策森（Zesen, 1664）、柯孟林（Commelin, 1693）曾写过阿姆斯特丹，还出版过一本匿名法语书《走遍阿姆斯特丹》（1701），最后这本书经多次重印和修订。巴科（Bacco）对那不勒斯的介绍初版于 1616 年，到 17 世纪末已有 8 个版本。同时，他的对手有莫尔米莱（Mormile, 1617）、萨尔内利（Sarnelli, 1685）、切拉诺（Celano, 1692）以及西基斯蒙多的《那不勒斯城市介绍》（Sigismondo, *Description of the City of Naples*, 1788），西基斯蒙多的书专门为外国人所写。《巴黎简介》（*The Description of Paris*, 1684）由专业导游日耳曼·布赖斯（Germain Brice）所写，1727年就出了第8版。之后是一本由尼米茨所写的《漫步巴黎》（Neimetz, *Sojourn in Paris*, 1727）以及其他竞争对手所写的书。第一本伦敦指南要追溯到1681年，纳撒尼尔·克劳奇（Nathaniel Crouch）和托马斯·德·劳尔（Thomas de Laure）为出版方，他们互为竞争。整个18世纪，又出版了十几本伦敦指南。

到了18世纪，这些旅行指南除描述教堂、艺术品之外，又增加了一些实用信息，比如如何与出租车司机议价或夜间要避免走哪些路。还有一些关于城市诈骗者及其招数的特殊文学作品，比如《伦敦骗子》（*The Frauds of London*）等。实用信息很快就过时了，因此自1722年起，一种为外国人所写的马德里旅行指南——《年历与老外指南》（*the Annual Calendar and Guide for Foreigners*）每年都会再版。

有些城市甚至出版卖淫业的特殊指南。1535年在威尼斯出版的《娼妓价格一览表》（*Tariffa delle Puttane*），是一部列有110名高级妓女姓名、地址、有吸引力的特征、评论和价格的诗歌形式对话集。接下来，1570年出版了一份含有210个人名的目录，之后有一些仿作，描述阿姆斯特丹和伦敦的富有吸引力的特征。《女子共和国》（*Commonwealth of Ladies*, 1650）讲的是在新交易世界的工作；还有哈里斯所著《科芬花园女子名录》（Harris, *List of Covent-Garden Ladies*），1760年后每年出一本。但这些指南是为游客还是本地人所写，很难说清楚；它们的准确度有多高？作者的本意是提供实用信息抑或色情文学？

大城市的当地居民也越来越需要指引，以获取有关多种休闲形式的信息，或到哪可以买到特定商品与服务的信息。海报则是一种解决之道。我们以演出节目单为例。这些贴在墙上的广告可以追溯到16世纪末商业剧场兴起之时的西班牙。西班牙的演出节目单为意大利的宣言、法国的公告、德国的布告和英国的海报所模仿。1662年，佩皮斯（Pepys）提到贴在教堂等地柱子上的宣传表演的广告。在18世纪末的巴黎，此类宣传海报在都市生活中扮演了重要角色。但它们受到严格控制，40名正式的海报张贴人员，别着徽章显明自身的身份。他们张贴的信息包括防止被骗、寻找走失的狗和有关传教士的广告，还有巴黎国会的法令等。

为了迎合这些需求，所谓的职业介绍所（通讯事务所）（Bureau d'Adresse）在17世纪早期（新桥附近，后来在卢浮宫）由巴黎的泰奥弗拉斯特·雷诺多建立，他的这一身份甚至让他比作为官方报纸——《公报》（Gazette）的编辑还出名。建立通讯事务所的目的是想收取一点费用让以前彼此不认识的人有所接触（比如雇工与雇主），以便解决大城市中人与人之间互不相识的问题。一位前往卢浮宫参观的英国游客说："艺术长廊之下有一个叫通讯事务所的机构。在那里有个人手中有本关于佣人和侍从的花名册。"这个通讯事务所很出名，以至于成为1631年和1640年宫廷芭蕾舞剧的主题——一种交流媒介使另一种交流媒介更为出名。[40]

17世纪黄页分类持续的时间并不长，但在此之后，一位名叫尼古拉斯·德·布勒尼（Nicolas de Blegny）的药剂师采用了一种构想，把资料印刷出来，取名《巴黎通讯地址便利书》（*The Convenient Book of Addresses in Paris*, 1692），内容涉及买卖、职位空缺、图书馆、公共讲座、沐浴、音乐教师以及谒见巴黎大主教或国王神迹表演的时间与地点。他用笔名亚伯拉罕·狄·普拉戴勒（Abraham du Pradel）出版这部工具书似乎是个明智之举，因为后来一些重要人物和上流社会人士举报他在书中所列的地址侵犯了他们的隐私，不久该书就被列为禁书。[41]

然而人们还是希望获取这类信息，因此18世纪这种工作再次复苏。1750年左右，以编排手稿时事通讯闻名的穆希骑士（the Chevalier

第四章 知识之定位：中心及其边缘地带 | 77

de Mouchy）同样在圣·奥诺雷大街（rue Saint-Honoré）建立了通信事务所。18 世纪的巴黎，像《巴黎海报》（*Affiches de Paris*, 1716）、《宫廷演出杂志》（*Journal des Spectacles de la Cour*, 1764），后来的《戏剧杂志》（*Journal des Théâtre*, 1777）以及《休闲日历》（*Calendrier des Loisirs*, 1776）等杂志上也有关于休闲活动的信息。从 1751 年起，《公告》（*Affiches*）与《公报》在巴耶大街的通讯事务所同时出版，其提供戏剧、布道词、巴黎议会法令、商品库存、新书出版等信息。类似地，《马德里日报》（*Diario de Madrid*, 1758—？）以及《马德里特别新闻》（*Noticias Particulares de Madrid*），刊载征人拼乘加迪斯大马车的广告和红色"失物招领"（狗、念珠等）广告。

在伦敦，也有人设法为城市常住居民提供实用信息，为此，17 世纪中叶塞缪尔·哈特利布创立了他的信息办公室或通用知识办事处（Agency for Universal Learning），一方面提供雷诺多式的实际服务，另一方面收集各个学科的知识并向全世界传播，并试图将两个雄心勃勃的计划整合起来。[42] 像哈特利布这样的外国人，尤其感到在大城市需要指引。虽然他的计划和雷诺多的一样短暂，但两者的计划都启发了后人，并为人所模仿。比如，1657 年伦敦的"公共意见办公室"不仅出版了《公共顾问》周刊，还提供私人仲裁服务；关于移民注册的事务于 1680 年由 T. 梅休（T. Mayhew）在伦敦萨默塞特府（Somerset House）对面的雌孔雀（The Pea Hen）成立的情报局进行办理。

到了 18 世纪，伦敦的职业介绍所或家政"登记办公室"越来越普遍。小说家兼地方长官亨利·菲尔丁（Henry Fielding）于 1751 年提出建立"一般登记处"（Universal Register-Office）的计划，其中谈到那些"人口稠密的大城市"要求有"一个沟通居民间各种需求和才能的方法"，他提议登记待售的房地产、房屋租赁、借贷人、职位空缺、旅游服务等信息，简而言之，就是一部名为《情报仓储》的日常戏剧。他还注意到，"在上一居住地品行不良"的雇工将不被登记。难怪我们会发现，菲尔丁也负责1749年在鲍街警察局成立的"英格兰第一支侦察队"。菲尔丁把信息视作对付罪犯的武器，并提倡建立劫案的情报档案。

知识加工

在城市及其他地方，知识的系统化是一个需花费更多心力经营或"处理"进程的一部分。它包括知识收集、核校、编辑、翻译、评论、批判、综合以及当时被称作"摘要和分类"的过程。这一过程可以用流水线一词来描述。当信息单元从乡间小道向城市移动时，众多差异化个体都对其有所增益。这便是知识如何"产生"的过程，即把新信息转化为当时知识阶层所谓的知识的过程。我们不能认为，这样获得的新信息不带有中途附加上的观念或范畴，很多"原料"就这样从殖民地传到母国中。比如，以东西印度传进来的药草和药物为例，显然，这一知识在传入欧洲以前，早已被当地的土著学者详细描述过了。[43]

尽管如此，为了有效使用这些知识，必须将它吸收或纳入欧洲文化范畴之中。这种吸收过程通常是在城市的环境中发生，然而著名的反例是下文第八章将讨论到的蒙田及孟德斯鸠在其乡村庄园的活动。城市被称作"统计中心"，换句话说，来自不同地区、关于不同主题的地方信息，在城市转化为地图、统计数字等形式的普遍知识。更早的例子是在古代亚历山大港的著名图书馆馆长、地理学家埃拉托色尼（Eratosthenes），就将从各地而来的知识转变成了一般知识。[44]

近代早期的城市同样可称为统计、批评和综合的中心。这一时期的地图集，清晰地说明了这种综合特征，比如由墨卡托（Gerard Mercator）在安特卫普、布劳在阿姆斯特丹、克洛内利在威尼斯、霍曼（Johann Baptist Homann）在汉堡或丹维尔在巴黎所绘制的地图集。制图师让-巴普蒂斯特·丹维尔（Jean-Baptiste d'Anville）的若干文稿——幸运地保留至今——表明他在进行综合的时候，援引了商人或外交官等口头或书面报告。[45] 在将地方食宿信息或边远知识纳入城市事务内时，调查问卷的方法也起到了辅助的作用（参见第 126 页）。问卷与统计资料一样，有助于比较异同。

学者和官员、艺术家和印刷商都使用这种方式处理知识，这是一种集体行为。不过只有在大到可以提供多种多样的专业的城市，才有这种协同合作的可能，不同城市对于国际化的劳动分工也有各自特殊的贡献。当路德开始挑战罗马教皇的权威时，他在德国东部城市威滕伯格的一所新式大学任教，威滕伯格当时处于德国文化的边缘，而加尔文时期的日内瓦也处于法国文化的边缘。[46] 然而，由于两位宗教改革者的推动，威滕伯格和日内瓦成为圣城和宗教知识的中心，在路德教及加尔文教的世界里，其地位与罗马在天主教世界的地位相当。

佛罗伦萨、罗马和巴黎又是艺术品鉴定的中心。多亏了这些城市的图书馆和大学教授，一些大学城在知识研究上所发挥的作用与其面积大小不成比例——比如 16 世纪的帕多瓦和蒙彼利埃在医学知识方面所起的作用，17 世纪的莱顿对植物学和阿拉伯研究的作用，以及 18 世纪的哥廷根对历史和俄国研究的作用。

在某些欧洲城市，语言上的少数族裔群体表现尤为突出，他们将知识的微观地理学和宏观地理学相贯通，在处理知识的过程中起了重要的作用。比如，威尼斯的希腊人和"斯拉夫人"（斯奇亚弗尼，主要来自达尔马西亚海岸）参与了书籍的出版——希腊人参与了希腊文本，而"斯拉夫人"参与了礼拜仪式文学书籍的撰写出版。安特卫普的意大利人、西班牙人、英国人、法国人等族裔群体也积极参与其母语书籍的编辑、翻译和印刷。在阿姆斯特丹，也有俄国人、亚美尼亚人以及人数更多的少数族裔如法国人、说西班牙语或葡萄牙语的犹太人等不同群体的参与。在安特卫普、科隆、美因茨、迪林根和慕尼黑等这些有耶稣会学院的城市，有人将有关莫斯科大公国、中国和日本的本国语言的记叙翻译为拉丁文，使在他处的学者也能了解这些文化，因此也就将耶稣会士对传教的兴趣与对新拉丁文学的兴趣合而为一。

非欧语言词典的兴起是欧洲人对欧洲以外世界的兴趣和知识日增的有效指示器。西班牙的城市出版了第一本阿拉伯语词典（1505）和美洲土著印第安人语词典，如瓜拉尼语词典（1639）。阿姆斯特丹在1603 年、1623 年、1640 年和 1650 年出版了马来语和印度尼西亚语词典，毫无疑问这是供给荷兰东印度公司使用的。罗马作为传教活动的中心，出版了埃塞俄比亚语、土耳其语、亚美尼亚语、格鲁吉亚语、阿拉伯语、波斯语和越南语的词典。

无论是作家还是智慧型企业家，个体在信息处理上都扮演了重要角色（参见第 160 页）。著名的例子有荷兰人约翰内斯·德·莱特（Johannes de Laet）、法国人杜赫德（Jean-Baptiste du Halde）及德国人伯恩哈德·瓦伦纽斯（Bernhard Varenius）和阿塔纳斯·珂雪。这些人从未离开过欧洲，却出版了描述亚洲的作品。德·莱特写过关于奥斯曼帝国和莫卧儿帝国的著作；瓦伦纽斯写过日本和暹罗方面的作品；珂雪和杜赫德则写过中国方面的著作。[47] 此类作家大多住在大城市里，他们所扮演的角色与埃尔南德斯、肯普弗或卫匡国等流动采集知识者相辅相成。德·莱特在莱顿从事写作，他在那儿能够利用的大批东方典籍和手稿，对他写莫卧尔王朝非常有帮助。瓦伦纽斯在阿姆斯特丹写作。珂雪在罗马待了 40 年，因此他能够接触到许多传教士从国外带回来的信息，比如卜弥格（Michael Boym）和卫匡国从中国带来的信息，洛德（Heinrich Roth）从日本带来的信息，以及菲利普·德马里尼（Filippo de Marini）从越南北部湾（Tonkin）和中国澳门所收集的信息。类似地，生活在巴黎的杜赫德，常与从中国返回的传教士交谈，并编校他们的报告，最终以"启迪人性的书简"系列的形式出版。

第四章 知识之定位：中心及其边缘地带 | 81

我们说这些人及其同事（威尼斯的乔万尼·巴蒂斯塔·赖麦锡[Giovanni Battista Ramusio]、里斯本的乔奥·巴罗斯、罗马的乔万尼·波特罗、伦敦的理查德·哈克路特、巴黎的让-巴普蒂斯特·丹维尔和德尼·狄德罗，以及阿姆斯特丹的卡斯帕·巴莱乌斯[Caspar Barlaeus]、奥尔夫特·达珀和简·布劳）懂得如何利用他们处于重要信息中心的机会，人们并不会因此而贬低他们的成就。

像意大利耶稣会士卫匡国这些"田野"工作者，懂得必须与这些信息中心保持联系。如本章开头所提到的，卫匡国与罗马保持紧密联系并曾亲自访问阿姆斯特丹，把一些地图交给出版商简·布劳。1655年至1668年间，大部分时间居住在印度的弗朗索瓦·贝尼耶（François Bernier）医生，通过书信给巴黎的朋友传递信息，回国后又出版了一本有关印度的书。贝尼耶所收集的信息，后被洛克及孟德斯鸠用于证明从法律到鬼神等形形色色的主题的一般性理论。[48]

传播知识

知识在城市经过处理之后，会通过印刷传播或再输出。这种媒介弱化了地理上的障碍，使知识脱离其原始环境。本章所提到的欧洲主要城市均是重要的印刷出版中心。就这一点来说，威尼斯、阿姆斯特丹和伦敦的重要性是显而易见的，下文将从经济收益的角度予以更为细致的分析。罗马和巴黎都是主要的印刷业中心，后者的印刷所主要集中在圣-雅克大街的大学区里。有人认为塞尔维亚是17世纪早期西班牙"最为重要的新闻出版中心"。[49]书籍的传播网络至少从一开始是倾向于沿着成熟的贸易航路发展，但最终开辟了几条属于自己的新航线。[50]

我们可以借助知识发展过程的案例，考察西方知识中那些来自其他大陆的另类医学。与紧接而来的科学与专业医学时代相比，近代早期的西方医生似乎更容易接纳这些另类医学。16世纪出版了两种关于异国药草和药物的关键性图书：一本是由葡萄牙医生加西亚·德奥塔（García d'Orta）所著的关于印度的书，最初在果阿出版；另一本是西班牙医生尼古拉斯·蒙纳德斯所著的关于南北美洲的书，最初在塞维利亚出版。两本书在整个欧洲如此有名，部分是由于它们被翻译成了拉丁文。17世纪，荷兰东印度公司的职员出版了一系列有关东方医学的文籍，以便补充西方已有的这方面知识。介绍印度医学的有雅各布·德·波特的《印度医学》（Jacob de Bondt, *Medicine of the Indians*）、赫尔曼·格林姆的《纲要》（Hermann Grimm, *Compendium*, 1679）和亨德里克·范·里德的12卷本药物志——《马拉巴尔印度植物园》（Hendrik van Rheede, *The Indian Garden of Malabar*, 1678—1703），这些书都在果阿收集整理，但出版于阿姆斯特丹。值得强调的是，这部书远不能穷尽西方人此前不为人所知的发现；相反，它援引了当地阿育吠陀传统的印度医学系统。里德的手稿在送到欧洲出版以前，甚至经过果阿的印度教医生的修订。[51]

在远东地区，安德里亚斯·克莱耶（Andreas Cleyer）援引在中国传教的耶稣会士卜弥格的中国医学笔记，出版了一本名为《中国医学手册》（*Specimen of Chinese Medicine*, 1682）的中医典籍，讨论了中医诊脉知识。威廉·泰恩·赖因（Willem ten Rhijne）1683年在伦敦出版的书中，则考察了日本传统医学（针刺疗法和艾灸）和植物学（尤其是茶树和樟脑植物）。

17世纪时，蒙纳德斯的著作也得到了增补，但不如对德奥塔的著作所做的补充详尽。1628年，西班牙医生弗朗西斯科·埃尔南德斯奉菲利普二世之命前往墨西哥旅行时所收集的信息，在罗马以拉丁文出版。17世纪30年代荷兰远征伯南布哥（Pernambuco）的随军医生威廉·皮索（Willem Piso），出版了另一部论述美洲印第安人医学的专著

《巴西医学》（*The Medicine of Brazil*, 1648）。异国植物分类法欠了非西方分类法的债，如德奥塔之于阿拉伯的债，或埃尔南德斯之于纳瓦特人体系的债，这一事实最近已为欧洲学者所承认。[52]

全球语境之下的发现

欧洲人对欧洲以外世界的发现，本身就是全球更大的动向发展的一部分，其中包括亚洲对美洲及欧洲的发现。以奥斯曼帝国为例，前文已经谈到皮瑞·雷斯对美洲的兴趣（第55页）。为苏丹穆拉德三世而作的《西印度群岛历史》就引用了洛佩斯·德·戈马拉（López de Gómara）、奥维多（Oviedo）和萨拉特（Zárate）的著作。墨卡托的《地图集》在17世纪中期被译为土耳其文，而布劳的《地图集》（奉苏丹穆罕默德四世之命）于17世纪70年代被译为土耳其文。[53]这些译作的手稿都得以保留，曾有一家1727年在奥斯曼帝国短暂成立的出版社就出版过一本洛佩斯·德·戈马拉的译本。

当然，阿拉伯人在1450年以前就已发现了欧洲。为何他们对于先前陌生的欧洲会产生兴趣？这就需要去了解远东的情况。意大利耶稣会士利玛窦（Matteo Ricci）16世纪末在他的中国寓所，摆放了一幅欧式世界地图。它引起了人们的注意。中国皇帝有该地图副本，并且中国地理学专著也将其收录进去，不过它并没有对中国传统制图学产生很大影响。[54]

中国人对西方的兴趣不大，这与日本形成了鲜明的反差。尽管日本政府实行了"锁国"政策（参见第59页），但或许正由于这个政策，自8世纪后期以来，一些日本人对外国文化产生了真正的兴趣。长崎的翻译人员是最早对西方知识感兴趣的一个群体，这一时期的知识被称为"兰学"（"兰学"一词来源于"Oranda"，日语中对荷兰的称呼）。

1625 年制作的一扇屏风上就绣有一幅由 1592 年普兰修斯（Plancius）地图衍生而来的世界地图，幕府时代的大将军很快就拥有布劳在 1848 年制作的世界地图。日本人对西方日渐好奇，有些日本学者开始来到长崎，以了解西方情况。比如岚山霍（Arashiyama Hoan）在那里研习了西方医学，并于 1683 年出版了一部医学教科书。1772 年，日本刊行了许布纳（Hübner）的地理学荷兰译本的部分内容。一群日本医生将一部解剖学教科书翻译成日语，并于 1774 年出版。学者大槻玄沢（Otsuki Gentaku）访问长崎之后，于 1788 年出版了一部关于西方知识入门的专著。直到 1800 年左右，荷兰学专家才发现荷兰语并非最值得学习的西方语言。[55]

和欧洲人一样，中国人和日本人处理异域知识的方法是将其转化成自己的种类，进而把它归入他们本身的分类体系之中。下一章我们将探讨知识分类的问题。

第五章　知识之分类：课程、图书馆与百科全书

> 人类思想之类别从来都不是一种一成不变的形式；它们不断地创造、消失、再创造：随时空不同而改变。
>
> ——涂尔干

我们在上一章提到，知识日益精微，其中最为重要的因素之一是知识的分类，是时候更细致入微地谈论这一主题了。我们将看到如何将新知识纳入传统知识的框架之中，抑或在容纳新事物的过程中，传统的框架在经历一段较长的时间之后会如何改变。正如涂尔干所指出的，类别系统是"不断地创造、消失、再创造"的过程。[1]

知识的人类学

在上一章中，我们展示了近代早期知识的地理学图谱。本章将会概述什么样的知识可称之为"人类学"。因为自涂尔干以来，人类学家已经开始致力于发展且严肃对待其他民族的范畴和分类，并研究其社

会语境。这一传统包含如下经典研究，如葛兰言的《中国人的思想》（*Chinese Thought*, 1934）及克劳德·列维-斯特劳斯的《野性的思维》（*The Savage Mind*, 1962）。葛兰言把中国人"阴"和"阳"这类的思想范畴描述为更为具体的或"前逻辑"思想的例子。列维-斯特劳斯则反对前逻辑思想，但他同样强调像美洲印第安人那样的原始民族也有具体的分类，这些民族通过"生"与"熟"的类别来区别事物，犹如我们依据"自然"与"文化"的对比。[2]

20世纪60年代，米歇尔·福柯已经认识到近代早期西方的分类体系与我们今日所用的人类学方法大不相同。我们继承了一些近代早期的术语，如"巫术"或"哲学"等，但是这些术语的含义会随着知识体系的改变而改变。为了避免被这些外表相似但实际上意思不同的词汇欺骗，我们须与欧式分类法保持距离，学者把它们视为奇怪的表达方式。福柯借用了豪尔赫·路易斯·博尔赫斯（Jorge Luis Borges）记载的《中国百科全书·动物分类》中的一则寓言，讲的是隶属于皇帝的动物、用工笔画成的动物、远看似苍蝇的动物等。这则寓言生动地阐明了从外面看任何分类体系，显然都是武断的。[3]

上一代的文化史家，大多治近现代史，并借助于分类体系进行研究。[4]近代早期的欧洲本身处于对分类学很感兴趣的时代，瑞士学者康拉德·格斯纳（Conrad Gesner）的动物志研究（1551）和博洛尼亚的乌利塞·阿尔德罗万迪（Ulisse Aldrovandi）的研究都表现出这样的兴趣。瑞典植物学家卡罗勒斯·林奈（Carolus Linnaeus）也许是最伟大、最有体系的知识分类学家，但对分类法感兴趣的人不止他一个。[5]然而，本章的主题就是知识本身的分类学，即各种分类学的分类学。我们聚焦于学术知识层面，但试图将其置于新知识的语境之中。

知识的多样性

在近代早期欧洲，不同的群体用不同的方法对知识进行分类。本节将讨论的是几种最为普遍的差别，但我们要考虑到这样一个事实，即各种范畴随时间改变而变化；同时人们会或明或暗地参与争论，不同个体或群体在不同场合也会做不同区分。第九章将探讨确切知识与不确切知识之间的差别。

一个周期性出现的差异，是理论和实际的知识之间的差异。前者是哲学家的知识或者说是"科学"（scientia），后者是经验主义者的知识或者说是"艺术"（ars）。1400年前后建造的米兰大教堂，生动地说明了这两种类别在实践语境中的使用。在教堂修筑过程中，法国建筑师与当地高级泥瓦匠之间发生了争执。泥瓦匠在会上争论道："几何科学不能运用在这些事上，因为科学和艺术并不是一回事。"对此，负责该工程的建筑师回应道："没有科学的艺术（换言之，缺乏理论的实践——作者注）毫无价值。"（ars sine scientia nihil est）[6]

另一个反复出现的差别，是公共知识与"私有"知识之间的差别。此处所谓的"私有"知识，并非"私人"知识，而是仅限于某个特殊精英团体的知识。从这个意义上讲，私有知识包括了政府的机密（arcana imperii）（将在下一章讨论）以及自然的奥秘（arcana naturae），有时也被称为"神秘哲学"。比如，炼金术的秘密就是借助朋友、同行的非正式网络传播，有时以密码传播，有时在秘密学会内传递。技术性的秘密在技工行会内部分享，外行人则被排除在外。各种"秘密"（mysteries）与行业（métiers）间的关联不只是语源学上的关联。[7]

究竟什么样的知识应该公之于众？这是一个有争议的问题。在不同的时代和欧洲不同的地方，对此有不同的答案。宗教改革是关于宗教知识的大辩论。基于此，路德等宗教改革者认为，宗教界应与世俗界分享宗教知识。在意大利、英国等地，法律改革者也主张法律应被译成本国语言，以使普通大众摆脱"律师的虐待"。[8] 一些学术团体或多或少也是秘密学会，而其他的一些学术性团体，比如伦敦的皇家学会，则设法将知识公之于众。经过了很长时间的酝酿，公共知识理念开始在近代早期兴起，这是显而易见的，它还与印刷机的发展紧密相连。[9]

合法知识和禁忌知识之间也有类似的差别。任何隐秘的知识（arcana Dei），都是指那些不仅对公众要保密，对所有人也要保密的知识。多大范围内的知识求知欲算作正当而非虚荣或罪恶，是可辩论的问题。宗教改革家约翰·加尔文就继承了圣奥古斯丁的说法，谴责了人们的好奇心理。正如前文所述（参见第26页），在17世纪，"好奇"（curious）一词往往是对学者，尤其是对绅士学者的认可。[10]

16世纪40年代，多明我会修士乔万尼·玛丽亚·托洛桑尼（Giovanni Maria Tolosani）在较高级知识和较低级知识（scientia superior and inferior）间所作的区别，提醒我们这一时期等级制度在知识的思想组织中占有重要地位。[11] 至少在男性看来，包括公共领域知识在内的男性知识要优于女性知识，因为女性知识仅限于孝行和家庭范围内。

"通用知识"与"实用知识"之间的差别，古已有之，近代早期仍有这种区别。但至少在某些学术圈子中，对这两类知识的相对评价正在改变。"通用知识"，比如希腊文和拉丁文经典著作的知识，在1450年，甚至是1550年地位都很高。"实用知识"，像生意和生产过程中的知识，就犹如掌握它的手艺人和工匠一样，地位低下。按照这一时期仍旧使用的中世纪分类法，手艺人被上层阶级视作七种"机械技巧"的从业者，这七种技巧，传统上是指制衣、造船、航海、农业、狩猎、医疗和表演。[12]

英国数学家约翰·沃利斯（John Wallis）在自传中回忆，他所做的研究在17世纪早期并不被看作学术性研究，而是与"商人、水手、木匠、土地测量员"相关的机械性研究。通用知识优于实用知识的想法，生动地例证了凡勃伦所谓的"有闲阶级"主宰旧制度下的思想成果。然而，这种优越性在这一时期逐渐丧失，下文还会就此进行讨论。

当时人们常就专门性知识与一般乃至普遍性的知识进行对比。15世纪时，意大利的一些学术圈子很重视一种叫作"多才多艺者"的完美典范。马泰奥·帕尔米耶里的《公民生活》(Matteo Palmieri, *Civil Life*)一书就是例证，书中写道："人有能力学很多东西，并且可以成为通晓多种卓越艺术的全才。"佛罗伦萨诗人学者安吉洛·普利吉阿诺(Angelo Poliziano)认同这种完美典范，在他关于宇宙知识的小书——《无所不知》(*Panepistemon*)中有所体现。这同样也体现在人文主义者乔凡尼·皮科·米兰多拉(Giovanni Pico della Mirandola)身上，他是一位年轻而大胆的学者，1487年在罗马进行的公开辩论中，他提议辩论一张有900个话题的清单。由该清单也可看出这种完美典范。伊拉斯谟对话录《西塞罗崇拜》(*Ciceronian*, 1528)里的一个人物把皮科描述为一个多才多艺的全才(ingenium ad omnia factum)。

无所不知，或至少什么都懂一点，在本书所讨论的时段依然是种完美典范，这也被称为"一般学问"。博学(Polymathia)或泛智(pansophia)是捷克教育改革家夸美纽斯及其门生著作中的一个关键词。正如剑桥大学导师伊萨克·巴罗在其《勤勉论》一书中指出，"学非博，不足以成其为真学者也"。由于"事物间的关系和对各种观念的依赖"，"一部分学问将照亮另一部分学问"，因此，一般性的知识就很有帮助。我们可以给出一些例子，说明杰出人士的博学。比如，法国地方行政长官尼古拉斯·德·佩雷斯克的兴趣就包括法学、历史、数学和埃及学；瑞典学者奥勒夫·鲁德贝克(Olof Rudbeck)积极钻研解剖学、植物学、医学和史学等；德国耶稣会士阿塔纳斯·珂雪写过磁学、数学、采矿学、音乐和文献学等方面的著作；还有丹尼尔·蒙霍夫，他在《博学家》(1688)一书中鼓励使用博学这个词来形容一般性知识的典范。[13]

尽管如此，这种典范还是慢慢地被抛弃了。神学家理查德·巴克斯特在《神圣共和国》（Richard Baxter, *Holy Commonwealth*, 1659）一书中，已经带着遗憾之情指出知识正在不断走向碎片化。他写道："我们依照自己偏狭的能力将艺术与科学分成碎片，而不能渊博到一窥全貌。"《百科全书》中有关"文人类型"（Gens de lettres）的那一条则显得更无力，声称"人类已不再可能拥有普遍性的知识"（la science universelle n'est plus à la portée de l'homme）。我们所能做的只是鼓励"哲学精神"，以期避免狭隘的专门化。

甚至知识阶层有时也会区别我们所说的"书本知识"与事物的知识。比如，夸美纽斯强调研究事物而不是研究文字的重要性，人文主义者批评经院哲学的冗长和拘泥于细节，所谓的"学派术语"也隐含有类似的含义。[14] 定量知识有别于定性知识，而前者日益得到重视。伽利略有句名言：自然之书乃是由数学语言写成的。自17世纪中期以来，针对国家有用的信息，人们不断以"统计数据"的形式予以归类（参见第135页）。

然而，本章的重点是学术知识及其众多领域。"领域"（field）一词，是对知识的具有启发性的隐喻，它在西方文化中存留已久，可追溯至西塞罗时期。上文提到过《大百科全书》的撰写过程，其实是鼓励文人进入不同的领域，即使对这些领域并不完全都懂（参见第85页）。文中所用领地（terrain）一词，让人想起一个学者农夫的形象，在面对其他学科的侵入时，要防护其知识领地。"领地诫命"（territorial imperative），在过去和现在的知识界以及政治学和经济学界依然须慎重持守。本章的主题可以说是近代早期学术界及其众多"领域"的历史地理学，或用林奈的话——是其各个"王国"（regna）。[15]

自中世纪到16世纪，另一个关键隐喻是把知识体系想象成一棵树及其枝丫。除了知识树［比如成书于14世纪初，但在近代早期已多次重印的雷蒙·卢勒的《知识树》（Ramon Lull, *Arbor Scientiae*，图4）］

第五章　知识之分类：课程、图书馆与百科全书　｜　91

以外，还有逻辑树（所谓的"斑岩树"）、血统树、语法树、爱欲树、战斗树，甚至耶稣会士树（类似于希伯来树，以伊格内修斯为树之根本）。[16] 我们还可以把1579年描写的法国政府"组织结构图"称作"法国社会阶级与职官树"（图5）。而在1612年，德国律师路德维希·吉尔豪森出版了一本名为《审判树》（Ludwig Gilhausen, *Arbor Judiciaria*）的专题研究著作。

当我们想象一棵树，自然会想到处支配地位与从属地位之间的差

图4 《知识树》，来自雷蒙·卢勒《知识树》扉页（成书于14世纪）：剑桥大学图书馆复本（P*.3.52）

92 | 知识社会史（上卷）：从古登堡到狄德罗

别，树干与树枝之间的差别。卢勒和吉尔豪森采用比喻式插图来形容知识：下至根部，上至树梢、花朵和果实。树之形象阐明了文化史中的一个最重要的现象，即传统的事物自然化，或把文化当作自然来呈现，把发明看作发现。这意味着否定社会群体要为各种分类负责，因而也就支持了文化再生产并抵制文化的创新。

17世纪时期，出现了一个取代"树"的说法的更为抽象的术语，它被用以描述知识的组织结构。这个词即为"系统"，它与古代斯多葛派哲学家有关。它要么用于特殊的学科，要么用于表达全部的知识。如巴托洛梅乌斯·凯克曼和约翰·海因里希·阿尔斯泰德（Johann Heinrich Alsted）提到的"体系中的体系"，就是很好的例证。[17]1612年，也就是福柯之前的350年，阿尔斯泰德就用"考古学"的隐喻来描述对于多种学科体系下的诸原理的分析。为了考察学术知识的分类在欧洲的大学以何种方式进入日常的实际应用中，我们可以依次考察三个子系统，一个由课程、图书馆和百科全书组成的知识体系。

我们不应断定，这三个系统毫无疑问地反映出知识组织中的一般心理类别或构想。对于每个区域的发展，我们很可能会提供内在的或地方性的解释。比如，课程有时会受到大学内部微观政治的影响：一个新教职的设立来自一场成功的斗争。课程的改变会被视作回应今日看来是学究式的需要，正如18世纪阿伯丁的例子显示的那样，由于夸美纽斯认为具体知识要比抽象知识更为重要，逻辑课便从大学一年级的课程中被删除了。[18]

此外，图书馆的组织结构显然也受制于财政和建筑条件。[19]百科全书在市场公开售卖，同时也会受到来自市场的压力，下文将对此有更为细致的探讨（参见第172页）。然而，在这三个子系统的重叠部分，基本的分类即使无法体现一般人的思路，也很可能会揭示大学居民的想法，或表现了法国历史学家吕西安·费弗尔常说的——他们的"知识素养"（outillage mental）。

第五章　知识之分类：课程、图书馆与百科全书　|　93

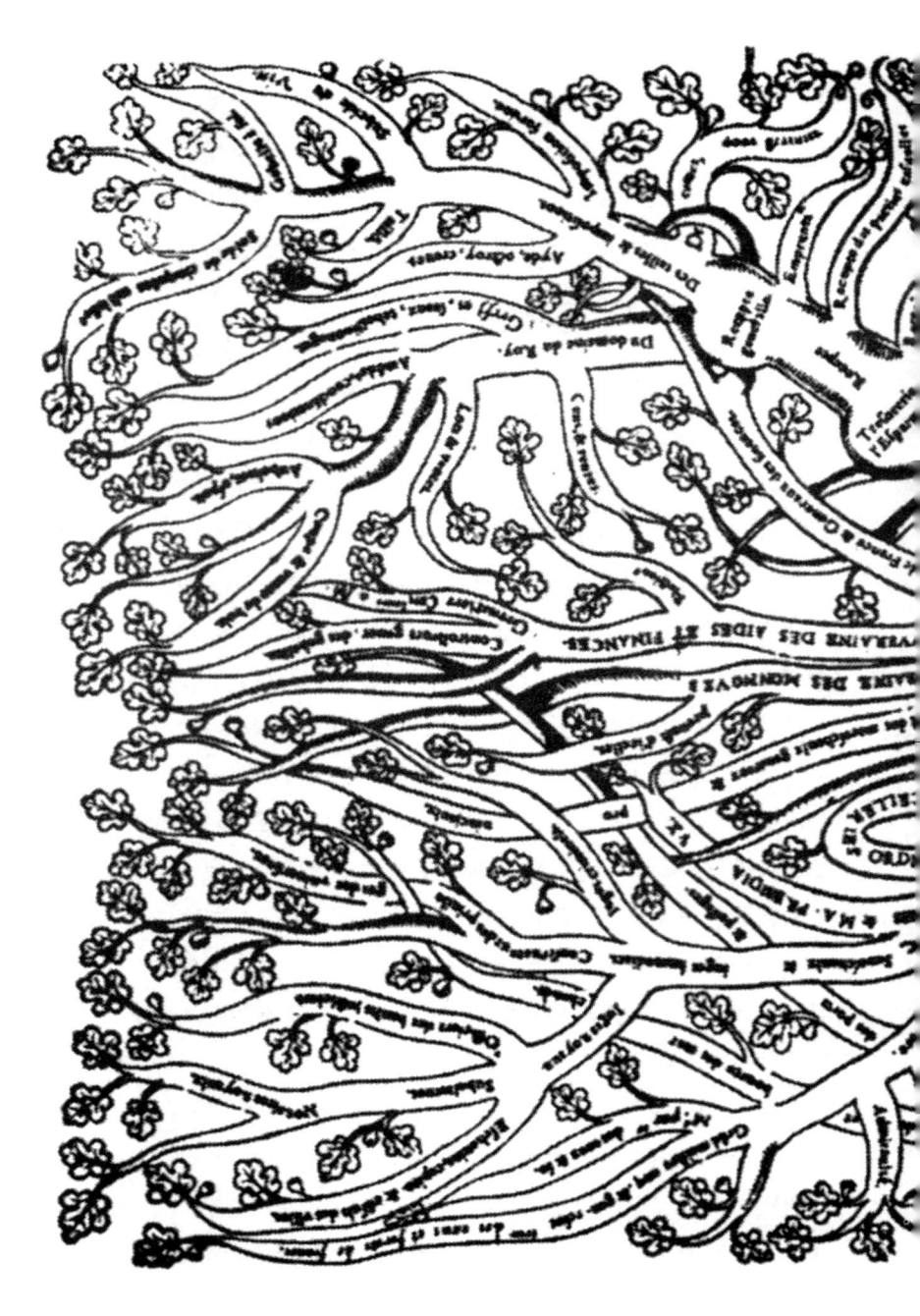

图 5 "法国社会阶级与职官树",来自 Charles de Figon, *Discours des Estats*(巴黎,157
剑桥大学图书馆(Pryme D. I., 折布板)

CONSEIL PRIVE ET D'ESTAT
DV ROY.
MONSEIGNEVR LE CHANCELLIER
ET GARDE DES SEAVX DE FRANCE.
AMBASSADEVRS
SECRETAIRES D'ESTAT ET DES COM. ET DES FIN. DV ROY.
TENDANS DES FINANCES DV ROY
GRAND CONSEIL DV ROY.
MAIST. DES REQ. DE L'HOSTEL
MAISON ET CO. DE FRAN
Chambre aux deniers.
Argenterie
Ambassades, voyages
Rentes & pensions.

学科与教学

课程是一种来自古典时代竞技运动的隐喻。就像"课"(course)一词,指的是学生必须跑的一段路。它是"许多学科"(disciplines)的一种秩序或体系。比如,古罗马的西塞罗和瓦罗(Varro)称艺术和法律是训练(disciplinae),该词源于"学习"(discere)。在近代早期,西班牙人文主义者路易斯·比韦斯在学术语境下使用了该词。[20] 这个词不是中性词。在古典世界,它与竞技、军队以及强调克己禁欲的斯多葛学派哲学联系在一起。在中世纪,这个词与修道院、忏悔苦行和鞭打有关。16世纪时,加尔文派教徒特别注重教会纪律,与此同时,像马基雅维利这样的世俗作家,把这个词说成是军队的纪律,如古罗马时代一样。这些观念上的联想与知识的讨论相关,因为16世纪的大学以及教会中都会有"分科"运动,即德语所说的磨炼(Disziplinierung)。

说到复数形式的"学科"一词,会有把后来时代的学科冲突投射到近代早期的风险。科学性的学科,尤其会被认为是18世纪晚期和19世纪早期的"发明"。[21] 时代错置会是一种常态性危险。当然还有一种相反的危险,以"专业化"辩论为例,那就是把近代早期和近代晚期区分得太过清楚。1800年左右新出现的,不是学科这个想法本身,而是制度化的"科系"(departments)。根据《牛津英语大词典》的记载,英文最早在1832年使用该词。甚至院系也不见得是新的发明,而是由中世纪大学所谓的"faculties"发展而来。这个词用法灵活,可指一种才能、一种知识和一个法人团体。

我们很容易将"faculties"一词过分照字面意思进行解释,因此夸大近代早期学院中各个学科之间的界限。一些博学多才之士很乐意且有能力教授各个学科,而学校的学科制度也允许他们这么做。"化学家"安德烈亚斯·利巴菲乌斯(Andreas Libavius)在耶拿大学教授历史和诗歌，而"政治科学家"赫尔曼·康令则在黑尔姆施泰特大学教授医学。荷兰自然哲学家赫尔曼·布尔哈弗（Herman Boerhaave）是一位身兼数职的学者，他在莱顿大学兼任了医学、植物学和化学等学科教授的职位。另一个富有启发性的隐喻是"自治"，它证实了埃利亚斯的观点：大学院系和民族国家之间具有相似性（参见第 33 页），当时"自治"的问题还未发生，至少并不激进。比如，数学和天文学在牛津大学和剑桥大学被称为"半解放"的学科。原则上，两者还是哲学的一部分，但在实际层面，这两门学科具有相当的独立性。[22]

课程的组织

1450 年，欧洲大学的课程是一个从科英布拉（Coimbra）延伸到克拉科夫的网络。它非常统一，因此学生可以相对容易地从一所学校转到另一所学校就读（这种实践以"流动学园"[peregrinatio academica] 而著称）。[23] 第一个学位是学士学位（BA），要修完七门文理科课程。这七门课分为两部分，第一部分是较为初级的三艺（trivium），关于语言的课程，即语法、逻辑和修辞；第二部分则是较为深奥的四艺（quadrivium），与数字有关的课程，即算术、几何、天文和音乐。事实上，当时的学生还要学"三哲学"，"三哲学"指伦理学、形而上学以及"自然哲学"，最后一门课会特别参考亚里士多德的《物理学》（*Physics*）和《论灵魂》（*On the Soul*）。[24]

读完第一个学位后，可以再学习三门高级学科即神学、法学和医学中的一门，这种三元制学科设计在中世纪非常普遍。当时社会被划分为僧侣、军人和农民三阶层，另一个世界则分为天堂、地狱和炼狱三境界。法律是指民法和教会法，即所谓的"二重法律"。一般认为法律的地位高于医学但低于神学，被誉为"科学的王后"。神学、法学和医学这三门"高等"学科被认为是更"高贵的",并反映在社会阶级乃至思想的世界。我们在下文将谈到,近代早期的欧洲沿用了中世纪的制度,却未加以改造。十门学科或课程(3+4+3)各尊其位,却逐渐与历史、化学等新兴学科分享其位。

尽管在第三章也谈到其中一些明显的相似之处,但在关键点上,这个制度与伊斯兰世界还是有差异的。在穆斯林的制度中,"外国科学"(主要是算术和自然哲学)和"伊斯兰科学"之间也有着根本上的差别,伊斯兰科学不仅包括《古兰经》和《穆罕默德言行录》(hadith)的研究,也包括穆斯林法学(fiqh)、神学、诗歌和阿拉伯语言。在基督教世界里,尽管神学有着较高的地位,但是在实际的制度设计中并不区分基督教与非基督教学科。以此类推,基督徒用"信条"(scieutia)一词同时指宗教和世俗的知识,而穆斯林则将世俗研究(ulum,"知识的复数形式",或指深层次的知识 [ma'rifa])与宗教知识('ilm)区分开来。[25]

图书馆的秩序

传统学科体系的"自然"层次,由三足鼎的第二足加固。这第二足就是指图书馆书籍的整理。按格斯纳所谓的"书籍秩序"(ordo librorum)的要求,图书馆书籍的分类可以复制大学课程的分类秩序。[26] 这个秩序将分类体系变成物质、物理和空间的设置,今日依旧如此,因此支持了这个分类体系的发展。幸存下来的图书馆,使我们可以确实地研究福柯著名的"知识考古学",考察旧式分类体系的有形遗存。公共与私立图书馆的目录、参考文献(参考文献的形式是想象意义上的图书馆)通常遵循同一个规则,只有少量的变化和修改。[27] 如1605年出版的牛津大学图书馆的目录,它将书籍分成四大类别——艺术、神学、法律和医学,并附上一般作者的索引以及亚里士多德和《圣经》的评论者的特别索引。

最早的印刷版参考书目（1545）由康拉德·格斯纳完成，这是一项令人钦佩的学术成就，它的编纂经由他多年的旅行、研究和收集整理而成。编者格斯纳不仅对分类书籍感兴趣，也对分类动物感兴趣。这本参考书目列有三千名作者所写的一万多册书。第二本印刷的参考书目名为《汇编》（Pandects, 1548），是关于学科的分类，即格斯纳所说的"一般的和特殊的整理编排"（ordines universales et particulares）。这本书分为21节。最开始为三艺；接下来是诗歌、四艺、天文学、占卜和巫术，地理学，历史学，机械艺术，自然哲学，形而上学，道德哲学，"经济"哲学，政治学；最后是三门高等学科——法律、医学和神学。[28]

比较研究提醒我们，这种书籍排序法并非仅有的一种可能。比如，从7世纪到9世纪中国的主要书籍分类法见于乾隆皇帝主持编纂的《四库全书》，它按照经、史、子、集四部来分类。[29] 伊斯兰法学家伊本·贾马（Ibn Jama'a）建议书籍应以等级秩序而不是基督教的排列方法来分类："如果书籍中有一本《古兰经》，则应将其放在最重要的位置上，然后是《圣训》（hadith），接着是《古兰经》译本，再是《圣训》译本，而后是神学和回教律（fiqh）。如果有两本书属于同一知识分支，那么其中引用《古兰经》和《圣训》更多的一本应放在前面。"[30]

百科全书之安排

三足鼎的第三足是百科全书。[31]encyclopaedia是希腊语词，字面意思为"学问界"，最初指教育课程。这个词之所以会用在某些书上，是因为它们的组织和教育体系一样。这样的组织，不仅是为了协助高等教育机构中的学生，还是为了给这些机构提供一个替代品，一门自主（DIY）学习的课程。我们不该惊讶那个时代还有人的学问广博到无所不知。难怪有时编纂百科全书的人是大学教授，如在帕维亚和威尼斯教书的乔治·瓦拉（Giorgio Valla）以及在德国赫博恩教书的约翰·海因里希·阿尔斯泰德。

百科全书及其类别可被看作对某个知识观点的表达和体现，乃至一种世界观的体现（毕竟，自中世纪以来，整个世界常被形容成一部书）。[32] 中世纪的百科全书沿用至近代早期，甚至不断重印，这是一件相当有意义的事。比如，博韦的文森特（Vincent of Beauvais）所著《镜子》（Speculum）一书，1590年在威尼斯重印，1624年又在杜埃再印。在杜埃重印时，改名为《世界图书馆》（Bibliotheca Mundi）——使用了暗喻手法，以适应印刷的时代。

文森特的百科全书分为四个部分，依次为自然的世界、教义、道德和历史四个领域。16世纪的百科全书也按主题分类，主要类别与中世纪大学的十大学科相对应。比如初版于1502年，在16世纪多次重印的格雷戈尔·赖施（Gregor Reisch）所编的百科全书，共12册，汇集了三艺、四艺、自然和道德哲学的全部内容。另外，乔治·瓦拉和任何优秀的人文主义者一样，在其所编的百科全书中将三艺与诗歌、伦理和历史融合在一起。[33]

为了把这一点说得更清楚一些，我们可以回头再看看中国百科全书的编排方式。此处所说的是明清时期印刷出来的百科全书的编排，而不是博尔赫斯生动想象之中的百科全书的组织编排（参见第82页）。典型的编排方式是：天象、地理、帝皇、人伦、政府、礼仪、音乐、法律、职官、爵位、军事、家政、财产、服饰、车辆、工具、食物、器皿、工艺、棋类、道教、佛教、酒类、医药、自然历史。有必要指出，这一体系的复杂性与中国藏书阁的简单分类形成鲜明对照。[34]

主题式书籍

至此，我们已在宏观层面对知识的思想结构进行了考察，下面也应从微观层面来讲讲。亚里士多德在《工具论》(Organon，字面之意是"器械")一书中详细说明了 10 个一般性的范畴（实体、数量、性质、关系、空间、时间、所处、所有、动作和承受）。当时这种分类早已广为人知并被广泛运用（事实上，今天我们虽然已不再将其看成是一个封闭的体系，但还在使用它们）。15 世纪荷兰人文主义者鲁道夫·阿格里科拉（Rudolf Agricola）在论述逻辑的文章中，将这 10 个类别推衍为 24 个主题，以便我们能更迅速地找到论据，而主题可以作为伊拉斯谟所谓的"文件分类架"(niduli) 来使用。[35]

以阿格里科拉的理论为基础，路德的朋友兼同事菲利普·梅兰希通出版了一本极成功的神学教科书，名为《主题》(Commonpluce, 1521)。书中将他的内容分为特殊的"主题"（"位置"[loci] 或"头"[capita]），或者说使用了类似的隐喻，像神、上帝造物、信仰、希望、宽容、罪恶、恩惠、圣餐等"主题"和"标题"。对此，罗马天主教徒可以参考西班牙多明我会修士梅尔希奥·卡诺所作的《神学主题》(Melchor Cano, Theological Topics, 1563) 一书。同样，西班牙耶稣会士弗朗西斯科·拉巴塔所著的《传教士指南》(Francisco Labata, Instrument of Preachers, 1614) 一书，按字母顺序列出了道德或神学的一般主题，比如美德、七宗罪及四件永恒之事（死亡、审判、地狱和天堂）。有人也试图制作法学或自然哲学等学科的类似手册。勤勉与懒散等这些对立的事物常常并存，如此，戏剧性的对比有助于知识的获取。第八章中将更详细地探讨这一问题（参见第 181 页）。[36]

瑞士医生西奥多·茨温格在《人生剧场》(Theatre of Human Life, 1565) 这本包含各种主题的百科全书巨著中，不但收入特殊学科的主题，也收入了一些较普遍的主题。这部百科全书是茨温格根据另一位瑞士学者康拉德·李克希尼斯（Conrad Lycosthenes）遗赠给他的手稿（大概是一些稀松平常的书）所写，又由他加以重新编排。1586 年至 1587 年间，该部百科全书第二版问世，并扩充至四册。17 世纪，佛兰德天主教徒劳伦修斯·拜耳林克（Laurentius Beyerlinck）重新校订并扩充新教教徒茨温格的百科全书，而且增添了不同的宗教色彩。拜耳林克的百科全书沿用茨温格百科全书的名称，共分八卷，1656 年在鲁汶出版。检视钱伯斯（Chambers）的《百科全书》，可以发现主题式书籍的传统在 18 世纪依然很兴盛。[37]

体系之重构

三足鼎的三足是相互支撑的，使其分类显得很自然，因而有助于文化的再生产，而另类的方法却显得不自然甚至有些荒谬。15 世纪初期佛罗伦萨人文主义者克卢乔·萨卢塔蒂（Coluccio Salutati）与三百多年后的伊曼努尔·康德都著有关于大学学科孰优孰劣的作品，合看这两部著作，可以一窥传统知识思想的流变。两本书的主题均集中于神学、法律和医学之间的冲突上，这些高等学科在整个近代早期一直处于主导地位。尽管如此，在文艺复兴和启蒙运动所处的两个时代之间，学术知识体系之内还是发生了一些重要变化，"知识的重新分配"和"机构的再改造"两大趋势是同时进行的。[38]

持续（或再生产）与改变之间原本平衡的状态逐渐向有利于后者的方向发展。在理论的层次，这种转变由改革知识分类方案的数目显示出来。这些方案乃由著名哲学家如培根、笛卡尔、洛克和莱布尼茨等提出。比如莱布尼茨，对于改革图书馆和百科全书很有兴趣。[39] 像拉米斯、凯克曼、阿尔斯泰德和珂雪等专业系统论者所提出的方案，则不大受后辈关注。

法国学者彼得吕斯·拉米斯（Petrus Ramus）攻击亚里士多德和西塞罗所使用与推荐的分类法，他说后者让人产生困惑，因为它把多种文艺混在一起。拉米斯在逻辑与修辞之间重新划分了界限。在他的体系中，以表格形式呈现出来的二分对立（binary opposition）扮演了重要的角色。[40] 拉米斯的门徒将这些二分法应用于百科全书及教科书中，比如茨温格的《人生剧场》。再比如，安德烈亚斯·利巴菲乌斯尽管在某些方面反对拉米斯，却用这种二分法来解释化学（图6）。16世纪80年代，托马斯·弗雷（Thomas Frey）和亚伯拉罕·弗劳斯（Abraham Fraunce）分别在民法和习惯法的分析中引用了拉米斯的方法。甚至在英国人罗伯特·达灵顿（Robert Dallington）于1605年出版的描述托斯卡纳的书中，也包括了用拉氏方法所做的"论述分析"。

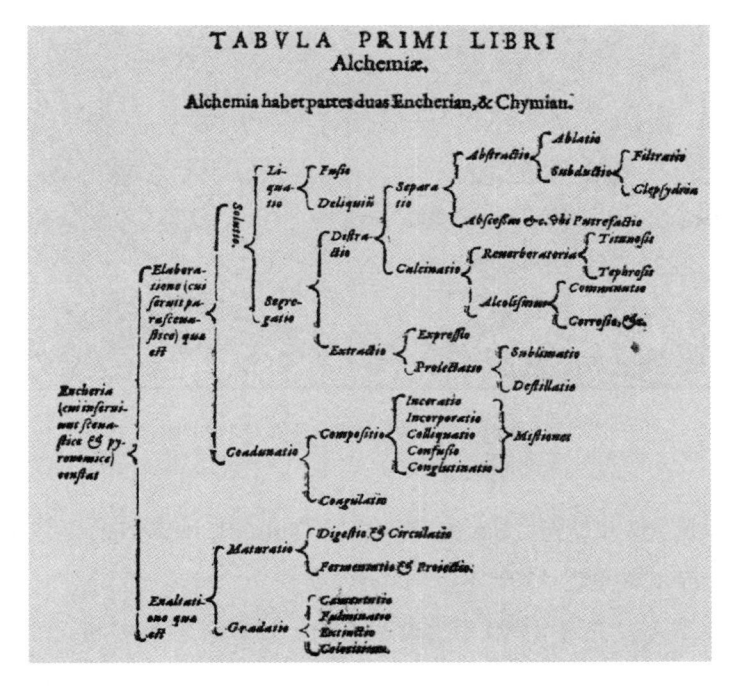

图6　分类图，来自利巴菲乌斯《炼金术》（法兰克福，1597），sig. b2, verso: 剑桥大学图书馆复本 (L.4.14)

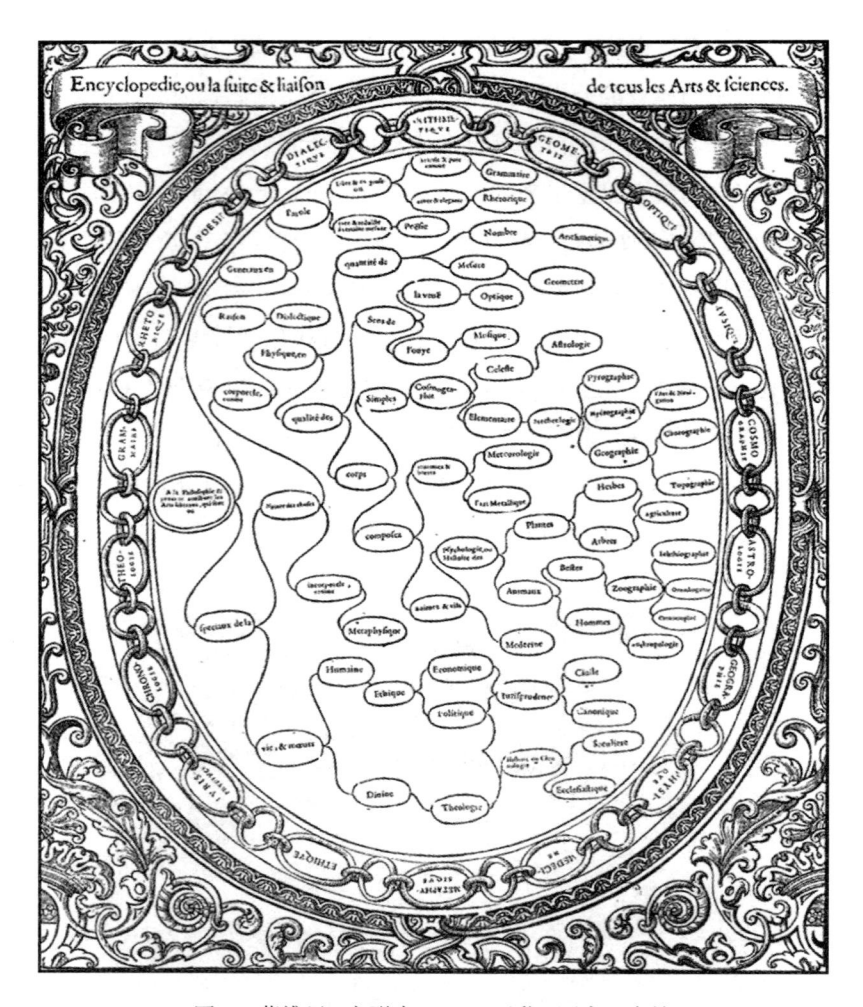

图 7　萨维尼，完形表，1587：巴黎，国家图书馆

法国人克里斯托夫勒·德·萨维尼（Christofle de Savigny）以椭圆形图表形式来呈现"所有艺术与科学"的分类，较为不固定，且有伸缩性（图 7）。在这个椭圆形的边上，是一个由三艺、四艺和三门高等学科，外加诗歌、光学、地理学、宇宙结构学、物理学、形而上学、伦理学和年代纪等构成的 18 个环环相扣的学科链。在椭圆形的中心漂

浮着75个小椭圆，像用绳索系起75个气球一样，是对18个学科分支的细分。相比于拉米斯的二分法，该图表用更灵活的方式表现了学科间的关联（"la suite et liaison"）。

并不是所有人都喜欢拉米斯的二分法。比如，当时就有人认为他对亚里士多德的批判有些大不敬（lèse-majesté）。克里斯托夫·马洛在其剧作《巴黎大屠杀》（Christopher Marlowe, *The Massacre at Paris*）中将这一点生动地表现了出来。当吉斯公爵想要以异教徒之罪将拉氏杀害时，他问拉米斯："你不是嘲讽亚里士多德的《工具论》为一堆虚夸之辞吗？"尽管如此，拉米斯的一些观点还是广为学者所接受，有人设法将其置于寻求知识分类难题的折中解决办法之中。比如，阿尔斯泰德就试图将亚里士多德、拉米斯和雷蒙·卢勒——前文已经提到雷蒙的知识树——的方法结合起来。珂雪的《知识的伟大艺术》（*Great Art of Knowledge*）是在新的综合上所作的另一种尝试，他再次运用了卢勒的方法。莱布尼茨也曾讨论过卢勒和阿尔斯泰勒两者的分类法。[41]

培根对于这个问题的解决方法奇特而又大胆。他曾声称，他有意取代亚里士多德的地位，并将自己的一本书取名为《新工具论》（*New Organon*）。培根头脑中的三种能力——记忆力、推理力和想象力——成为其分类方案的基础。比如，他将历史归于"记忆"类，哲学归于"推理"类，诗歌归于"想象"类。[42]通过对17、18世纪的课程、图书馆和百科全书的考察，我们会发现培根的知识再分法在当时的各种分类法中是最成功的一种。

课程的重组

课程的重组会遵循其中几种模式。异化、专门化，乃至所谓的"巴尔干化"，是反复出现的趋势。[43]像许多20世纪末的新兴国家一样，新学科因分裂而获得自主权。法兰西科学院秘书丰特奈尔在其所著的法兰西科学院发展史（1709）中写道，把1650年时的物理学界比作"伟大却分裂的王国"（un grand royaume démembré），其中天文学、光学和化学就像王国行省一样，"实际上都是独立的"。我们在此还得回到前文所说的"知识势力范围"的问题上（参见第86页）。

各大学就课程的重组采取了各不相同的形式，但还是呈现了几种一般的趋势。在博洛尼亚或罗马的大学里，四艺相比三艺逐渐占有优势。[44] 在某些大学里，另一种替代体系慢慢渗透进上述课程之中。这种人文学科（studia humanitatis）体系包含五种学科：三艺中的语法和修辞，外加诗歌、历史和伦理学。有时新学科是悄悄地进入大学的课程之中，但有时也会产生严重的冲突，比如1500年前后莱比锡大学引入的诗歌课程就是这样。

历史学科的发展尤其与法学和政治有关（作为一种职业而非一门学科），比如，到了18世纪乃至更早的时间之前，国际历史的研习在巴黎仍被看作对外交官的一种很好的训练。外交大臣托尔西1712年在巴黎创办的政治学院和18世纪50年代的斯特拉斯堡，都曾分别教授国际历史课程。18世纪早期牛津大学和剑桥大学设立的钦定历史讲座教授，也有类似的起源。[45]

地理学，也称作寰宇志，是另一门在近代早期大学及耶稣会的学院中得到极大发展的学科。[46] 16世纪20年代，塞巴斯蒂安·明斯特（Sebastian Münster）在海德堡开设了地理学讲座，之后还写就了一部著名的寰宇志专著（1544）。理查德·哈克路特在成为著名的旅游书籍主编之前，曾于16世纪70年代在牛津讲授地理学。地理大发现与帝国时代，显然需要更加丰富的地理学，前文已经提到，塞尔维亚的"贸易商行"会给航海员讲授寰宇志（参见第61页）。事实上，像托勒密和斯特拉波这些古希腊人和古罗马人都非常重视地理学，且使其发展为一门令人尊敬的学科。地理学与天文学、地球与天体之间关系紧密，这也使地理学日益受到尊重。地理学有时由天文学教授来讲，从而使得这门新学科因依附于一门较为成熟的学科而得以顺利进入大学课程。菲利普·克鲁维里乌斯（Philipp Cluverius）于 1616 年在莱顿大学受聘为有薪酬的地理学研究员。这件事表明，在大学课程中设置地理学并不容易，但也说明莱顿大学重视地理学研究，而在这一时期一般大学都不重视地理学研究。[47]

"自然哲学"逐渐从四艺中独立，但结果又分裂为物理学、自然史、植物学和化学这些几乎独立的学科。比如，1513 年罗马设立了第一个自然史教席，接下来菲拉拉和比萨也设立了同样的教席。莱顿（1593）、牛津（1669）、剑桥（1724）分别设立了植物学讲座。化学教席的设立稍晚一些，剑桥在 1702 年设立，乌普萨拉在 1750 年设立，伦德在 1758 年设立。植物学和化学两门新学科的设立，实际上对某些传统形式的另类知识予以了学术上的肯定，也赋予"技巧纯熟之人"和炼金术士某种体面。外科手术和药剂学这样的大学新学科的设立，也表明了对另类知识某种认可的态度。17 世纪时，法国这些行业的学徒就已经被允许在某些大学院系里旁听。[48]

所谓的"燕尾服原则"也适用于此处。由于某些药草和化学配制品治病疗效显著，植物学和化学（与建立已久的医学院联系在一起）作为医学的从属学科得以在大学站稳脚跟。比如，切萨雷·切萨尔皮诺（Cesare Cesalpino）在比萨大学任医学教授的同时从事植物学的工作；伦贝特·多东斯在莱顿大学任医学讲座教授时，又教授植物学。1609 年，伦马堡大学设立医药化学讲座教授。虽然格奥尔格·施塔尔（Georg Stahl）在哈雷大学被任命为医学教授，可教的却是化学。前文曾提到布尔哈弗，他也将医学、植物学和化学三者合起来研究。[49]

与医学的关联，甚至有助于另一门新兴学科——政治学的发展。尤其是在 1700 年以前，"政治体（国家）"（body politic）、"政治家"（physician of the state）、"政治解剖学"等表达不仅仅是隐喻。17 世纪中期，康令在黑尔姆施泰特大学讲授医学和政治学时，这两门学科的结合在当时并不像今天这么奇怪。像受过医学训练的炼金术士约翰·约钦姆·贝歇尔，就自称有权谈论政治，因为这两门学科的共同格言都是"人民的幸福才是至高无上的法律"（salus populi suprema lex）。[50]

然而，以政治学和经济学为例，帮助它们进入大学课程的正是具有深厚传统的哲学学科。凯克曼在但泽的高等学校改革课程时，增加了三年级的课程——伦理学、政治学和"经济学"（disciplina oeconomica）——古希腊意义上的家政学。17世纪末期，克里斯蒂安·托马西乌斯（Christian Thomasius）在哈雷把他所教的政治学和经济学称作"实用哲学"（philosophia practica）。[51]

对中央集权的需求，有助于政治学以及起步稍慢的政治经济学的兴起。学者逐渐认为，政治学不是一门从实践中获取"艺术"的学科，而更像是一门可以被系统化并以学术方式进行教学的科学（scientia, Wissenschaft）。比如，康令就用了政治科学（scientia politica）一词。17世纪晚期以来，德语地区流行的术语是政治科学（Polizeywissenschaft）以及国家学（Statsgelartheit, Staatswissenschaft）等。1727年，哈雷大学和奥得河畔的法兰克福大学设立了政治学教授一职，在此之前，这门课是在大学之外——教育官员的特殊学院里讲授的。

"政治经济学"是由家政管理发展而来的，它把国家看作一个庞大的家庭。"政治经济学"一词，显然是法国新教剧作家安托万·德·蒙克雷蒂安在其《政治经济学论著》（Antoine de Montchrestien, Traité de l'économie politique, 1615）一书中创造的。然而，一直到18世纪，这门新学科才进入了学术体系，之后对商人、银行家和股票交易投机者的实用知识予以认可和理论化。自1733年以来，作为一部重要商业百科全书的作者，卡尔·卢多维奇（Carl Ludovici）在莱比锡大学担任"世界知识"（Weltweisheit）的讲座教授一职，这是相当适宜的。因设立此讲座，我们对莱比锡大学勇于创新的印象更加深刻。

经济学进入学术领域也不是一帆风顺的。受聘于格拉斯哥大学、任道德哲学教授的亚当·斯密，一直到他辞去教授职位，成为一位贵族的伴游教师时，才得以撰写出《国富论》一书，不过他在 1762 年至 1764 年格拉斯哥大学的一堂"小班"课上，以非正式的方式尝试讨论"法律和政府的普遍原则"的思想。

如果亚当·斯密是住在德语世界或那不勒斯，就会发现其学术环境更有利于其思想的发展。比如，哈雷大学和奥得河畔的法兰克福大学于 1727 年就设立了官房经济学（Cameralia Oeconomica）讲座教授一职，接下来是在林特尔恩（1730）、维也纳（1751）、哥廷根（1755）、布拉格（1763）和莱比锡（1764）。1754 年那不勒斯的安东尼奥·杰诺维西（Antonio Genovesi）创设了欧洲第一个政治经济学教席。一年之后成立的莫斯科大学，几乎从一开始就讲授经济学（在俄国被称为 kameralija 或 kameral'nykh nauk）。[52] 至此，这门新学科已经有了相当的根基，可以助化学学科一臂之力：在德国和瑞典的大学，化学讲座教授被设在财政学院里。新学科也开始分化成像林业学（Forstwissenschaft）这样的专门学问，它采用最新的计量方法，从而巩固了其科学的地位。[53]

重组图书馆

图书馆也关注学科的重新分类，部分是由于大学组织的改变，但也是印刷术发明以后图书成倍出版的结果，图书源源不断地出版令一些学者感到震惊。1550 年的时候，意大利学者安东弗朗西斯科·多尼（Antonfrancesco Doni）就抱怨"书太多了，连看书名的时间都没有"。夸美纽斯用"数量庞大的书"（granditas librorum）来形容，而另一位 17 世纪后期的法国学者巴纳热（Basnage）则称之为"泛滥"（flood）。[54]

第五章　知识之分类：课程、图书馆与百科全书 ｜ 109

图 8 沃达纳斯（J. C. Woudanus），《莱顿大学图书馆》（1610），由斯凡能伯格（W. Swanenburgh）雕刻：莱顿大学图书馆

当时有些人认为，问题不在于书籍需要整理，而是"书籍太混乱"，这种混乱应当加以控制。发明了"书籍秩序"（ordo librorum）一词的格斯纳，也同样抱怨"那么多的书，混乱而恼人"（confusa et noxia illa librorum multitudo）。[55]

在这个领域中，知识的边界必然要比课程的情况更为开放，因为书籍是实物，必须放在某处，而且不一定适用于任何形式的传统分类法。比如，政治学的书籍在这一时期猛增，在德国学者克里斯托夫·克勒卢斯所著的《政治学研究条例》（Christoph Colerus, *De studio politico ordinando*, 1621）或法国学者兼图书管理员加布里埃尔·诺德的学科参考书目《政治学文献目录》（*Bibliographia politica*, 1633）中，可以清楚地看出这种变化。参考文献是参考书的一种形式，在这一时期越来越普遍（参见第187页），有人形容它们是"没有围墙的图书馆"，在其中能够周游全欧洲。[56]

目录的确比课程更容易容纳新奇事物，比如，格斯纳1548年的目录学总论中就列有政治学，还有经济哲学、地理学、巫术和机械艺术。他想象中的图书馆成了真实图书馆目录的依据。人文学者胡果·布洛提乌斯任图书管理员时，维也纳的帝国图书馆就以格斯纳的目录为根据进行编目。西班牙学者弗朗西斯科·德·阿劳斯在他的专著《如何整理一座图书馆》（Francisco de Aráoz, *How to Arrange A Library*, 1631）一书中提出了一个全新且复杂的系统。在这个系统中，阿劳斯将书籍分为15种"范畴"或类别。宗教类有5种：神学、圣经研究、教会史、宗教诗歌和神父的著作。世俗类的有10种：词典、备忘录、修辞学、世俗历史、世俗诗歌、数学、自然哲学、道德哲学、政治学和法律。

1610年时，莱顿大学图书馆内部（图8）刻有对分类问题较为简单的解决方案，上面显示了书籍的7种分类：传统科目神学、法律、医学，以及数学、哲学、文学和历史。该图书馆在1595年公布的目录中，就使用了这7种分类，而在1674年的目录则增加了一个科目——

"东方典籍"(此时莱顿大学因对东方学研究的贡献而闻名)。

加布里埃尔·诺德提出了另一个解决方法。在《图书馆建设意见书》(Advice on Building up a Library, 1627)一书中,整个第七章都用于阐述分类问题。他认为拥有大量的图书并不能称之为一座图书馆,正如一群散漫的士兵也不能称之为一支军队。诺德还批评了米兰著名的安布洛其亚图书馆,说它没有按图书学科分类,使得书"乱七八糟堆在一起"(peslemelez)。他也批评"反复无常"的分类体系,认为一个分类体系的目的在于使人"不费体力、没有麻烦、干净利落地找到图书"。为此,他建议按照以下的学科次序进行分类:神学、医学、法律,加上历史、哲学、数学、人文科学及其他。[57]

这些方案均是实用主义的方法,便于改组各种学科,但也留下更多的基本问题有待解决。引述柏拉图的话,人们会说这是给书籍王国引进秩序——需要图书馆员哲学家,或是哲学家图书馆员——且需要结合实用主义哲学家约翰·杜威与著名的十进制分类法(decimal system of classification)发明者麦尔维尔·杜威(Melvil Dewey)二人的才华。[58]17世纪末期,在沃芬布特尔公爵图书馆管理员莱布尼茨身上,这种理想方法曾短暂实现过。莱布尼茨受到这个刺激,在1679年的一封信中写道:一座图书馆必须相当于一部百科全书(il faut qu'une Bibliothèque soit une Encyclopédie)。他提出"整理图书馆的计划"(idea bibliothecae ordinandae)。这个计划将知识分成九大类别,其中有三类是与传统的三个高级学科——神学、法学和医学相当,另外的部分则是哲学、数学、物理学、文献学、历史学和"杂著"。莱比锡的新书评介杂志《学者文萃》,将新书的索引分为七大类别:神学(包括教会史)、法学、医学(包括物理学)、数学、历史学(包括地理学)、哲学(包括文献学)和"杂著"。[59]

"杂著"类别应获得比以前更多的关注。我们可以说几个世纪以来被列入这个类别的典籍,对于阐明思想和知识历史都有很大的帮助。

这一类中，有些书几乎不受后来各种分类方法的影响。塞缪尔·金兹堡（Samuel Quiccheberg）（参见第109页）曾著有一本整理编排藏书指南，他用"文献学"（philology）来表示杂项类，其中包括战争与建筑。法国书目编著人拉·克鲁瓦·杜·曼恩（La Croix du Maine）用"混合项"（Mélanges）表示七大分类之一，其中包括回忆录、休闲读物、天堂、炼狱、地狱和世界末日。阿尔斯泰德的《百科全书》（1630）中就有一部分是杂项（farragines），包括历史和记忆艺术。

博物馆中的分门别类

相比于图书馆，博物馆的学科分类问题更为突出，因为对于博物馆所有者或馆长来说，没有中世纪传统可以依循或采用。16、17和18世纪，博物馆或"珍品收藏室"（cabinets of curiosities）不断增多，有些甚至名满欧洲。其中不仅有君主的展厅（比如布拉格的鲁道夫二世，或巴黎的路易十四），还有许多私人陈列室，如米兰牧师曼弗雷多·塞塔拉（Manfredo Settala）、博洛尼亚大学教授乌利塞·阿尔德罗万迪、纽伦堡药剂师巴西利厄斯·贝斯莱尔（Basilius Besler）、卡斯特尔医师皮埃尔·博雷尔（Pierre Borel）、哥本哈根自然科学家奥勒·沃尔姆或伦敦古董收藏家汉斯·斯隆尼（Hans Sloane）等人的陈列室（参见第110页）。据我们所知，仅巴黎一地，18世纪就有不少于723个陈列室。1700年前后最流行的收藏品是纪念章，但到18世纪，贝壳则成为后起之秀，表明时人的兴趣已由对古典学识业余的兴趣转向对自然哲学的爱好。[60]

我们在复原这些收藏品组织时，必须依赖图像的证据，同时也要认识到，欣赏艺术家的作品时，可能会产生一种寓言性的而不是现实性的描绘。[61]17世纪的绘画很可能会给今天的欣赏者一种既丰富又混杂

图 9 温根多普（G. Wingendorp），雕刻：《沃尔姆博物馆》卷首插图（1655）：剑桥大学图书馆（M.13.24）

的印象。比如，在沃尔姆博物馆的版画中（图9），我们不但会注意到旁边有个穿着外套、皮靴，手持马刺的男子，同时也会注意到天花板上悬挂着的饱满的鱼标本（和一头小熊），以及挂在墙上的鹿角及角制酒杯。目录中显示了更多的物品，包括一具埃及木乃伊、一件古罗马女用胸针、爪哇岛钱币、埃塞俄比亚和日本的手稿、巴西烟斗，以及北欧文物——格陵兰岛的矛、拉普兰船首、芬兰滑雪板以及挪威古盾牌。

如果我们更加细致地观察，便会发现在这种混杂的展示之中，明显也有分类的想法。沃尔姆博物馆有标着"金属""石质""木制""贝壳""草本""根部"等标签的盒子。羊角制酒杯与鹿角挂在一起，因为它们属同一材质。沃尔姆之子所发表的四本关于藏品描述的书，则按石头和金属类、植物类、动物类和手工艺品进行分类。换言之，该博物馆中的展品，不论是天然物件还是人工制品，不但按地理或年代划分，也按它们的材质分类。米兰的曼弗雷多·塞塔拉同样也按材质进行分类，这使我们想到博物馆就像是一个微观世界，一个微观的宇宙。

此外，阿尔德罗万迪试图将其藏品放入66个暗盒（cassette）之中，再把66个暗盒细分到7000多个小格中，以此来排列次序。他的两大卷索引能方便我们找到某一件特殊物品。从17世纪出版的塞塔拉和沃尔姆等的收藏品目录中，可以看出这些物品整理方法背后的逻辑性。[62]

图画藏品也有类似的排列顺序问题，比如阿尔德罗万迪曾委托画家，要求他们描绘动物和鸟类的外表。另一个著名的例子是罗马艺术品收藏家加西诺·德·波佐的"纸博物馆"（museo cartaceo），展示了古典时代文物等物品的图像特征。第三个例子是本笃会修士学者伯纳德·德·蒙福孔印刷出版的多卷本《古物解析》（Bernard de Montfaucon, *Antiquity Explained*, 1719—？），其中有1120幅插图，展现了古代世界的不同侧面——神祇、崇拜、日常生活、战争、坟墓等。[63]

物品排序的重要性同样在塞缪尔·金兹堡所著的《碑文》（*Inscriptions*, 1565）、雅克·奥赛尔的《古钱币珍藏》（Jacques Oisel, *Treasury of Ancient Coins*, 1677）以及约翰·伊芙林的《论纪念章》（John Evelyn, *Discourse of Medals*, 1693）等书中有所体现。再比如，金兹堡建议把图书馆分为五类，其中一类是"自然"。奥赛尔把古钱币分成十个等级，分别是帝王、行省、诸神、美德、战争、游戏、被神化的人物、公共建筑、僧侣和其他杂类。伊芙林的书则是为那些将成为奖牌勋章收藏者的人所写，其中很大篇幅专门谈论"排列和放置纪念章的方法"，书中还提到法国国王艺术陈列室中的2万枚勋章都是依时间排列的。伊芙林关注所谓的"系统化"，使我们联想到拉米斯及加布里埃尔·诺德，他曾将两者探讨书籍排序的文字翻译成英文。

难怪有人会说这一时期欧洲博物馆的兴起如雨后春笋般，这个现象不仅说明了人们膨胀的好奇心，也表明了从新世界等地向欧洲大量流入新物品引起的"知识管理问题"。这些新物品包括短吻鳄、犰狳、羽毛头饰、新发现的埃及木乃伊、中国瓷器，而我们很难将它们纳入传统范畴之中。[64]

按字母顺序编排的百科全书

以百科全书为例，印刷术的发明再次成为推动改革的动力。在这方面，印刷业的兴起有两个重要的影响。首先，印刷业使大家能够更容易得到百科全书。其次，印刷业使百科全书变得更加不可或缺，更确切地说是强化了百科全书的功能，即引导读者穿过印刷出来的、日益扩大的知识森林（甚至是热带雨林）。

百科全书的编者逐渐更大胆地修正传统的分类体系。皮埃尔·格雷瓜尔的《句法》（Pierre Grégoire, *Syntaxes*, 1575—1576）一书，是作为"全体科学与艺术"的总结的大胆尝试。它用不同的章节来讲机械艺术,包括对绘画的讨论以及纺织、战争、航海、医学、农业、狩猎和建筑等传统主题。培根的分类法尤具影响力。比如,诺德对图书馆组织的讨论,就采用了培根式的分类结构。意大利主教安东尼奥·扎拉(Antonio Zara)将36个主题归纳入记忆、智力和想象三大类别的系统中,以此实践培根的主张。埃弗拉姆·钱伯斯(Ephraim Chambers)则认为知识是感官、理性和想象的产物。[65] 此外,达朗贝尔在《百科全书·绪论》中也讨论了培根的思想。

然而,自17世纪以来,从百科全书的组织中我们可以清晰地看到一场更为深刻的变革,即字母排序法的使用。这种做法可追溯至中世纪。相比于之前,17世纪新出现的现象,是这种编排方法从处于次要地位发展为主流的分类体系。如今这个体系的主导作用很明显,甚至合乎自然,但是它的应用(至少一开始被应用时)曾被一股强劲的知识无序力量击败。当时,知识的更新速度太快,以致难以消化或分类整理。关于知识的不断发展将在第八章得到更细致的探讨。

学术的进展

本章提到过几种知识观念的改变,包括对图像的日益关注。图像或者"统计数据"的运用与客观、公正的知识新典范相关,即与后来所谓的"客观性"(参见第26页)有关。近代早期历史进程的另外两大变化也值得特别注意。

首先,通用知识与实用知识的相对重要性发生了变化。笛卡尔、培根和莱布尼茨以及培根的许多信徒,比如约翰·杜里、塞缪尔·哈特利布、罗伯特·波义耳(Robert Boyle)、约瑟夫·格兰威尔(Joseph Glanvill)以及汉斯·斯隆尼都很重视实用知识。托马斯·布瑞(Thomas

Bray）于 1697 年发表的《论提升所有必备的和有用的知识》（*Essay toward Promoting All Necessary and Useful Knowledge*）一书，是那个时代的典型著作。尽管传统上也谈到有用性，但对实用知识的强调则具有时代的创新性。1700 年左右，培根派学者很可能会颠倒米兰的法国建筑师 1400 年的格言（参见第 83 页），而说"没有实践的理论是毫无价值的"（scientia sine arte nihil est）。

到了 18 世纪，实用知识已受人尊重。法兰西科学院据其 1699 年的新章程，比以往更加重视工程学及其他应用科学，在多卷本《工艺与手艺分类大全》（*Description of Crafts and Trades*, 1761—1788）一书得到最极致的体现。[66] 炼金术士经济学家约翰·约钦姆·贝歇尔的传记作者，用"实用学者的楷模"（Das Muster eines Nützlich-Gelehrten）来形容贝歇尔。1731 年 5 月的《绅士杂志》（*Gentleman's Magazine*）评论道："最有用的知识应排在最显要的位置，其次才是最为时尚和适用于绅士的知识。"同年在都柏林成立了农业改良学会，"将实际而有用的知识带出图书馆以飨民众"。欧洲各地都在成立农业学会，传播对农民耕种有用的知识。1754 年成立的爱尔福特应用科学院，和 1758 年成立的费城学会、1772 年的弗吉尼亚学会、1784 年的纽约学会的目标是一致的。狄德罗和与《百科全书》有关的法国学者也持有类似的观念。

俄国沙皇彼得大帝如此热切地引进西方知识，这在他一手创办起来的教授数学和航海技术的学校，及俄国印刷的第一本非宗教图书——列昂季·马格尼茨基所著的《算术》（Leonty Magnitsky, *Arithmetic*, 1703）等典范上得到体现。俄国人发明了学问（nauka）这个新单词来称呼这类实用知识。这个词的英译是"科学"，用来形容圣彼得堡的新式科学院。然而，学问最开始与学术毫无关联，而是与军事、海军、技术以及经济有关。

由今视昔，我们会把 17 世纪上半叶形容为短暂的"好奇心时代"。那个时代，"好奇"（curiosus, curieux）一词逐渐被频繁使用。宗教对

"好奇心"的批判几乎完全被世俗抛弃,而世俗对"无用"知识的批判尚未直言不讳。其次,借用亚历山大·柯瓦雷(Alexandre Koyré)的名言来说,此种知识观念,是"从封闭的世界转向无限的宇宙",而新的说法则是,知识是累积而成的。新奇(novelty)一词已不再带有批判之意,而是指令人喜悦的事,正如开普勒的《新天文学》(*New Astronomy*)和伽利略的《关于两种新科学的对话》(*Discourse Concerning Two New Sciences*)这两本书的书名所体现的那样。[67]

培根对这种进步想象的表述最广为人知,他在《论学术的进展》(*The Advancement of Learning*, 1605)一书中对此进行了详述。他在不止一本书的扉页和正文中(图10)采用了一个引人注目的图像,象征他改变这个体系的愿望。有一张图以地球的版画或一艘在希腊神话大力神柱外航行、找寻新大陆的船,来表示"知识世界"(mundus intellectualis)的形象。培根在《各派哲学的批判》(*Refutation of Philosophies*)一书中写道:"现在的人已经探索和开发了物质世界的广阔空间,包括土地与海洋,如果知识或思想的地球仍受到古人狭隘发现的局限,那会使我们感到羞耻。"英国培根派学者约瑟夫·格兰威尔引用国王查理五世的箴言,并用"PLUS ULTRA"("超越",就是超越大力神柱)作为他一本书的书名。莱布尼茨也把该词写在其17世纪70年代的工作手稿的最前端,表达对学术进展的关切。

培根的野心显然是想成为"知识界的哥伦布",想要"重绘学术地图"。我们可以地图的使用为例,具体阐明知识的进步状况。地图集与百科全书一样,在后来不断增加的版本中变得越来越厚。奥特柳斯曾邀请他的读者为他提供一些能够改善地图集的信息,有的读者也给予了反馈。[68]在英国不断涌现知识的进步或"改进"的观念,学者则致力于比较17世纪50年代对千禧年的狂热和60年代及之后较为理性、节制的乐观,这种情形可见于约瑟夫·格兰威尔的《超越极限》(*Plus Ultra*)和约翰·洛克的《人类理解论》两本著作中。约翰·杜里在

第五章 知识之分类:课程、图书馆与百科全书 | 119

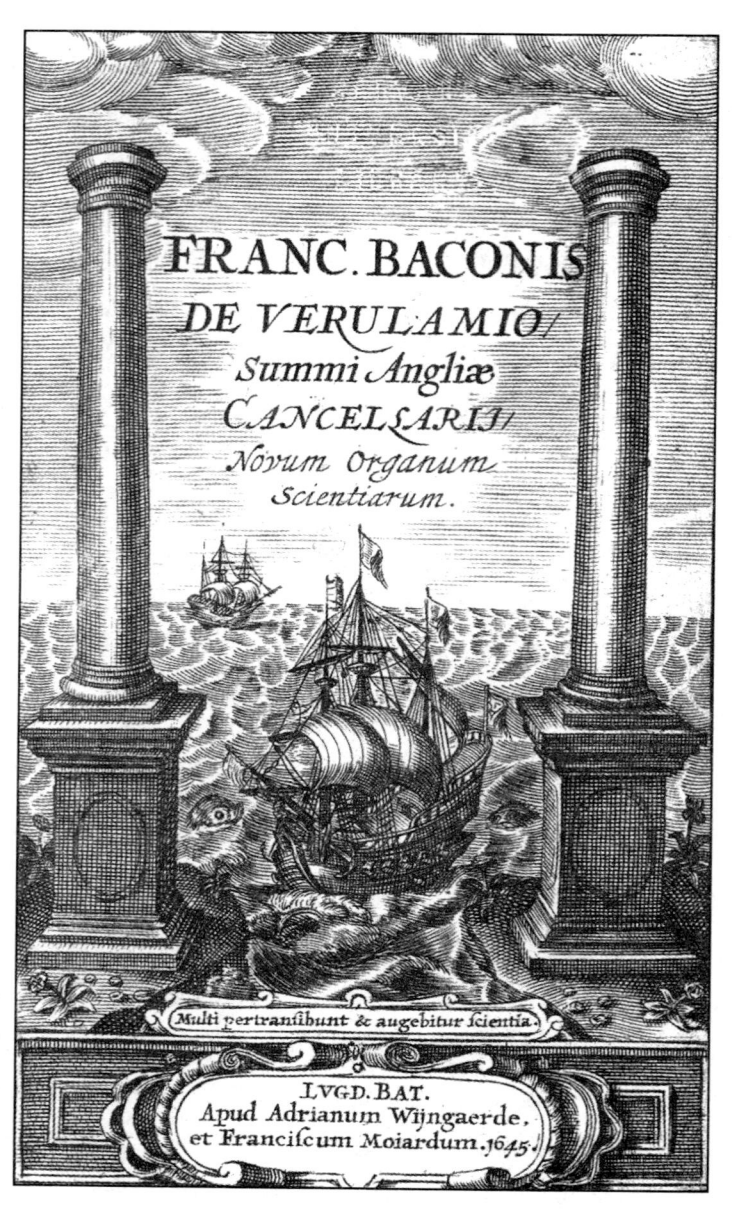

图 10a　雕刻，来自培根《伟大的复兴》卷首插图（*Instauratio Magna*, 1620）：巴黎，索邦大学图书馆。图片来源：Jean-Loup Charmet (fonds V. Cousin, 5525 Rés.)

图 10b 《木林集》(*Sylva Sylvarum*, 1627)：剑桥大学图书馆 (LE 24.25)

1650 年发表的一篇关于"图书馆管理员"功能的文章是另一个生动的例子。在这篇文章中,作者认为一名大学图书馆管理员一定要对"交易中的利润"提供年度报告,也就是报告图书的增加状况。[69] 18 世纪,有人引用贺拉斯(Horace)的名言来总结知识探索的理想。时人对贺氏的话断章取义,将之转化为"敢于求知"(sapere aude)的口号。[70]

近现代的学术理想,可以说是 17、18 世纪学术抱负的常规化过程。现代人认为知识上的创新,而非知识传统的传承,是高等教育机构的一个主要功能。因此我们会期望那些拥有高等学位的候选人能够成为对"知识有贡献"的人。尽管第三章也提到过反向的压力,但是今日学者所承受的压力,却是要他们殖民新的知识领域而不是继续耕耘旧领地。

结　论

这个时代末期,达朗贝尔按照培根的方式把《百科全书》称为学术"地图",其为我们提供了很好的视角。[71]这部《百科全书》以后的很多版本,与许多与之相互竞争的书,说明了当时的人越来越清楚地认识到知识的进步。尽管如此,达朗贝尔在《百科全书·绪论》中所提出的,而狄德罗用表格形式呈现的知识分类,在传统与创新之间仍保持了平衡。从我们自己所处的时代往回看,这个体系显得有点传统,尤其是知识树及其枝丫的想法、人文科学与机械艺术之间的差别以及对语法、逻辑、修辞三艺的探讨。

可是,如果我们从 1500 年进行回顾,则会发现许多知识上的革新。知识树已经得到修整。[72]数学提升到最重要的位置,先于三艺得到探讨。神学从属于哲学学科,推翻了传统的等级制度(此事震惊了在《学者杂志》上评论这部书的评论家)。从版画和文本可以看出,这个时期的人重视机械艺术更甚于阿尔斯泰德和扎拉的百科全书,说明了学术与非学术知识之间逐渐建立了友好的关系。

最后，百科全书里的词条是按字母顺序排列的，只是由于使用了复杂的对照式检索系统，在相当程度上冲淡了这一点。与采用它的实际理由无关的是，字母排序法的使用反映并激发了从分层和有机的世界观到个人主义和平均主义世界观的转变。单就这一点来说，我们可能要谈到"形式的内容"，至少在某些方面加强了主笔们想要推翻社会等级制度的野心。因为对《百科全书》而言，它既是一项政治的工程，也是一项知识的工程。下一章将再详细考察知识的政治学。

第六章　知识之掌控：教会与国家

> 运用权力会源源不断地创造知识，反之，知识也经常诱导权力发挥效应。
>
> ——福柯（Foucault）

> 每一次知识的积累，尤其是通过与我们所统治的民族进行社会交流而获得的知识，都有利于国家。
>
> ——黑斯廷斯（Warren Hastings）

本书的第二至第五章主要关注的是学术界，包括它的成员、结构以及分类。学术界历来都与政治密不可分，本书前面对知识领域的防护及对抵制创新的讨论，都可以清楚有力地证明这一点。现在我们应该拓宽研究范围，将注意力转移到知识的政治活动方面，即权威机构——不论是教会还是国家——对知识与信息的收集、储存、回收和封锁。学者们在这一领域所做的越来越多的研究与努力，也许能更好地证明前述章节所提及的正在兴起的对实用知识的关注。

早在近半个世纪以前，美国政治科学家卡尔·多伊奇（Karl

Deutsch）就在他的一部经典研究著作中分析了各国政府对信息的依赖。[1] 此后，不少学者也对该问题的其他方面进行了集中研究。一些专著致力于研究间谍的历史，而更多的致力于对那些能够影响各国政府制定外交政策的信息的探讨。[2] 有的学者还研究了许多欧洲国家的人口普查史[3]，而对于一些帝国——尤其是西属美洲和英属印度——的"信息秩序"（information order）的研究显得更为具体和细致。[4] 另外，不同地域的宗教和政治审查制度也已经成为部分专著研究的主题。[5]

基于这些研究，我们可以相当清楚地看到，在近代早期，存在这样一种普遍趋势：人们将越来越多的信息收集起来，并通过计算图表或统计模型的方式对其进行加工整合。甚至可以说，在某些地区，当地政府都希望成为一种"监视型政府"（surveillance state），不过我们也应当记住，近代早期政府缺少真正想要控制其境内所有人民生活所需的大量的官员。实际上，政府掌控信息原本只是为了应对一些特殊状况或危机，如暴动、瘟疫和战争，但不可否认的是，这一做法后来逐渐演变成了一种处理日常公务的惯用方式。1650年以后，这一表现尤为突出。

关于这种信息积累的时间进程、地理分布和社会关联，以及促成这种信息积累的种种原因，都有待细致探索。在本章中，我将会通过比较的方式研究这些问题。在研究一些帝国，例如葡萄牙、西班牙、英国、法国、瑞典或俄国（荷兰帝国，与其说它是一个政治帝国，莫如视其为一个经济帝国，它的情况我们将在下一章中进行讨论）的实际状况时，我会预设这样一个前提，即知识的延展既是这些帝国扩张的先决条件，也是它们扩张的必然结果。这一时期，地理学作为一门学术科目逐渐发展起来（参见第100页），这绝非偶然事件。[6]

研究这一问题的关键在于如何详细地说明权力与知识是怎样彼此支持、相互依存的，最近有两项关于英属印度的研究正在尝试对此进行解答。其中一项研究认为，英国对印度的征服行动是一场"对知识

第六章　知识之掌控：教会与国家　｜　125

的征服"，是对"一种认识论空间"的侵略。研究者将重点放在英国统治印度的方式上，试图说明英国征服者为了进一步增强其对印度的有效控制，是如何利用他们所掌握的有关印度语言和法律的知识的。另一项研究更青睐于分析莫卧儿王朝时期印度传统的"信息秩序"。该研究认为，英国最初是依靠印度本地的信息提供者，采用莫卧儿王朝的传统方法来收集情报的。后来，这种传统的方法逐渐被一些英国观察家所提倡的更为"科学"的信息收集系统取代，这一改变导致了这些新的印度统治者与本土居民在态度和情感方面的断裂，并于1857年引发了出人意料的印度兵变。[7]

在最理想的状况下，我们通过这种历史比较研究的方式所希望取得的成果不只是找出比较对象——不同国家、不同宗教信仰或研究者所关心的其他领域——之间的相似点和不同点，更在于揭露它们之间的互动关系，不论这种互动是以竞争还是互相利用的形式呈现出来。这一时期，有两个互动（prima facie）的例子表现得尤为突出，即教会与国家之间、边缘地带和中心区域之间在信息收集方式上的交流。至少我们可以略有把握地说，国家时常（虽然并非总是）向教会学习，而那些帝国的中心（政府）所采用的方法原本是为了控制偏远外省而发明的。为了检验这些假说，我将在接下来的篇幅中探讨这一时期收集、保存、整理、利用以及封锁不同种类信息的过程和方法。

官僚制的兴起

至少从古亚述时代开始，许多政府就一直很重视收集和储存它们治下民众的信息。正如一位当代社会学家所指出的那样："所有的国家都是'信息社会'，因为国家权力的产生预设着反射性监控系统的再生产，这包括规范化地收集、储存和控制那些可以用于行政目的的信息。"[8]古罗马人就曾经试图进行完整的人口普查。1066年诺曼人征服英国之后，这位新的英国君主即下令普查全国的人畜数量。然而，正如这场调查的名字"末日审判书"（Doomesday Book）所暗示的那样，这是一次非同寻常的事件，《末日审判书》在编订成册之后的两个世纪中，几乎无人问津。[9]直至近代早期，对信息规范化、系统化的收集才成为欧洲各国政府日常工作的一部分。行政管理的日趋集权化既要求近代早期的统治者比他们中世纪的同行更多了解其辖区范围内人们的生活状况，也促使这一需求成了现实。

伴随中央集权的增强，马克斯·韦伯所谓的"官僚制"（bureaucracy）也逐步兴起。与曼海姆（参见第8页）不同，韦伯不常以知识社会学家而为人所知，但是他关于官僚制的著名理论却对这门学科作出了巨大贡献，毕竟是他将官僚制定义为"以知识为基础而进行控制的实践"。韦伯将"职官统治"（rule of office）与一种不具人格特征、不受主观影响的纯客观的政府管理联系在一起，而这种管理模式的基础则是一些需经特殊关卡审核通过的规章制度和书面文件。[10]

在近代早期的欧洲，国家的主要进展之一就是朝着马克斯·韦伯所说的官僚制的方向发展。与之并行不悖的则是被人视为贬义的"繁文缛节"意义上的官僚制倾向，向着我们所熟知的16世纪的"秘书统治"方向发展（参见第24页）。[11]政府官员数量的增长是官僚制兴起的标志之一，另外一个更加明显的标志是专门的政府办公建筑开始出现，比如佛罗伦萨的乌菲兹（Uffizi，正如其名所示，这是由一系列办公室组成的行政场所，之后该地变成了一座艺术长廊），此类建筑也同样出现在了法国的凡尔赛，而坐落于此的新宫也为公务人员专设了办公场所。

就连统治者自己也深受官僚制的影响，他们在变身为官吏的同时也在雇用官吏。西班牙国王菲利普二世就是一个经典案例。他被臣民们戏称为"公文国王"（el rey papelero），因为他总是花费大量时间坐

第六章 知识之掌控：教会与国家 | 127

在办公桌前乐此不疲地批阅文件。其实这些文件中有很大一部分原本并不需要他亲自审阅，但是为了能进一步了解并掌控他治下臣民的生活，这位鞠躬尽瘁的国王命人四处收集相关情报并上达天听。事实上，这位国王的救济品分发员就曾向他抱怨过他的这种躲进文件里逃避现实生活的做法。[12] 罗马在其帝国时代的后期，就是依靠这种文件和文书工作来维持它的统治的，而此时埃斯科里亚尔也继之成了最大的办公文件收集中心。[13]

菲利普二世并非独一无二的国王执政官（royal bureaucrat）。我们现在所说的这类"公文国家"（paper state）的出现和兴起在近代早期的欧洲是一种普遍现象。路易十四就曾在他的回忆录中夸口说他"无所不知"。他也和菲利普二世一样长期伏案工作，或出席各种国务会议和委员会。启蒙时代的那些声名显赫的统治者亦是如此，值得注意的就有诸如普鲁士的腓特烈大帝、俄国的叶卡捷琳娜二世以及奥地利的玛丽亚·特雷莎女王和约瑟夫二世。这一时期，行政管理方面的主要创新之一就是委员会和理事会的兴起（这是一些由多数人投票表决同意并执行工作计划的小团体，在瑞典和俄国，它们一般被称为"学院"或"学派"[colleges]）。莱布尼茨曾修书一封禀告彼得大帝："若无学院存在，就不会有良好的行政管理：因为这些学院的工作原理与钟表如出一辙，所有的齿轮共同维持彼此的运转。"

这里要讲述的核心事件，是一个关于信息积累的故事。这种信息积累既是对统治者企图控制其治下民众生活的愿望的回应，同时也刺激了这种欲望的日渐增强，不论是向人们征收赋税、征召其入伍，抑或是在闹饥荒时赈济灾民，这些都是统治者干预民众生活的表现。然而在实际执行过程中，某些地区的政府部门虽然在进行着知识的积累，但并不意味着这些知识一定可以上达天听或送到相关部门面前。随着行政组织规模越发庞大，那些融入其中的信息资源无法得其所归的风险也在加大。换句话说，历史学家也要和这些政府一样，必须关注所谓的信息的"动向"（mobilization）。[14]

那么，本章节所探讨的这些实践活动和发展趋势到底是否仅限于西方世界或者是在何种程度上限于西方世界呢？尽管这是个非常重要的问题，但那些辅助性的文献资料不允许我们对此详加讨论。显而易见，一些亚洲大国，如中国、奥斯曼帝国以及印度的莫卧儿帝国，都十分重视信息的收集。以中国为例，1380 年，中国曾进行过一次人口普查，而在 14 世纪 90 年代，该国再次进行了人口普查，并印有大量协助其政府官员处理政务的指南和百科全书。奥斯曼帝国为了征收赋税，则会定期进行土地勘测并将结果记录在案，这些档案流传至今，令人震撼。印度的莫卧儿帝国也是如此，它特别青睐统计数据，并设有一张非常精密的旨在监控一切的情报收集网络。[15] 地图、策划书和统计图纸并非只是西方世界的专利，皮瑞·雷斯的例子（参见第 55 页）告诉我们，在这一时期，这些东西已经成了中国、日本和奥斯曼帝国等国政府进行行政管理的工具。[16]

在更多更系统的比较完成之前，任何确定性的结论都言之尚早。我的观点大致是这样的：1450 年前后，大多数欧洲政府在信息收集服务这一方面依旧落后于中国和奥斯曼帝国。但到 1600 年以后，欧洲超越了亚洲，或者更准确地说，一些欧洲国家的政府占据了领先地位。接下来，我们将优先讨论那些官僚制程度更高的国家，不论它们是幅员辽阔的法国还是地域相对狭小的瑞典。

作为典型的天主教会

我们至少可以这样认为，欧洲第一个官僚体制并非产生于世俗社会，而是出现在神圣的教会。早在 13 世纪，教皇英诺森三世就已经开始注意到从官方的登记记录中提取或检索信息了。据近期一位研究文字档案的历史学家所说,中世纪的"众多皇家档案馆在发展那些能为行政管理提供方便的书写技术方面,都相对滞后于天主教会"。[17] 无须惊讶,毕竟与任何一个欧洲君主政体相比,天主教会的立身之本都显得更为雄厚,更何况教会的神职人员还一度几乎垄断了文化和教育领域。尤为特别的是,教会的官僚体制原本是建立在中世纪的传统之上,然而在16、17世纪,这种体制却在我们所说的"韦伯式的官僚制"之路上越走越远。以教皇西克斯图斯五世为例,在这位教皇短暂却强势的统治岁月里,他建立了许多专门委员会并多次组织召开宗教集会。教会势力遍及各个领域,从档案整理(见第138页)到财务管理(尤其是在财政预算方面,也就是定期的财务预算),教会始终居于领先地位。[18]

1563年的特伦托会议(Council of Trent)召开之后,教廷要求所有的天主教教区牧师都必须保存其辖区内居民出生、结婚和死亡的登记记录。主教们则需要定期视察教区,以便能及时了解和评估教区民众的信仰状况。自特伦托会议召开以后,这种原先只是零星分布、偶尔为之的主教视察活动变成了一种惯例,通过这种方式,教会收集到了大量信息并详加记录。这些记录内容丰富,包括教会的物质状况、教区牧师们的教育水平、教团的具体数目以及俗人的道德风尚。[19]

在统计学的历史中,反宗教改革的教会(Counter-Reformation Church)同样也占有一席之地。它会定期举行所谓的"灵魂"普查,通过这一途径来审查他们的教区居民是否按照特伦托会议的要求进行一年一度的复活节告解和参加圣餐仪式。为了做进一步的审查核实,教区牧师们还会奉命给他们辖区内的居民颁发票券,而居民们必须在告解仪式或圣餐仪式上将此券归还给牧师。人们对异端邪说的恐惧与日俱增,而他们的计算能力也在不断发展,这些都为统计学的兴起作出了贡献。

与天主教会控制下的其他欧洲地区一样,这种视察活动也出现在了新教世界。比如，在 16 世纪，信仰路德教的德意志地区就存在着定期的教区视察。在改宗之后的英格兰，新的主教们设计了一种"问卷"来调查格洛斯特（Gloucester）、伍斯特（Worcester）（89 个问题，1551—1552）和诺维奇（Norwich）（69 个问题，1561）的主教辖区。一些研究文化兴起的历史学家也早已将注意力集中在了信仰路德教的瑞典和芬兰身上，这两个北欧国家所保存的 17、18 世纪的教会审查登记记录备受青睐。神职人员利用问卷对每家每户进行调查，并根据这些居民的读写能力将他们分门别类（如阅读能力良好或粗通文墨），这些调查结果都被详细地记录成册，和那些宗教裁判的审讯记录一样，它们都充分说明了官方对（收集）精确信息的热情。[20]

特伦托会议旨在抵制异端邪说，而此次会议之后天主教世界开展的一系列大审查正是出于对那些异端邪说的恐惧。同样，英国的审查也是源于恐惧，只不过它所担心的对象是那些反对英国国教的呼声和势力。譬如说，在 1676 年，伦敦主教发起了一场以他的名字命名的"康普敦人口普查"（Compton Census），这次人口调查的目的就是调查异端分子。1743 年，约克大主教给他的教区神职人员发放的问卷也暗示了调查和压制异端分子乃当务之急。"你所在辖区的家庭住户有多少？其中有多少人是异端？……你的辖区内有公立学校或慈善学校吗？有救济院、医院或其他慈善捐助吗？你的教堂多久举行一次公开的礼拜仪式？你的教堂何时进行一次教义问答，问答的频率又是多少？"[21]凡此种种都充分说明，教会权威们收集信息的目的是对其辖区进行控制。

最注重知识收集的教会机构恐怕要属分布于西班牙、意大利和其他一些地区的宗教裁判所了。被怀疑为异端分子的人们会在那里接受一整套极其系统且烦琐的拷问，拷问的内容包括他们的年龄、出生地、职业以及信仰，而且不论他们说什么，这些供词都会被记录下来并被密切关注。各种各样的宗教裁判所收集的这些档案构成了一个巨大的

第六章 知识之掌控：教会与国家

"数据库"，社会史学家们，尤其是上一代社会史学家们从中获益匪浅。然而，这些通过一次次的宗教审判而获取到的知识之所以受到历史学家的关注，并不仅仅因为它们是珍贵的史料，更因为这种收集行为本身是近代早期人们出于控制目的而求取知识的有力论据。[22]

17 世纪中叶，有三位声名显赫的宗教领袖在世俗政府中占有举足轻重的地位，他们分别是法国的黎塞留和马扎然以及与他们同一时代的哈布斯堡帝国的克莱斯尔（Melchior Khlesl）。这不禁使我们产生怀疑，是不是他们为了满足国家的需要而将这些原本由教会掌握的方法运用到了世俗政府的统治之中。无论这种推测是否准确，我都会在下面的篇幅中再现世俗力量与宗教权威在知识领域的互动。

目前，因为人们已经开始逐渐关注知识的收集问题，我们最好将两种不同的知识区分开来。一种是统治者获取的关于他们的邻国、对手甚或敌人的情报，而另一种是他们自身便拥有的有关其控制范围内的信息，不管这些信息是关于帝国的还是"母国"的。

外交事务

谈到外交事务，我们最好从威尼斯共和国开始说起，因为它是欧洲众多权力集团中最早采用常驻外交官体制的国家之一，这些威尼斯大使通过与不同国家进行谈判交涉而获取了大量的外国情报。威尼斯政府不仅希望从它的驻外大使们的手中获取一些常规的急件，而且更希望能在他们任期结束时（大约是三年）收到一些正式的书面报告，著名的《威尼斯大使报告》（Relazioni）主要涉及的就是这些大使所驻国家的政治、军事和经济形势。[23] 威尼斯大使们同时也肩负着在海外传播信息的职责。例如，1606 年，当罗马教皇下令封锁威尼斯时，威尼斯驻巴黎大使就曾奉命确保法国了解到威尼斯在这个问题上的立场。

其他政府也在模仿威尼斯，但是与之相比，稍欠系统化。那些论述大使责任和职能的专著日日翻新，层出不穷，几乎都千篇一律地强调将信息传送回国的重要性，就像弗里德里克·马赛来在他的《授权代表》(Frederick Marselaer, *Legatus*, 1626) 一书中所形容的那样。在其他国家也有与《威尼斯大使报告》类似形式的报告，例如乔治·卡鲁爵士（Sir George Carew）也曾对亨利四世时期的法国宫廷有过细致深入的描述，但是其他国家的此类实践都明显不如威尼斯政府进行得那么频繁。

驻外大使们收集情报所依靠的绝非只是自己的眼睛和耳朵，他们往往会求助于人，比如他们的助手、中介人甚至是一些"告密者"，这些人既有全职的，也有兼职的，例如在伊斯坦布尔的威尼斯商人就会定期向国内传递情报。他们虽然说不上是间谍，但也足以形成一张情报网，帮助大使们完成使命。近代早期的"特工服务"（早在1583年在那不勒斯就有了）可以称得上是一项组织相当严谨的工作，它不仅拥有自己的密码，也有足以混淆对方视听的假地址，以及能确保其工作人员安全的藏身之所，甚至还有双面间谍。威尼斯人尤为擅长从事间谍活动或参与反间谍侦破，并经常因此而混入外国领事馆。[24]

到了17世纪，其他一些国家在这些方面都赶上了威尼斯。英国驻威尼斯大使亨利·沃顿爵士（Sir Henry Wotton）就曾在米兰雇用了一名间谍（当时，米兰是西班牙帝国的一部分）向他报告西班牙军队的动向（图11）。与此同时，他还在罗马和都灵也雇用了情报人员，尤其值得一提的是，他还截留了若干耶稣会士的信件（其不留蛛丝马迹的拆信技巧非常有名）。沃顿通过此种方式所获取的信息，其价值不可估量，也许从以下事实中我们可窥知一二：当威尼斯和热那亚共和国的总督需要获取毗邻的米兰政府的情报时，都不得不求助于英国大使馆。[25]

有一位研究外交关系的历史学家曾这样描述西班牙政府，说它拥

图 11　木雕:《间谍》(17 世纪):圣洛可大会堂穹顶(威尼斯)

有"一张幅员辽阔、组织优良且行之有效的信息收集网"。从 1539 年到 1547 年,时任西班牙驻威尼斯大使的乌尔塔多·德·门多萨(Don Diego Hurtado de Mendoza)就在奥斯曼帝国建立起了一张情报网。17 世纪早期,西班牙驻伦敦大使贡多玛伯爵(Gondomar)向当地政府的主要成员支付了大量资金(分别向财政大臣和海军大臣各支付 1000 英镑)作为他们提供情报服务的报酬。然而到了该世纪后期,一位西班牙大使的秘书却也在接受了一年 100 英镑的贿赂后将本国信息传递给了英国政府。[26] 在法国情况亦然，法国政府和法国大使们也雇用了不计其数的间谍。[27] 那些在英国或者其他地方流亡的清教团体极易被（间谍）渗透。有时，艺术品收集也会成为进行间谍活动的借口。鉴赏家罗杰·德·皮莱斯（Roger de Piles）就曾被派往荷兰共和国，名义上是去购买路易十四收藏的画作，实际上却是去收集政治情报的。荷兰政府识破了他的伎俩，让他遭遇了一段时间的牢狱之灾。利用这段被强加而来的时光，皮莱斯写就了一部有关艺术批评的著作，竟成为该领域的经典。[28]

信息与帝国

评论家爱德华·萨义德在他那极富争议却又相当著名的研究中，将福柯关于权力与知识的观念扩展到了新的领域。萨义德认为，他所谓的"东方学"正是一套集代表性与统治性为一体的西方（话语）体系。[29] 他讲的故事始于1800年前后，从参加拿破仑入侵埃及这一行动计划的学者们所扮演的角色入手进行论述。但值得一提的是，从更早的时候开始，欧洲列强就已经开始出于控制世界其他地区的目的而系统地进行知识收集。

例如，那些近代早期的海上帝国——葡萄牙、西班牙、荷兰、法国和英国——都是凭借着信息收集而称雄海洋的。他们需要那些通往印度或非洲的航路的信息，因此，葡萄牙和西班牙都任命了一些皇家寰宇志学家，希望能从他们那里获取有关天文、地理以及航海方面的信息。我们目前所知的这些档案通常以图表的形式记录，并储存于里斯本的几内亚商号和印度商行以及塞维利亚的商行之中（参见第61页）。以瓦斯康赛洛斯（Jorge de Vasconcelos）为例，他既是16世纪初期印度与非洲"仓库"（warehouse）的总管，同时也负责使用和管理

第六章　知识之掌控：教会与国家 | 135

此类图表,当领航员和船长们准备离开葡萄牙时,他将这些图表分发给他们,等到其返航时再收回。[30]

路易十四时代位高权重的国务大臣让-巴普蒂斯特·柯尔贝尔就曾因在收集资讯方面比其前辈们更为系统出色而被称为"资讯先生"(the information man),[31] 他(往往)出于经济和政治等种种复杂原因的考虑收集关于中东和远东的情报。1664年,为了与英国和荷兰竞争,柯尔贝尔主动提议并建立了法国的东印度公司(Compagnie des Indes Orientales),1666年,他还将卡瑞(Carré)神父与该公司的领导人一齐派往印度。显而易见,卡瑞神父充当了"告密者"的角色,他于1671年回到法国并向柯尔贝尔汇报了情况。[32] 和柯尔贝尔一样,另外三位相继上任的海军国务大臣也对收集信息表现出了同样的兴趣,他们分别是:路易·德·庞查特雷恩(Louis de Pontchartrain)、他的儿子莫勒帕伯爵杰罗姆(Comte de Maurepas Jérôme,他在1699年继承了其父亲的爵位),以及下一位莫勒帕伯爵,也就是杰罗姆之子,他于1723年取代了他父亲的位置。他们多次向南美洲派遣官方探险队,而随队的工程师、植物学家和天文学家撰写了许多观察报告,并在这些出版物的扉页上自豪地写上"皇家任命"的字样。[33]

随着欧洲帝国对其他大陆的蚕食鲸吞,系统收集这些地区的相关知识——它的资源状况、民风民俗——的任务越发显得迫在眉睫。在这方面,西班牙政府表现得尤为突出。早在1548年,查理五世就曾此番问题问询过墨西哥大主教,但是系统收集新世界的相关知识则始于16世纪70年代。在知识整合的过程中,胡安·德·奥万多(Juan de Ovando)扮演了重要角色。1569年,奥万多受命访问西印度群岛理事会(the Council of the Indies),当地顾问对这片新世界的无知令他感到十分震惊。同年,奥万多向驻守墨西哥和秘鲁的政府官员发放了"三十七点问卷"(thirty-seven-point questionnaires),随后又寄去了更加详尽复杂的问卷。在当时,问卷调查是教会机构最常见的一种审查方式,它被普遍用于各类主教视察活动和宗教审判之中。奥万多自己就是教会人士，他的这种行为可以视作用教会管理方法为国家服务的表现。[34]

此外，奥万多还将弗朗西斯科·埃尔南德斯派往新西班牙（New Spain）研究当地的博物志（参见第60页），[35]他还设置了"地理-历史学家"（cosmógrafo-cronista）这一新的政府职位。胡安·洛佩斯·德·贝拉斯科（Juan López de Velasco）是奥万多最早的支持者，也是他从前的秘书。1577年，贝拉斯科向新西班牙市政府当局发放了一份问卷，旨在调查各个地区的自然历史，包括它们的矿产、地方史等。在此，我将这些问题（更准确地说是问题程序单）列举如下：

> 指出所说地区的发现者和征服者……阐述这些（西）印度群岛在野蛮时代（heathen time）的归属问题……以及他们的宗教信仰形式、仪式、风俗习惯和优缺点。说明他们过去是怎样进行组织管理的，又曾与何人发生过战争；他们过去与现在的穿着打扮如何；相较于现在，他们过去的情况是否更为健康，造成这种现象的原因又是什么。[36]

出于种种原因，这份文件在知识史中显得非常有趣。它提醒我们，调查问卷并非19世纪社会学家的发明，它曾是教会和世俗政权常用的一种传统的行政管理手段，只不过后来被用于学术研究；它还揭示出（西班牙）政府已经意识到并开始关注（殖民地）人口锐减问题（造成这一问题的主要原因是欧洲的疾病被殖民者携带到了美洲，而当地的土著居民由于缺乏抗体，对此毫无抵抗力）。20世纪50年代，就有一位研究西属美洲的历史学家重新发现了一场（人口）衰退。同样值得一提且意义重大的是，我们从这份文件所罗列的问题中看到的并不是狭隘的功利主义，反而是一位政府官员的人道主义情怀。

说到热心于信息收集的国家，18世纪的沙皇俄国也堪称突出范例。

1721 年，俄国沙皇彼得大帝就将他的日耳曼籍图书馆管理员 J. D. 舒马赫（J. D. Schumacher）送到了荷兰共和国，希望能获取一些荷兰的科技情报。用现在的话说，就相当于派去了一位"工业间谍"（参见第 154 页）。[37] 此外，这位沙皇陛下还将他的兴趣扩展到了帝国的东部边界。另一位日耳曼人——丹尼尔·梅塞施密特（Daniel Messerschmidt）——就奉皇命在西伯利亚待了七年（1720—1727），只为收集当地信息。与此同时，俄国人费奥多尔·卢津（Fedor Luzhin）、伊万·叶夫列伊诺夫（Ivan Evreinov）和丹麦人维塔斯·白令（Vitus Bering）也被派往堪察加半岛（Kamchatka）探索亚洲与美洲之间是否真的存在着陆桥。[38] 趁着这股风潮，1730 年，著名植物学家林奈率领他的考察队前往拉普兰（Lapland），这次行动既是为了促进科学的发展与进步，又是为了向瑞典政府提供这片领土的相关资料，如它的矿产和其他自然资源的资料。[39]

同彼得大帝一样，叶卡捷琳娜二世也非常重视情报的收集。1780—1795 年间，她授命塞缪尔·边沁爵士（Sir Samuel Bentham，他的兄弟是更为著名的杰里米·边沁）绘制西伯利亚的地图，并勘测当地的矿产和人口资源。在女皇统治期间，沙俄政府为所有参加西伯利亚探险的成员们制定了正式的调查要点并严令他们完成任务。这些要点被记录在同一时代的马丁·索尔所著的《俄国北部地区地理勘察实录》（Martin Sauer, *Account of a Geographical Expedition to the Northern Parts of Russia*）一书的附录中，主要包括："观察他们（西伯利亚人）的性情和情感倾向，以及不同的身体素质；他们的政府、习俗、产业，各种虔诚的或异端的仪式和迷信行为；他们的传统、教育以及对待女性的方式；当地有用的植物、药材和染料；他们的食物和烹饪方法；他们的住房、实用器具、马车和船只；他们的生活方式和经营作业方式。"[40] 虽然对待女性的方式经常被视为衡量一个社会文明程度的指标，但此项调查所关注和强调的事项，揭示了女皇个人参与了此类知识收集行动。

值得一提的是,库克船长(Captain Cook)的探险经历也对俄国人产生了一定的影响。约瑟夫·比林斯(Joseph Billings)在加入俄国海军之前,曾与库克船长共事,他凭借自己在异国的丰富阅历,受命指挥一支探险队。各种有用的信息与一些对帝国统治者而言并没有明显实用价值的知识混合在一起,很容易让我们回忆起16世纪贝拉斯科的问卷。显而易见,控制欲是近代早期的国家,尤其是帝国网罗信息的主要动力,但是(不可否认的是),好奇心在其中也占有一席之地。人们收集信息并不仅仅因为它可以解一时之急,也是因为人们希望这些收集来的信息能在未来的某一天对我们有所帮助。

在讨论各个科学学院时,我们已经提到过政府对科研的资助,它的范围延伸到了帝国最偏远的地区,甚至远及海外。拿骚的约翰·毛里茨(Johan Maurits of Nassau)组织的那次前往巴西的探险队就是一个早期例证(1637—1644)。这支探险队的成员中既有像法兰斯·波斯特(Frans Post)这样的艺术家,也有一些学者,比如医学家威廉·皮索,他负责研究和记录当地的动植物。1736年,一个由法国学者组成的小组在大臣莫勒帕伯爵的支持下,组织了一次前往秘鲁的著名的科学探险,在印刷并出版的探险实录中,它被描述成了一次"奉命而行的旅程"。[41]1761年,丹麦也组织了一次官方探险,其目的地是阿拉伯地区。德国神学家约翰·大卫·米歇埃利斯(Johann David Michaelis)对这一行动产生了浓厚的兴趣,认为此次探险有助于圣经的翻译工作,并从丹麦国王的大臣伯恩斯托夫伯爵(Count Bernstorff)那里获得了资助。学者卡斯滕·尼布尔(Carsten Niebuhr)被任命为这些丹麦工程师的代表,负责管理一支包括一位语言学家、两位博物学家以及一位艺术家在内的探险团队。

虽然,上述这些探险活动所收集到的知识和信息也许并不能立即派上用场,但是这并不代表这些活动和知识在政治上就无关紧要。那些分布在巴黎、柏林、圣彼得堡和斯德哥尔摩的科学院,它们由国家扶植建立,它们的一次次探险就是最好的投资。用今天的话来说,科学院为这些赞助它们的政府带去了好名声。当时的政府也非常明白这一点。丰特奈尔是法兰西科学院的秘书,他曾在那些为院士所撰写的讣闻中评论道,柯尔贝尔对学术事业的支持乃是明智之策,因为它使路易十四美名远扬,并让法国成了一个知识帝国(l'empire de l'esprit)。然而到了18世纪后期,在一些地区,越来越多的探险活动却引起了人们的警惕。例如荷兰作家科内利斯·德·波夫(Cornelis de Pauw)在他关于美洲人的《哲学研究》(1770)中就提到过这一点,他在该书的前言中抱怨道,澄清某些地理学难点是以毁掉这个地球的某些部分为代价的,他大声疾呼:"让我们给这种为了全知而侵犯一切的狂热设置界限吧!"

国内事务

正如《末日审判书》这个例子所示,统治者很早就开始关注并了解自己的人民和疆域。巡察领地不失为获取此类知识的一个方法。从1564年到1566年,刚刚继任的法国幼年国王查理九世就进行了一次著名的"环法之行"(tour de France)。以巡查方式获取知识,持续了好几代时间。至少在统治的早期,腓特烈大帝就巡视过他的领土,以便能全面了解他的国家。1787年叶卡捷琳娜二世的"新俄罗斯"(New Russia)之行更是广为人知,这也许要归功于这次旅行中发生的故事——她被她的宠臣格里高利·波将金(Grigory Potemkin)欺骗,后者打造了一个模范村庄的模型,并在几个地方一次又一次地搭建起来,让女王一遍又一遍地视察。[42]

然而渐渐地,统治者和他的官僚们已经没有那么多时间去全方位地巡察领土了。与他们的先辈相比，他们可以获取更多的信息，但是这些信息都是写成书面汇报的二手资料。以腓特烈大帝为例，他就曾命令他的官员们到全国各地去巡游，并向他提交他们所发现的新闻，以便他能更好地了解他的王国。莱布尼茨也建议沙皇彼得大帝去"获得准确描述俄国的现状资料"。

说到这种新的工作方式，我们不妨回到前文提到过的出类拔萃的工作狂西班牙国王菲利普二世。在他统治时期诞生了一部内容详尽的报告，即我们现在所知的《地质报告》（*Relaciones topográficas*）。这份报告囊括了其治下的新卡斯蒂尔（New Castile）地区的 600 多个村庄，其写作的依据是 1575 年和 1578 年所发放的问卷的答案（interrogatorios）（1575 年问卷有 57 个问题，1578 年问卷有 45 个问题 [capítulos]）。其中一些针对的是实际问题，如行政管理、特权、土地质量和医院数量，其他的则是关于当地居民的宗教生活，如他们最崇拜的圣徒、他们的节日，从这些问题中可以推测主教的视察活动，不失为收集信息的一种模式。另一种可以借鉴的文字记录是人文主义者编写的"地方志"，它们对特定地区进行了历史和地理的描述。显而易见，这与前文（第 127 页）所提到的 1569 年对新西班牙的调查别无二致。这份《地质报告》的出炉，说明了政府已经将对帝国边缘地区的调查方式用于调查国家的中心地带。[43]

柯尔贝尔是调查问卷的又一爱好者。1663 年，他命令各省的代表，也就是各地方长官（intendants），向他提交他们所辖区域的相关信息。紧接着，他下令开展了一系列调查活动（enquêtes）。[44] 他也许从教会那里借用了调查问卷的理念，但是他纯熟老练的手腕却反过来影响了教会。后来，鲁昂大主教（柯尔贝尔之子）和兰斯大主教（柯尔贝尔竞争对手鲁瓦 [Louvois] 的兄弟）又发放了一些宗教问卷，其设计极其详尽考究，绝非偶然。[45]

近代早期的各国政府出于控制目的而收集信息，其手段又何止走

第六章　知识之掌控：教会与国家 | 141

访和问卷两种调查方式。这一时期出现了各种各样的类似于现代"身份证"的物件。在瘟疫暴发的特殊时期，意大利健康委员会（Health Boards）就会要求旅行者随身携带通行证（名为 bollette 或者 bollettini，以证明其身体状况），从而限制疾病的蔓延。1664 年，一位名叫菲利普·斯基庞（Philip Skippon）的旅行者就在曼图亚获得了一张通行证，在这张证件上，他被描述成一位来自维罗纳的英国男子，20 岁，蓄须，有着褐色头发、深色眼瞳，气色也正常。在法国，通行证最早用于战争时期，然而到了 18 世纪，和平时期也在使用。1777 年以后，所有非洲裔人群都被强制要求携带特殊通行证（cartouches）。[46] 同样，在 18 世纪早期，俄国政府也开始要求旅行者们携带国内护照。这些护照从 1743 年开始印制，和意大利使用的通行证一样，对旅行者的体质状况进行了描述。这些护照原本是用于财政目的（防止人们逃避缴纳人头税），后来则变成了政府控制人口流动的一个手段。

一些历史学家称俄国为"警察国家"（police state），然而考虑到该国幅员之辽阔及官员数量之稀少，这种说法或许略显夸张。但不可否认的是，在 18 世纪，俄国确已显示出其试图通过收集信息而控制全国的愿望。参议院首席检察官 A. A. 维亚泽姆斯基（A. A. Viazemskii）就曾在外省建立起一套信息网络。1767 年召开的"立法委员会"（the Great Commission）和 1775 年的决议都规定各省官员要定期制定并提交其辖区的情况报告，这些要求使得圣彼得堡的官员获得了越来越多的实用信息。[47]

供养国内间谍和"告密者"是政府收集信息、强化统治的又一手段。这一方法至少可以追溯到古罗马皇帝们的密探，所谓的"通风报信者"（schola agentium in rebus）或更不正式的说法——"刺探者"（curiosi）。在 17 世纪早期的西班牙，"告密者"就在皇宫中占有一席之地，而宫廷也为他们设置了"首席密探"（espía mayor）的职位。[48]

鼓励邻里相互检举揭发违法乱纪者也是一种惯用的手法，很明显，这一招是跟教会学的，后者从很早以前就开始密切监控那些异端分子、渎神者和各种伤风败俗的行为。16世纪时，威尼斯任命了一批被称作"国家裁判员"（Inquisitors of State）的政府官吏，从名字中我们可以看出，这是在向这一制度的宗教起源致敬。英国国王亨利八世的政府从不雇用收取薪金的"告密者"，因为没这个必要。"无须费心寻找，情报自会上门。"威尼斯亦然。威尼斯政府利用了一种叫作"狮口"（bocchi di leone）的工具，其实就是一种形似狮子血盆大口的信箱来收集情报，公众可以将他们的告密信投放到这个信箱里，不论是实名的还是匿名的。到了17世纪中期，告密行为变得更加专门化，不同的举报信（关于土匪、勒索、赌博、政治腐败或对神不敬等行为）都被分门别类地投放到不同的信箱之中。[49]

借由这些方式，各国政府的消息变得越来越灵通。生活在17世纪的苏格兰人约翰·劳德爵士（Sir John Lauder）曾去过法国，他在回忆录中写道：宗教领袖黎塞留"知道法国境内发生的所有事情，仿佛事发之时他就在现场。即使远在普瓦捷，再亲密的两人也不能说他一句不是，否则四天之后，远在巴黎的当事人就已经知道得一清二楚。有人认为这是由于他有着洞察一切的力量，而有的人则将之归因于那些遍及四海的耳目"。无论如何，人们大多认为这位宗教领袖的手段残忍而邪恶，但这些手段并未随着黎塞留的离开而终结。路易十四和路易十五统治下的巴黎时时刻刻都处于告密者的密切监视之下。人们更习惯称这些告密者为飞蝇（mouches），就像在咖啡馆的墙上众多的苍蝇，在其他任何可能发生骚乱的地方，告密者悄悄地监听着各种密谋计划。到了1720年，这些飞蝇甚至在首都的四十多个咖啡馆里都设有据点。到了18世纪末，法国警方的档案（dossiers）中都还保留着一些重要犯罪嫌疑人的个人资料，包括他们的肖像。[50]

绘制全国地图

政府官员感兴趣的大量信息都以地图的形式记录下来。[*] 在这一时期，制图服务政治的现象非常普遍，不论制图的目的是勘定边界、保家卫国还是帮助政府机关制订相关方案以优化统治管理。[51] 16 世纪 60 年代，西班牙国王菲利普二世就鼓励绘制了伊比利亚半岛的地图。阿尔卡拉大学的数学教授佩德罗·德·埃斯基维尔（Pedro de Esquivel）也曾受命勘测西班牙全境，但不幸的是，他上任后不久就去世了，计划也因此搁浅。[52] 从 1571 年开始，葡萄牙寰宇志学家弗朗西斯科·多明格斯（Francisco Domínguez）耗时五年对新西班牙地区进行调研。那些于 1577 年发往西属新世界的调查问卷就要求当地官员上交该地地图，这些地图中有一部分至今犹存。[53]

黎塞留，这位法国的实际掌权者，曾下令制作法国地图，要求要有 30 张薄纸片那么大，这张地图最终在 1643 年绘制完成。柯尔贝尔也同样热衷于绘制地图，他曾向法国各省强行索要地图，还于 1668 年向科学院的院士们征集提高地图可靠性的方法。1679 年，法王路易十四批准了柯尔贝尔的提议，试图绘制一张更加精确的法国地图（这项工程过于庞大，以至于直到 1744 年这张地图才绘制完成，但此时距离路易十四去世已经过去了一代人的时间）。[54] 这一时期法国的制图学向我们生动地展示了一些社会学家所说的知识的"科学化"进程。皇家天文台也为绘制地图服务。天文学家吉安-多梅内克·卡西尼与军事工程学家塞巴斯蒂安·德·沃邦（Sébastien de Vauban）合作，共同改进军事勘测技术，而他早期的学生兼国王的首席地理学家纪尧姆·德利勒（Guillaume Delisle）则与老师的孙子塞萨尔-弗朗索瓦·卡西尼（César-François Cassini）一道，致力于绘制前文所说的那张法兰西地

---

[*] 卡斯塔尔迪（J. Castaldus），《罗马尼亚》（Romania），来自奥特柳斯《寰宇全图》（Theatrum Orbis Terrarum, 安特卫普, 1570）。——编注

图。[55] 不论是出于政治目的还是军事目的，人们必须重视地图的准确性。到了路易十四统治末期，在终结西班牙王位继承战争的乌特勒支会议（the congress of Utrecht）上，法国和西班牙在地图上明确划分了各自边界，以确保日后相安无事。[56]

沙皇彼得大帝也对绘制地图、勘测国土有着浓厚的兴趣。他委任日耳曼籍地理学家约翰·巴普蒂斯特·霍曼绘制俄国地图，并派遣海军军官学校的学生帮助霍曼收集资料。1717年，霍曼前往巴黎拜访了地理学家德利勒，并请他校正自己绘制的俄国地图。1721年，沙皇又给他的地理勘测师下达了一些具体的指令。[57]

而英国的情况再次向我们表明，不论是在收集情报还是绘制地图方面，教会和世俗政府对边缘地区的关注和研究都要早于中心地带。1720年，（英国）商务部（Board of Trade）建议为殖民地绘制地图。1747—1755年间，军事测量员们绘制了苏格兰地图，这一行为与英国政府试图在该地修建铁路以及在1745年苏格兰大叛变后维护"高地"（Highlands）地区稳定的计划不无关联。紧接着，英国政府还分别绘制了魁北克（1760—1761）、孟加拉（1765—1777）和爱尔兰（1778—1790）等地的地图。然而，英国对其本土的勘测却始于18世纪末，以便应对法国大革命时期的入侵威胁。该行动又被称为"全国地形测量"（the Ordnance Survey），这一特殊的名字就暴露了其军事本意。此次测量由军械总局组织筹办，因为运输军火要求对所经地形有精准的了解。[58]

统计学的兴起

各国政府之所以对地图的关注度与日俱增，是因为它可以按比例成规模地展示相关的定量信息。近代早期的统治者和他们的官员越来

第六章　知识之掌控：教会与国家　｜　145

越重视数据记录和现实状况,尤其是自己统治范围内的人口数量,而更早的政府只能连蒙带猜地解决这些问题。以英国政府为例,1371 年,英国政府估计其国内共有 4 万个主教区,实际上却只有 8600 个。[59] 然而,在一个军队规模急速膨胀的时代,如 17 世纪,政府将不可能对此类无知坐视不管。

政府也开始收集人口出生、婚姻和死亡的相关信息数据。瘟疫——尤其是 1575 年和 1630 年冲击意大利的瘟疫以及 1665 年伦敦暴发的"黑死病"——是促使政府实施此类措施的助力之一。而人们对人口统计学的日益关注另有原因。在 17 世纪中期,荷兰法律政治学家扬·德·维特(Jan de Witt)就曾利用死亡率的相关数据来敦促国家设立由政府管理的年金制度。瑞典政府坚信"大量的穷人是国家最宝贵的财富"这一理念,因此他们非常热衷于刺激人口增长。1736 年,瑞典命令所有的神职人员向政府提交所辖教区内人口出生和死亡的年度数据,并于 1748 年举行了一次全国性的人口普查。早在 1753 年,就有人建议英国国会制定人口普查法案,但是这一想法一经提出便遭到了否决,而 1758 年强制登记人口出生、婚姻和死亡的提议也同样以失败告终,这也许可以反映出当时的舆论风向。[60] 从 18 世纪后期开始,全国性的人口普查成了西方国家的例行公事。1769 年,丹麦和挪威举行了人口普查,同年,西班牙也进行了同样的活动,紧接着是刚刚独立不久的美国(1790)、英国(1801)和法国(1806)。[61]

实际上,这种全国性的人口普查早有先例,只不过它们的规模相对较小,调查对象也仅限于城市或主教区。以佛罗伦萨和威尼斯为例,这两个城市国家早在 15 世纪就已经意识到用数据展示信息的功用,堪称这一方面的先驱。也许这要归功于两国面积较小——"小"意味着它们不仅美丽而且高效。除此之外,佛罗伦萨和威尼斯还是由商人团体管理的共和国,这些商人深受本国教育体制尤其是一些"算盘学校"(abacus-schools)的影响——这类学校确保了计算能力的普及程度——

都带有一种"算数情结"（arithmetical mentality）。凡此种种，都使得政府能够更加容易地收集此类信息，特别是当个人已经意识到了这种信息的价值的时候。[62]

1427年，佛罗伦萨开展了一次针对本城和附属领地的人口普查，其本质目的是税收。[63] 然而这一行动开销过大，因此后来很少再办，但是在其他地区仍在持续举办这种活动。以荷兰省（the province of Holland）为例，该省1494年的《调查》（*Enquiry*）和1514年的《信息》（*Information*）其实就是一个又一个村庄的调查报告，以及当地居民对所发放问卷的回答，这些问卷的内容主要包括该地区人口和税收的数量。亨利八世也曾命令各主教区的神职人员保存其辖区内人口出生、婚姻和死亡的登记记录。到了16世纪，威尼斯政府利用神职人员收集信息，且将这些资料以表格的形式整理并付梓，其目的就是确保这些信息能或多或少地展示得更规范，这些表格的表头上罗列了一些基本资料，如男人、女人，男孩儿、女孩儿，仆从和船夫。同样地，17世纪90年代英国政府也通过神职人员收集关于穷人的信息。

一些领地国家的政府官员不仅雇用神职人员，而且还从前文提到过的那些宗教先例中吸取经验，从16世纪后期开始，他们组织开展了更多更细致的社会调查。我们之前已经描述过西班牙政府在新卡斯蒂尔地区进行的那场非统计性调研，这一行动结束后不久，也就是在1590—1591年间，西班牙又进行了一次全国性的人口普查。到17世纪时，至少有一部分欧洲政府越来越重视定量数据，英国人称之为政治经济学，而法国称之为计算政治学（calcules politiques）。[64] 例如，从1635年起，英国商务部就开始关注本土及英属北美殖民地的人口数量。17世纪后期的英国，是威廉·配第（William Petty，他提议建立了一个中央统计处）、约翰·格兰特（John Graunt）、格里高利·金（Gregory King），以及金的密友查尔斯·戴维南特（Charles Davenant，英国进出口检察官）的时代，他们都非常热衷于统计大不列颠与爱尔兰的财富和人口数量。[65]

配第曾经分别在巴黎和伦敦与马林·梅森、塞缪尔·哈特利布有过交往，信奉一套他所谓的"政治经济学"，他称其为"一种通过数字来与政府进行沟通的论证技巧"。同样，配第对调查问卷也很感兴趣，在一份他遗留下来的手稿《各国国情的调查方法》中共列举出了 53 个问题，这些问题涉及广泛，既有关于工薪、物价、人口、疾病、税收和公职人员的内容，也没有忘记提及娱乐、"宫廷美人"以及各种畅销书，这是又一个将实用与好奇结合起来的典型例子。[66]

在法国，黎塞留与柯尔贝尔也遵循同样的思路。黎塞留曾下令进行了多次"调查"（enquêtes），并且要求获得精确的数据。1661 年，考虑到海军的需要，刚刚上任的柯尔贝尔立即调查了皇家林地中的树木；1667 年，他又下令保存所有的教区登记簿。1669 年，他的森林条例针对具体资源的管理做出了具体的说明，这也被称作"培根线"（Baconian lines）。[67]到了 1670 年，他还要求全巴黎每月都要公布一次洗礼、婚葬的情况。此外，柯尔贝尔对贸易数据也很有兴趣，他希望能定期收到有关法国境内各地物价水平的报告；与此同时，他还命令法国驻荷兰大使向他提供荷兰方面的相关信息，比如荷兰船只的具体数量和该国从法国进口了多少（葡萄）酒。[68]

并非只有柯尔贝尔一人重视数据，17 世纪末期以法国王储勃艮第公爵为核心的改革小组亦是如此。1697 年，改革小组向各地方行政长官发放了一份列有 19 个问题的调查问卷，要他们提供相应信息以便公爵进行政治方面的学习。正如该小组中的一位成员费内隆主教（Archbishop Fénelon）所说的那样："人们将如何谈论一位都不知道自己拥有多少羊群的牧羊人呢？"该小组的另一位成员马歇尔·沃邦（Marshal Vauban）则非常重视那些对政治家有用的信息，他发明了一种人口统计方法，并命名为 les statistiques。在其 1707 年发表的一篇论文中，他还试图将之用以测算法国人民的生活水平。[69]

到了 18 世纪，当罗伯特·沃波尔爵士（Sir Robert Walpole）指出英国下议院更看重"数据图表"而忽视"修辞艺术"（figures of rhetoric）时，这种类型的社会调研已经变得越来越精细，并快速扩展到欧洲其他地区。在腓特烈大帝统治时期，（使用或制作）统计图表（Staatstafeln）已经成为普鲁士政府日常行政的一部分，这种方法早在 17 世纪 80 年代就曾被莱布尼茨建议使用。在俄罗斯，人口普查的首次执行则与征收新的人头税（the poll tax，1718）紧密相连。瑞典曾委派天文学家瓦根廷分析人口出生和死亡的统计数据（这些数据都是各教区神职人员奉命提供的），并于 1754—1755 年间相继发表在科学院的学报上。1756 年，该国政府还组织了统计委员会（Tabellkommission），这是一个专门从事统计学工作的永久性组织，瓦伦汀就是其成员之一。[70]

普通民众其实并不欢迎统治者对人民，甚至有时对动物编码列号的行为，因为他们担心伴随着这一系列调查而来的将是更高的赋税和更繁重的兵役。《末日审判书》这个名字本身就没有任何称赞的意思。在 1550 年的帕尔玛、16 世纪 90 年代的那不勒斯和 1663 年的法国，都相继出现了针对人口普查的抗议活动。人们大声疾呼："统计家庭成员和牲畜数量就是对人民的束缚和奴役。"此类事件同样也发生在了 18 世纪的英国。[71] 难怪近代早期许多暴动和骚乱的初始行动之一就是焚烧政府记录。

储存与管理信息

记录资料一卷卷地增加，自然需要专门的储藏间，也就是档案室，当然也少不了专业的档案管理员、目录和索引等。[72] 其实在中世

第六章 知识之掌控：教会与国家 | 149

纪时,各国政府就已经在生产和保存大量文档了。法国国王菲利普二世(King Philippe Auguste)就在巴黎圣礼拜堂(Saint Chapelle)建立起了"特许状管理库"(Trésor des Chartes)。与此同时,英国这个面积相对较小的中世纪王国也在源源不断地生产成卷的羊皮纸文件,填充着国家档案局(Public Record Office)里那数目惊人的储存架。但是,纵观整个中世纪,档案文件总是和其他珍贵物件一起放置在国库中,而且它们经常随着主人的迁移从一个地方辗转到另一个地方。统治者的频繁迁移是这一时期阻碍国家档案事业发展的重要原因,而且各国政府也总是分散处理文件的收集整理工作。[73]

出于种种原因,近代早期成了(储存信息的)一个转折点。首先是印刷术的发明,印刷术将传统的手稿转化为一种新的档案类型,便于人们对其进行分散储藏,不论是把它们放在图书馆的某个特定区域还是让它们原封不动地待在自己原来的地方。其次是政府集权程度不断提高,政府集权导致文件数量前所未有地激增,西班牙国王菲利普二世就曾抱怨过"我的文件,这些恶魔"(有时他甚至一天就要批阅400份文件)。至于另一类统治者,如法国国王路易十三就不会像菲利普二世一样事必躬亲,每天伏案工作这么长时间,他将部分工作委托给他的秘书,并授权其模仿自己的签名。最后一个原因则是政府部门终于不必舟车劳顿,可以在乌菲兹、埃斯科里亚尔、凡尔赛、白厅或是其他地方安顿下来。在上述三个发展趋势中,第二点让保存档案成为必要之务,第三点则使其变成可行之事。紧随政府集权化而来的就是档案的集中化。[74]在16、17世纪,为了保证政府官员能迅速查找信息,为数众多的档案馆得以新建或至少得到重组。过去,档案曾被视为政府官员的私有财产——黎塞留甚至还将他的文件留给了他的侄女——而现在,它们都归属于国家。

正如在本章所探讨的其他领域一样,在信息的储存和回收方面,反宗教改革的教会似乎也充当了先行者的角色。在近代早期的所有教皇中，就有三位对梵蒂冈的卷宗异常感兴趣。1565 年，教皇庇护四世就要求他的枢机图书管理员（cardinal-librarian）建立一个档案室；一年以后，他又颁布教谕命令各个主教教区组建收藏档案的储藏室。1591 年，教皇格里高利十三世禁止任何人在不经他允许的情况下擅自查阅档案室里的文件。1612 年，教皇保罗五世建立了一个特殊的秘密档案室，并任命了一些档案管理员——起初是兼职的，后来发展为专门的——去照看这些文档，并为之做了索引。[75] 罗马教廷的这种模式逐渐被其他地区的教会借用。以托莱多（Toledo）为例，当地省教会于 1582 年下令设立一座主教档案室。在米兰，一位 17 世纪中期的档案管理员将主教巡视的档案整理成册，大概是为了方便主教快速查阅。

再来说说国家。瑞典将"国小则高效"这一格言展现得淋漓尽致。从 17 世纪初开始，瑞典政府任命了一批官方档案管理员，充分体现了该国对档案卷宗的关注。第一位钦定国家档案管理员（riksarchivar）名叫约翰·布尔（Johan Bure），他于 1609 年上任。在英国，女王伊丽莎白一世建立了一个新的国家文件局（the State Paper Office），而她的继承人，国王詹姆斯一世则设置了国家文件保管员（Keeper of the State Papers）。差不多同一时期，西班牙和法国也对档案产生了特别的兴趣。在西班牙档案发展的历史上，菲利普二世扮演了独具一格的角色。1545 年，身为摄政王的菲利普王子便下令在西曼卡斯城堡（the castle of Simancas）开辟了一个国家文件储藏室。待其加冕后，菲利普二世又委任历史学家杰罗尼莫·祖里达（Jerónimo Zurita）负责收集政府文件，由国王亲自对它们进行分类和保存。17 世纪，菲利普四世的第一位首相——精力充沛的奥利瓦雷斯（Count-Duke of Olivares）致力于发掘那些散落的档案，并将其一一归类重置。到了 18 世纪，西班牙政府又在塞维利亚建造了一座（西）印度档案馆（Archivo de Indias），专门用于储存美洲文件。[76]

在法国，17世纪是管理档案的时代，学者西奥多·戈德弗鲁瓦（Théodore Godefroy, 1615）开风气之先，黎塞留和柯尔贝尔紧随其后。例如，黎塞留非常关心对一些特殊档案的分类与放置的细节。柯尔贝尔则经常命令其下属四处收集档案，而且他还坚持不懈地为一些古老的卷宗编订详细的目录，并誊写其中发现的一些文件（在法国南部发现有258卷文件抄本，它们都编订于1665—1670年间）。路易十四的外相托尔西则更关心那些有关外交事务的文件档案，1710年，他专门为此设立了一个特殊的储藏室。路易十四登基时，国家的各个政府部门都还没有档案储藏室，而当他晏驾时，这些部门都已将他们所有的文件存放在了固定的地方。[77]

建立档案室不是为了方便历史学家（做更好的研究），而是为了达成统治者的目的。档案是国家机密的一部分。17世纪时，"国家机密"（secrets of state）一词被频繁使用，这恰恰体现出了政府官员对那些侵犯他们政治信息垄断权的行为的担忧。渐渐地，政府官员不再居家办公，而是将办公地点转移到办公室，他们也不再视国家公文为自己的私有财产，而是将它们都交给了档案室，从国家发展的角度上看，这无疑是一个重要的时刻。信息垄断（至少某类信息）是权力垄断的一种手段。[78] 只有在法国大革命之后，（政府）才宣布了公民在原则上有权查阅档案，然而实践往往都晚于理论。

审查制度

我们目前所讨论的大多数信息在当时都属于"最高机密"，为了保密（或者还有其他别的原因），一种控制体制或者说审查制度应运而生。比如在威尼斯，使用档案会受到严格的监控，即使是总督也不能单独进入档案室。元老院的成员可以进入档案室，而只有执行管理委员会的成员可以移动文件。为了避免发生意外，如管理员禁不住诱惑阅读并泄露了其负责的文件，政府任命的管理员都是目不识丁的文盲。[79]

这一时期最著名的也是最常见的审查制度要属天主教会的审查制度。说起教会的审查制度就不得不提到《禁书书目》（*Index of Prohibited Books*）。《禁书书目》是一种印刷而成的小册子，所列举的都是虔诚的教徒不应阅读的书。虽然各地有很多自己本土的《禁书书目》，但是罗马教廷所制定发行的是最重要的，并且对所有的教会都具有约束作用。

《禁书书目》的发明是为了抵制新教教义和它的那些印刷制品。宗教改革时期，清教徒们宣称真理掌握在他们手中。例如著名的《殉道者》（"book of martyrs"）的作者英国人约翰·福克斯（John Foxe）就声称："要么是教皇彻底废除知识和印刷术，要么是印刷术将他连根拔起。"《禁书书目》对此作出了回应，它试图用印刷品对抗印刷品，并控制图书的数量。《禁书书目》的范本发行于1564年，最开始禁止三种主要图书类型，即异端邪说、不道德的和与巫术相关的图书——被当作普适的规则。紧随其后的是一张清单，清单按照字母顺序罗列了作者和书名。这张清单将作者分成了"第一等级"（这些作者的全部著作都在禁止之列）和"第二等级"（只禁止这些作者的某些特殊作品）。这一审查制度非常复杂，仅仅在罗马城，就有三个相互竞争的机构企图控制它。同时，它还遭到了印刷工人、书商和读者的联合抵制，而且这种抵抗还屡获成功。这一制度还常常适得其反，刺激了那些虔诚的教徒对违禁书的好奇心。[80]但不管怎么说，审查制度确确实实阻碍了知识在天主教世界的传播。

在教会列出的清单中，绝大多数是有关新教理论的著作，但也有关于其他内容的，比如一些异端分子写的书。1572年，帕多瓦大学的一位医药学教授发现自己很难获取茨温格著名的百科全书的复印件，因为该书出于一位新教徒之手。出于同样的原因，1618年，马德里的一位书商也遇到了麻烦，因为在他的书店里查出了康拉德·格斯纳的关于鱼的专著。[81]17世纪最著名的学术期刊之一——莱比锡的《学者文萃》——也仅仅因为它的主编是新教徒而遭到怀疑。

并非只有天主教会致力于控制图书数量，新教的审查制度也可以追溯到16世纪20年代。在斯特拉斯堡、苏黎世和萨克森，被禁的书目不仅包括天主教的辩论文章，也包括一些激进的宗教改革者，如再洗礼派的著作。日内瓦也有一套审查机制，所有图书的作者必须先从市议会，后来是教育监督委员会那里获得允许付梓的批文，其作品方能印刷出版。[82]新教的审查机制几乎被大家遗忘，但人们对天主教的审查机制记忆犹新，这也许是因为如下事实：相对而言，新教徒的分布状况比较分散（但这绝不意味着新教是四分五裂的），因此他们严禁某类书的尝试必然不及天主教的影响深远。

就像教会因为害怕异端而建立起审查体制一样，近代早期的欧洲各国政府出于对"暴动"的担忧，也模仿教会模式组建了一套书报审查制度。甚至在一些相对比较宽容的地区，如威尼斯、荷兰共和国和英国，也在一定程度上限制了沟通交流的自由。比如，1674年，荷兰议会（the Dutch States-General）就将斯宾诺莎的《神学政治论》(*Theologico-Political Treatise*) 列为禁书。在英国的玛丽一世女王统治时期，英国政府通过建立特许出版公司(the Company of Stationers)——所有的印刷工厂都隶属于该公司——来规范英国的图书交易。到了她的继任者即女王伊丽莎白统治时期，为了能更有效地监管印刷业，英国政府只允许在伦敦、牛津和剑桥三地从事该行业。

荷兰共和国与英国比较开放的信息制度也许与西班牙、奥地利和俄国相对保守的信息制度形成了鲜明的对比，法国有时则介于二者之间。说到荷兰共和国，这个国家的城市化地区由商人统治，实行一种相对分散的政治结构,这使得荷兰的信息交流方式——无论是演说、写作还是印刷——都能享有非比寻常的自由。荷兰的外交曾被形容为"众所周知地公开",而且它还经常将机密文件出售给外国人(参见第147页)。所有到过荷兰的人都说他们可以轻而易举地获取该国工艺技术方面的信息(参见第154页)。[83]

17世纪中期,在英联邦的统治之下,英国政府之前对新闻出版业的控制宣告崩溃,但是这一行为又因为《授权法》(Licensing Act)的出台而被再次强化。1662年的《授权法》规定,任何法律方面的书必须经过上议院大法官的检查,与历史相关的书则要经过国务大臣的审查,而更多其他种类的书则要交给坎特伯雷大主教和伦敦主教审阅。1695年,《授权法》失效,这不仅意味着审查制度的废止,也意味着英国政府经由特许出版公司控制印刷行业的终结。从开始到结束,书报审查在英国延续了140多年。现在,新闻出版不再受到印前审查的控制,换句话说就是:"每个人都有畅所欲言的自由,但他也需要为此承担相应的后果。"[84]

从1667年到1697年,法王路易十四的警察局长拉雷尼(La Reynie)曾对新闻出版业进行过严格的掌控。和伊丽莎白女王统治时期的英国人一样,柯尔贝尔也试图将巴黎的印刷业集中起来,以便进行更好的控制。1701年巴黎只有51家印刷作坊,这个数量远远少于1644年(75家)和1500年(181家)。到了18世纪,法国政府仍然会公开地焚烧图书,其中就包括伏尔泰的《哲学通信》(1733)和卢梭的《爱弥儿》(1762)。但是也有一些检察官同情并支持新闻出版自由,其中的典型例子要属马勒泽布(Malesherbes),他在1750年至1763年间出任出版总监。有一次,马勒泽布悄悄提前告知狄德罗警察将会搜查他家并没收《百科全书》复本,他甚至还提议将这些不宜外泄的文件都藏到他自己家里。[85]

除了对暴乱的恐惧,担心泄露机密也是各国政府执行审查制度的原因之一。例如，葡萄牙曾将西印度群岛和非洲的相关信息视作国家机密。1504 年，曼努埃尔国王（King Manuel）就不允许他的地图绘制师展示刚果以外的非洲西海岸，而且，他还下令将所有现存的图表都交付审查。[86] 葡萄牙药剂师托梅·皮雷斯（Tomé Pires）写了当时非常著名的《东方概略》(Summary of the Orient) 一书并将其献给了曼努埃尔国王，该书记载了作者的东方之行，因为其中包含香料的信息，所以此书一直处于保密状态。这本书的意大利译本出现于 1550 年，它被收录在赖麦锡编辑的众多游记合集中，但独缺有关香料的章节，看来是（因为）该书的手稿遭到了（葡萄牙政府的）审查和限制。葡萄牙政府对机密被公开的忧虑不无道理，因为在 1561 年，法国驻里斯本大使就曾贿赂过一位葡萄牙地图绘制师，希望能从他那里获取一张南部非洲的地图。[87] 葡萄牙政府保护机密的热情延续了很长一段时间，1711 年，一位居住在巴西的意大利耶稣会士化名安东尼奥（Antonil）出版了一本关于巴西经济的专著——《论巴西的文化与财富》(Culture and Opulence of Brazil)，该书很快就遭到了封杀，很明显这是由于葡萄牙政府害怕外国人会知道通往巴西金矿的线路。[88]

这一时期，欧洲诸国政府普遍担心机密外泄，葡萄牙只是一个比较极端的例子。1598 年，十人委员会（the Council of Ten）逮捕了一个名叫拉扎罗·索兰佐（Lazzaro Soranzo）的人，罪名是他在费拉拉（Ferrara）发表了一本反土耳其的著作，而威尼斯政府认为该书泄露了土耳其政权的机密。[89] 地图和策划书的政治敏感度非常之高。人们也许并不认为威尼斯贵族达尼埃莱·巴尔巴罗对罗马建筑大师维特鲁威的著述的评论（1556）是一部具有政治危险性的作品，但有人反对出版该书，因为其中所包含的那些防御工事的插图会帮助威尼斯的敌人。法国地理学家安德烈·特维（André Thevet）在出版其著作《寰宇志》(Cosmography，1575)

之前曾致信法国国王，解释他不在书中收录法国城市和森林平面规划图的原因，因为他"并不认为向外国人泄露法国机密是一个明智的决定"。[90]

为了严守机密信息，各国政府普遍开始使用密码，这一时期，密码的发展与外交的兴起并行不悖。在这两方面，意大利人可称先驱。威尼斯和罗马的密码秘书们（cipher secretaries）以其精湛的技巧闻名于世，而另一名意大利人专门负责为西班牙国王菲利普二世的来往书信编设密码。[91] 如果当时的意大利人没有忙于散布各种谣言，他们也许会成为较早公开讨论这一话题的人，就像乔万尼·波特罗在《国家理性》（*Reason of State*, 1589）一书中所写的那样。[92]

信息的传播与扩散

控制信息并非易事。公共领域与帝国奥秘（arcana imperii）之间的界限经常被僭越，为数众多的政治信息——不管是官方的还是非官方的——被流传开来。17 世纪早期存在一种颇受争议的观点，威尼斯政府的顾问保罗·萨皮修士就是这一观点的主要代表人。该观点认为，与抑制信息相比，传播信息（反而）是一件更为有效的政治武器。[93] 一些政权在控制信息方面尤其开放，典型的例子就有荷兰共和国、内战时期和 1688 年以后的英国，以及所谓的"自由时期"，尤其是从 1766 年到 1772 年这六年的瑞典。

虽然档案并不是对任何人都开放，但是如果有特殊原因，人们还是有可能查阅这些材料的。尽管利奥波德·冯·兰克（Leopold von Ranke）被尊为近代历史写作之父，但他并非第一位借助档案材料进行研究的历史学家。在近代早期，部分国家政府就授予了一些官方历史学家，如佛罗伦萨的阿德利亚尼（Gianbattista Adriani）、英国的威廉·卡姆登（William Camden）、普鲁士与瑞典的塞缪尔·普芬道夫查阅官方文件的特权，以便他们能以此为基础，解释政府政策并为之辩护。托尔西在政治学院（参见第47页）的学生们就将他的新书《仓库》（Dépot）作为他们政治教育的一部分。1714年，一位名叫亚森特·达尔什（Hyacinthe d'Arche）的法国学者获准进入伦敦塔查阅档案，而这个地方在此前很长一段时间中就已经多次接待过许多英国学者，如约翰·赛尔登。[94]

为了解决某些地区争端——诸如继承权问题——而使用本地档案的做法由来已久，人们总是出于各种各样的目的查阅教区登记记录。例如，托莱多的教士桑乔·德·蒙卡达（Sancho de Moncada）就在一本研究西班牙（人口）大衰退以及相关补救措施的著作中使用了教区登记记录，试图说明早在人口衰退以前，西班牙的结婚率就已经开始下降。1677年，英国学者乔治·希克斯（George Hickes）在攻击苏格兰长老会教徒时也利用了教区登记记录，指责"这些法利赛人"（Pharisees，意为伪君子）聚居区的私生儿出生率要高于其他任何地方。[95]

有时，政府出于自身目的需要公开一些信息。毫无疑问，普及法律知识、推行规范准则都有利于国家的统治和管理。这些信息通常会被定期地宣讲或印制后张贴在各种公共场所。[96]从政府的角度来看，问题的关键在于如何平衡公开信息的数量。如果公开的信息过少，容易导致谣言四起；而如果公开的信息太多，又会刺激普通民众（大肆）评论国家事务。

官方报刊，比如巴黎的《公报》一般会站在政府的立场报道那些经过筛选的新闻。1639年，一位外国观察者评论道："在向它的臣民传递一些政府认为有益的信息方面，法国人令人惊讶地充分发挥了他们的才能。"1658年，法国政府就曾讨论并希望《公报》编辑友好地报道瑞典国王，因为当时瑞典是法国的盟友。[97]很快，伦敦以及其他地方也相继效仿这种法国模式。伦敦《公报》的两位主笔,阿灵顿勋爵(Lord Arlington)和约瑟夫·威廉森爵士(Sir Joseph Williamson)同时也是间谍组织头目,因此获取机密信息对两人而言都易如反掌。[98] 由于读者们不一定会相信官方报纸所报道的新闻,所以政府会时不时地向一些非官方小报,比如一些在18世纪的法国社会流传的新闻手抄报(manuscript newsletters)泄露信息。[99]

与外国事务有关的信息特别容易被曝光,因为各国政府都非常热衷于发掘甚至是出卖竞争对手或敌人的秘密。在伦敦、巴黎、威尼斯和其他地区,拆阅大使之间的往来信件,再将这些信件重新封装以免当事人发现的行为稀松寻常。以策勒(Celle)为例,这是布伦瑞克公爵(the Duck of Brunswick)的领地,当地政府官员从法国、丹麦和瑞典的急件中收集情报,并将它们传送给英国国王威廉三世。在战争时期,通讯员有时会遭到伏击,而他们随身携带的信件也会被截获。在黎塞留当政时期,法国就曾在洛什(Loches)附近的森林里拦截了一名西班牙通讯员。一些重要信件往往会用密码撰写,但各国政府也会雇用专业的密码破译人员,最常见的是数学家,如弗朗索瓦·维埃特(François Viète),他为法王亨利四世效劳,还有约翰·沃利斯,他曾服务于克伦威尔和威廉三世。有时,为了揭露敌人的口是心非,这些截获而来的急件甚至还会被印刷出来。在三十年战争时期,天主教和新教阵营都将"战争罪责"推卸到对方身上,并都采取了以下方式——获取的文件被整理出来,分别命名为《安哈尔特档案资料》(Anhalt Chancery)和《西班牙档案资料》(Spanish Chancery)。[100]

以非官方形式公开机密信息的行为也频频发生,马基雅维利的《君主论》就是其中一个例子。该书本是一部很长的备忘录手稿,用来向一位特殊的统治者进言献策,却直到马基雅维利去世之后才得以发表。有关外交的专著使大使和他们的秘书的工作暴露在阳光之下,成为常识的一部分。在众多揭露了"商业机密"并付梓的书中，最有名的要数 1680 年在法国出版的《大使》(*The Ambassador*) 一书。该书的作者亚伯拉罕·威克福（Abraham Wicquefort）不仅是荷兰外交家，同时也是一位时事通讯写手和为英国服务的间谍。

威尼斯共和国尤其重视本国政治机密的保护工作，但是在一个容纳了 2500 名工作人员轮流办公的政府机构中，必然会存在一些间谍。前文已经提到过那些在大使卸任时上交本国的关于所驻地区国情的正式报告（relazioni）（参见第 123 页），而真正阅读这些报告的人却往往比应该读到它们的人更多，这些报告中的一部分文件还会被复制甚至印刷出来。例如 1567 年，一位职业作家弗朗西斯科·圣索维诺出版了一本关于查理五世的传记，其中就利用了两位威尼斯大使向王室提交的正式报告。[101] 到了 17 世纪末，在一些欧洲城市，尤其是罗马城中，甚至有人开始兜售这些报告（这一现象令威尼斯大使们大吃一惊）。比如 1623 年，大使雷尼尔·泽恩（Renier Zen）写了一篇描述罗马城的报告，在该报告写成后的十年间，人们都可以从罗马修道院的图书馆中借阅。[102] 再如法国驻威尼斯大使的前任秘书阿莫莱特也使用诸如信件、回忆录、正式报告等资料来写作威尼斯的历史（1685），并公开了作者在前言中所说的"权力的秘密"（les mystères de la domination）。在欧洲许多重要的公共或私人图书馆中，人们已经找到而且现在仍然可以找到大量正式报告的复印件，（比如）在兰克开始对威尼斯城的研究之前，他就在柏林和维也纳发现过一些相关报告的复制品。[103]

可想而知，早晚有一天会出现某个具有足够胆识和魄力的人将这些正式报告出版。1589 年，一本名叫《政治宝库》(*Political Treasury*)的文件选集在巴黎出版，扉页上印有"科隆"（Cologne）字样。该书的编者迈出了将文件档案投向市场的第一步。[104] 之后，在米兰和维琴察也出现了该书的其他版本。1672 年，又有三份威尼斯驻罗马大使的正式报告被编辑出版,这次的书名叫作《罗马教廷的宝藏》(*The Treasures of the Court of Rome*),出版地写明是布鲁塞尔,扉页上却没有印刷者的姓名。更加引人注意的是,1547年,宗教裁判所居然出版了一本对异端嫌疑人的审讯报告,封面标题是《献给修士巴尔多的报告》(*Articles Proposed to Fra Baldo*)。[105] 间谍这一职业历史悠久,秘密也总是出于各种各样的原因——政治上的、理念上的或是经济上的——被曝光。然而,印刷术的发明进一步扩大了潜在市场的规模,刺激了人们谋取利益的欲望。近代早期欧洲的知识市场将是我们下一章要探讨的主题。

第七章　知识之销售：市场与出版业

> 知识是上帝的馈赠，因而不可被出售。
>
> ——中世纪警语

> 学习本身就是一种交易。
>
> ——约翰逊（Johnson）

> 宗教自由与信仰自由的理念不过表明自由竞争在知识领域里占统治地位罢了。
>
> ——马克思

之所以说我们现在生活在一个信息社会，原因之一就是信息的生产与销售对发达经济体作出了相当巨大的贡献。大约 30 年前，一些北美经济学家就已经指出了这一点，在 20 世纪 60 年代，他们中的一位就指出他的同事忽视了"知识的商品属性"，他将机器视作"凝固的知识"，并且暗示经济的发展"在本质上是一个知识发展过程"。差不多同一时期，另一位经济学家也出版了一部长篇大作，该书将知识作为一种产品进行研究，并关注它们的供应、成本和价格等方面。[1] 更近的一段时期，又涌现出了一大批研究信息工业、信息市场、信息服务以及信息管理的专著和论文。[2]

我们有必要再次提起一个在本书中数次出现的问题：在所有这些变化中，到底有哪些革新？我不想否认目前知识商品化趋势的重要性。[3] 同样地，将这些（知识的）发展趋势放在一个较长的时间段中，以一种渐进发展的视角对它们进行考量也很有价值。我们不得不提到1709 年通过的英国《版权法》（Copy-right Act），因为在这种视角下，它显得非常重要。在该法案序文中写到，它存在的目的是"鼓励饱学之士写作有用的书籍"，也就是为了获取真知卓识而非仅仅存于头脑中的不切实际的构想。但仅仅援引英国《版权法》是远远不够的，我们必须将研究对象放置在更广阔的空间中，并回溯到更加久远的过去。例如，"出售知识"这一理念至少在柏拉图的时代就已经存在，他曾撰文抨击智者学派的相关行为。西塞罗也曾明确表示可以将知识视作财富（possessio）。在古罗马，诗人马提亚尔（Martial）将术语"plagiarius"一词用来代指文贼（literary theft），而该词的本义是指那些偷盗奴隶的人；同样地，意指剽窃行为的"compilatio"一词也被用来表示对原创的抄袭。[4] 然而在中世纪，"编辑"这一工作开始受人敬重，这暗示了人们对知识产权的意识比较淡薄。不过到了 13 世纪，"知识是上帝的馈赠，因而不可被出售"的传统法律依据遭到了新原则的挑战，该原则认为教师付出了劳动，理应获得酬劳。[5] 14 世纪的诗人彼特拉克在他的著作《论财富的补救方法》（On the Remedies of Fortune）中，就谴责了那些将书籍视作商品（quasi mercium）的人。

文艺复兴时期，虽然（或者说正是因为）人们对知识产权的界定还比较困难，不过有关剽窃抄袭的争执却越来越多。文艺复兴时期的人文主义者经常指控他人为"窃贼"，然而当他们自己遭到控诉时，又辩称自己只不过是做了创造性的"模仿"而已。到了 13 世纪，这些争论或相关探讨开始出现在一些印刷品中。作家和印刷业者（经常）为了某一文本的所有权而发生争执。这些争论应该都与雅各布·布克哈特（Jacob Burckhardt）在他那本著名的研究意大利文艺复兴的专著中指出的"个人主义"、竞争和自觉意识有关；同时，它们也与"天才"观念的兴起、"原创性"的出现、"权威"理念的式微和"作家的诞生"有关。这些争论反映，在知识领域内，垄断与竞争之间的平衡状态发生了某些变化，而这些变化正是20世纪中期卡尔·曼海姆和哈罗德·英尼斯（Harold Innis）探讨的主题。[6]

16世纪早期，有两个德国的例子向我们（生动地）展示出了（人们对）文本所有权和创意产权的关注度正在不断提高。第一个例子发生在1533年，两位分别来自法兰克福和斯特拉斯堡的印刷工人想用一些偷盗来的木刻印版为一本关于香草的专著版印插画，但他们为这些木刻印版的使用权发生了争执，遭到盗窃指控的印刷工人为自己辩解——普及知识"有益于全人类"。第二个例子发生在几位作家之间，一名自然哲学的普及者遭到若干学者的联名指控，说他剽窃他们的研究成果，这些学者之中就有上文（第92页）提到过的目录学家康拉德·格斯纳。[7]

目前，知识产权备受关注，然而在我们现今所谓的"科学革命"时期，人们对它的态度（却是复杂的）不仅模糊不清，而且充满矛盾。一方面，人们重视且尊重"公开知识以造福绝大多数人类"的理想；另一方面，他们彼此也会为了争夺首先发现新事物——不论这种新事物是望远镜还是微积分——的权利而产生尖锐的冲突。

先来说说望远镜的例子。1608年，一位研磨镜片的荷兰人申请了一种仪器的专利权，这种仪器可以使远处的事物近距离地出现在观察者眼前。伽利略通过他的朋友保罗·萨皮知晓了这一装置。萨皮是位威尼斯修士，他和梅森（参见第25页）一样，凭借着遍及四海的通信网络成了一位传播知识的中间人。在这些新资讯的帮助下，伽利略独自制作了一架望远镜，这架望远镜产生的效果是它的荷兰原型的三倍。但是，还有一位那不勒斯的自然科学家詹巴蒂斯塔·德拉·波尔塔（Giambattista Della Porta）在给他的熟人的通信中宣称："这种管状物（望远镜）中的目镜是我发明的，而伽利略，这个帕多瓦的讲师却改造了它。"

再来说说微积分，这场争执的主角是牛顿和莱布尼茨，这两位学者都在对数学中的"无穷小"进行了各自独立的研究。莱布尼茨从知识中间人奥尔登堡（参见第 24 页）那里获悉了牛顿的工作，他给奥尔登堡回函，暗示这是他自己的发现。莱布尼茨还于 1676 年直接写信给牛顿探讨这件事情。这些预防措施都不能使莱布尼茨免于被指控，1699 年，牛顿的一位弟子在某本书中控诉了莱布尼茨的剽窃行为。[8]

与纯数学领域相比，农业领域的新技术明显更有利可图，然而具有讽刺意味的是，人们往往更容易在农业领域看到合作。18 世纪，为了普及新技术，在英国、意大利、法国、俄国和其他一些地区出现了大批农业学会。农业的进步展示了本书一个重要的主题，即随着信息的上下流动，知识之间的互动也日益频繁。狄德罗也对技术性的东西非常感兴趣，他还在那本著名的《百科全书》中撰写了一篇关于农业的文章，讨论了英国农民杰思罗·塔尔（Jethro Tull）的种种技术革新，从而使更多的民众注意到了这些创新。[9]

甚至就连学术知识也可以变成一种商品。在众多学院与大学中，为挣钱而教书不是什么新鲜事儿。在 17、18 世纪，面对付费听众开设的公开讲座变得越来越常见。正如前文所述，泰奥弗拉斯特·雷诺多就在巴黎组织过这样的讲座（参见第 66 页）。从 17 世纪末开始，通过此类方法"销售知识"的行为成了伦敦文化的组成部分，在大约 30 年以后，这也成了英国其他郡镇文化的一部分。到了 18 世纪，伦敦的报纸上都有刊登有关解剖学和外科手术讲座的广告，而人们也认为这些讲座具有一定的"市场导向性"。一些不正规的医学实践者们，俗称

"赤脚医生",在报纸上刊登小广告并吹嘘其医术高明,且能产生奇迹,此种现象频繁出现,突出恰恰说明了这一时期医药学知识的商业化趋势。[10]

17世纪和18世纪,越来越多的人开始意识到知识和市场之间的关系。培根派学者约翰·杜里就认为,一个好的图书馆管理员应该是"一个有助于学习的代理人或知识的交易者"。在托马斯·斯普拉特研究皇家学会历史的著作中也充斥大量经济方面的隐喻,例如他将学会比作知识的"银行"或"港口"。德国学者约翰·布克哈德·明克也于1715年发表了一篇文章,生动地抨击和谴责了学术界的那些他所谓的"骗术"(换句话说就是自我推销),比如穿着奇装异服哗众取宠,为自己和自己的作品虚设一些华而不实的头衔,恶意攻击其他学者以及将自己的著作作为礼物而向重要人士献媚等。

知识和市场之间的关系是双向的。正如本章引用的题词所示,马克思将人们对待知识的新态度视作新兴的资本主义影响了文化等上层建筑后的产物;而与此同时,新知识也确实对当时的经济造成了实质性影响。[11]这一点已经被许多学者证实,这也是作者在本章力图表达的观点。

知识产权的兴起

从中世纪后期开始,人们为了获取(更多的)利益,越发重视对知识的开发和利用,同时也越发强调保护商业机密和"珍贵的知识产权"的必要性。[12]文艺复兴时期的建筑师菲利普·布鲁内列斯基就曾提醒他的一位同事,要提防那些通过窃取他人成果而成就自己功名的小人,我们目前所知的第一项专利恰巧就是布鲁内列斯基本人于1421年申请的,是关于一艘船的设计方案。1474年,威尼斯通过了第一项专利法。[13]有案可循的最早的书籍版权出现在1486年,该版权属于人文主义者马肯托尼奥·萨贝里克(Marcantonio Sabellico)的一部研究威尼斯历史的著作。1567年,威尼斯议会将第一项艺术品版权颁给了提香(Titian),目的是保护他的画作不遭到非法仿造。[14]这些保护知识产权的管理规范在起步时都是破碎、不成体系的。教皇、皇帝和国王们通过颁发特许令,也就是暂时性或永久性的专卖权的方式,来保护一些特殊的文本、印刷机、流派,甚至是新式样的印刷活字。例如神圣罗马帝国皇帝查理五世就在他漫长的统治时期里颁布了41条这种类型的"保护状"(Schutzbriefe)。18世纪的那些版权法案就是从这种较早形制的特许令衍生发展而来的。[15]

当我们在分析这些案例时要切记不要将现代人的观念强加给古人,牢记这一点也许有助于我们区分一个文本的两种不同性质,即它是属于"个人"的还是"集体"的。如果是第一种情况,那么这一文本会被看作私人财产,因为它出自一个独立的头脑,单单就这一点而言,我们现在所生活的文化(环境)是极其个人主义的。如果是第二种情况,那么这一文本则会被视为共有财产,因为任何一项新的创造都源于一个共同的传统。后一种观点在中世纪占统治地位,这从那一时期(普遍存在)的誊抄惯例中可见一斑。抄写员在誊抄手稿时可以自由地作出一些增添和改动,同样地,学者们在撰写"新"著作时也可以自如地从他们的先辈那里抄来几段文字。印刷业的兴起有助于文本的编订和传播,(从而)促使(文本)日渐个人化。然而尽管如此,这一改变的过程也并非一蹴而就或一帆风顺的。在16世纪和17世纪个人权利意识和专利兴起的同时,我们仍然不难发现那些集体主义的残留物。

当然,"公共财产"是一个非常模棱两可的概念。在界定这一概念之前,需要人们解答这样一个问题:这一财产为谁所共有?较为常见的回答是"为一个社会团体所共有"而非"为全体民众所共有",不论这个社会团体是指行会还是政府。传播信息有时会被视作一种背叛行为。我们在近代早期的许多领域中（经常）可以发现这样的现象：如果有一方致力于保守自己的或泄露对手的商业机密，那么另一方（总是会）采取相应的对策来应对这些问题。

前文已经讨论过（参见第 131 页）间谍行为，这既是各国政府收集情报的一大利器，同时也可以被看作一种出售信息的形式。荷兰政府就会定期奖励一些外国大使，如威尼斯大使，理由是他们传递了机密情报。[16] 正如我们所看到的那样（参见第 147 页），政府文件可以被复制和出售。法国作家阿莫莱特就曾被指控在担任法国大使秘书期间监守自盗，悄悄出售偷来的文件。17 世纪时新闻通讯的兴起，使得政治资讯也慢慢成为一种商品，这些资讯"有史以来第一次被大量地买入和售出"。[17] 为了追逐新技术，各方之间展开了激烈的竞争，工业间谍活动应运而生。

工业间谍

人们支持学术事业的发展，不仅是为了实现学术本身的目的和价值，也是因为它能够带来可观的经济效益。培根和他的追随者就对一些工业，如印染业和镜片制造业在加工程序方面出现的技术改良颇感兴趣，[18] 而这些改良正是依靠着工业间谍的活动才得以在欧洲地区传播开来的。正如本书所探讨过的其他案例一样，我们在分析这些间谍活动时，一定要避免将我们现在的观念投射到过去的时代，切忌以今律古。在很长一段时期内，工业上的间谍行为很难得到明确的界定，（因为）当时的企业家非常乐于且常常信心满满地向外国参观者展示他们的新技术。例如在荷兰共和国，外国人就可以轻而易举地观察到一架新机器是如何运作的。因此，我们只有谨慎地采用这一领域杰出学者的观点，将间谍行为与各国政府以及部分企业家从外国挖掘技术工人的企图联系在一起进行分析。这么做的原因在于，不论是过去还是现在，技艺都很难通过书面文字传承下来，只能靠手艺师傅手把手地教导。因此，这类技艺的传播总是与技师的迁移息息相关。[19]

从 17 世纪后期开始，各国政府对贸易和工业的兴趣日渐增强，这一时期出现了许多政府引诱技术工人移民的事件，其中一个著名的案例要属柯尔贝尔的尝试，他试图吸引威尼斯技术工人来到法国，以便从他们那里获得眼镜制作工业的技术机密。据说威尼斯驻法国大使在这些技术机密遭到泄露之前，（及时地）清算了部分被诱至法国的技术工人。也有一些外国人前往威尼斯学习技术。18 世纪早期，苏格兰数学家詹姆斯·斯特林（James Stirling）就化身"威尼斯人"在该地居住了十年左右。他受命攫取威尼斯眼镜制作工业方面的技术机密，后因害怕遭到暗杀而逃离了威尼斯。

遭到他国觊觎的并非只有威尼斯。18 世纪，罗马政府就邀请了一位来自里昂的技术工人介绍法国的丝织品染印方法，并且还将六位纺织工人送往都灵学习荷兰式的纺织工艺。这一时期，法国、瑞典、沙皇俄国和奥地利都热衷于引进英国的技术和工匠。1719 年，就有一批英国人抗议技术工人外流至法国和沙俄。18 世纪 20 年代早期，有一位名叫埃拉赫（Joseph Emmanuel Fischer von Erlach）的奥地利人受其政府资助在英国旅行，据说他曾经刺探过英国的蒸汽动力技术，而前往英国的瑞典造访者们则向其本国的矿业部门和铁矿管理部门上交了他们在英国看到的机械报告和图样。18 世纪 80 年代，又有一位法国工程师在旅居英国期间收集了有关韦吉伍德陶瓷（Wedgewood Pottery）的信息，并囤积了一批纺织机和其他机器，他将这些物品和另外三名技术工人护送回国，因为如果"没有他们，这些机械本身将毫无用处"。[20]

第七章　知识之销售：市场与出版业 | 169

商业与信息

和工业一样，商业如果想得到更好的发展，也必须"补己所需之信息，护己所有之机密"[21]。在贝桑松、皮亚琴察、法兰克福或其他地方举行的一些国际性集会既是商品贸易中心，同时也是信息交流的重要场所。商人文化是一种书面文化，即使在中世纪时也是如此。15世纪的佛罗伦萨人乔万尼·鲁埃利亚（Giovanni Rucellai）就曾说过，一位杰出的商人，他的手指总是沾染墨渍，这不是什么新鲜事儿。[22] 商路即文路，商品的流动总是离不开信息的交流。

16世纪时，热那亚、威尼斯、佛罗伦萨及其他地区存在许多商业世家，家族成员之间往往都会保持长期的书信往来。这些来自欧亚地区重要商业城市的信件足以构成一个名副其实的"资料宝库"。人们甚至至今仍然可以在安特卫普、塞维利亚、里斯本、伦敦、科隆、希俄斯、奥兰和阿勒颇等地发现一些热那亚商人散佚的文书。从1568年到1605年间，位于奥格斯堡的富格尔家族总部每年都会收到其家族成员发自世界各地的时事通讯，这些通讯进一步证明了信息在国际贸易中的重要性。[23] 一些在人口和宗教信仰上不占数量优势的（民族）少数派，如犹太人、拜火教徒、贵格会教徒、旧礼仪派教徒等，他们往往会在商业上取得巨大的成功，这也许应该部分归功于他们在信息情报网络方面的那些高级而秘密的手段。

政治、工业和商业上的间谍活动总是相伴而存。例如，威尼斯人和西班牙人都想要获取葡萄牙在东方的商业机密。1501年，威尼斯政府听到一个传闻，据说（葡萄牙）派往印度探听消息的间谍已经回到了里斯本，威尼斯政府当机立断，立刻委派了一名中间人前去打探消息并向他们汇报情况。这位中间人提交的报告至今尚存。两年之后的1503年，出于同样的目的，西班牙政府也派遣了一位名叫科萨（Juan de la Cosa）的领航员前往里斯本。在如此激烈的竞争环境下，任何一方在信息市场中即使只占有极其微弱的优势也能获得甚为可观的利润。有了这一认识,我们就不难理解一些威尼斯人的行为。1478年,这些威尼斯人在其总督官邸的天花板上挖了一个洞,就是为了探查到来自伊斯坦布尔的最新资讯。15世纪的大商人雅克·柯尔(Jacques Coeur)利用信鸽传递信息,并按市场价格收取费用。在17世纪的大阪,日本经纪人也通过烽火、旗帜和信鸽等媒介做着类似的交易。[24] 商业信息本身就是商品,而且当时也确实存在一个交易商业信息的场所。

1661年,英国东印度公司的二把手托马斯·卡姆伯兰爵士(Sir Thomas Chambrelan)要求一位驻万丹(Bantam)的代理人向他汇报柬埔寨、暹罗、中国和日本等地的商业状况。[25] 过去的交易信息也可能引导未来的战略方向,一些商业公司和私人商号意识到这一点,并越发重视保存登记簿甚至档案材料。例如,1609年,位于伦敦的英国东印度公司总部下令保存该公司所有往来信件的登记记录。那些有关最佳商路的信息具有极高的商业价值,因此,正如我们已经看见的那样(参见第66页),为数众多的商业公司都高度关注地理和航海方面的知识。例如在伦敦,1561年,俄国公司(Russia Company)就出钱雇人将马丁·科尔特斯(Martín Cortés)的一部关于航海艺术的论著译成英文;英国的东印度公司也聘请托马斯·胡德(Thomas Hood)和爱德华·赖特(Edward Wright)为其职员开设有关数学和航海方面的讲座,并邀请理查德·哈克路特撰写该公司的发展历史。法国的东印度公司则雇用丹维尔绘制了著名的印度地图(1752)。可以毫不夸张地说,近代早期与21世纪一样,公司始终扮演着探索研究的赞助者的角色。

信息与荷兰东印度公司

近代早期，人们已经逐渐意识到了信息资讯的商业价值，荷兰东印度公司——也就是我们所知的 VOC（Vereenigde Oost-Indische Compagnie）的发展史充分说明了这一点。有人曾将荷兰东印度公司描述为一个"跨国"组织，说它对信息的渴求不亚于任何一个帝国。[26] 荷兰东印度公司的成功很大程度上应该归功于它那令所有对手望尘莫及的"高效信息网络"[27]，该公司始终热衷于测绘其统辖地域，并一直坚持时刻更新这些地图和图表。1633 年到 1705 年间，荷兰东印度公司聘请了著名的印刷世家布劳家族的成员担任其地图测绘师，他们所绘制的地图手稿中囊括了一些机密信息，不过这些信息都没有出现在该家族对外公布的地图册上（尽管这些地图册非常有名）；其他一些绘图者也不得不在阿姆斯特丹市长面前指天发誓，说他们绝不会将机密透露给东印度公司以外的任何人。有时为了便于出航，荷兰东印度公司会将这些图表、地图借给领航员，不过前提是他们必须按时归还；然而也有些时候，他们会将这些图表出售给外国人。例如，一家法国档案馆就收藏有一份荷兰图表，上面写着"购于一位荷兰领航员"的字样。同样地，通过贿赂——它被荷兰东印度公司委婉地称为"小费"，公司也可以从荷兰或其他国家的外交官那里获取大量情报。[28] 对于荷兰东印度公司来说，政治方面的信息同样重要。例如前文所提到过的一位名叫卫匡国的意大利耶稣会士，他在从中国返回家乡的途中被荷兰人截获（参见第 54 页）并在巴达维亚遭到审讯，荷兰东印度公司对他所说的有关中国明朝衰亡的消息表现出了浓厚的兴趣。

在纷繁复杂的信息系统中，荷兰东印度公司高度重视那些定期的书面报告。事实上，在近代早期的欧洲，各行各业的人都是如此。例如威尼斯共和国就有历届外交大使卸任时提交的正式报告，而耶稣会有所谓的"年信"（annual letters）制度。当然，荷兰东印度公司也很看重商业信息，尤其是那些统计图表。以巴达维亚（即现今印度尼西亚的雅加达）为例，当地的总督和议会定期向"十八董事会"（Heeren XVIII）提交所谓的"常规报告"（也就是年报）汇报当地一年的状况。即使到了现在，我们也能在海牙的档案馆中发现许多专门信件，这些信件就包括来自世界各地和各代理商行（如苏拉特）的报告文书，其中充斥各种统计数据。

这些报告文书经由一位名叫彼得·范·达姆（Pieter van Dam）的律师收集总结再整理成册。达姆为荷兰东印度公司工作了五十余年，还受命撰写了一部仅供内部人员参看的机密文档，这份文档记录了荷兰东印度公司的各项事务。荷兰东印度公司的种种表现说明它已经比同时代的其他商业公司更早地认识到了收集信息，尤其是系统地收集统计信息对制定市场销售战略的重要性。在这一方面，约翰内斯·胡德（Johannes Hudde）是一位关键人物。胡德身兼三职，他既是一位杰出的数学家，也是阿姆斯特丹市的市长，同时还是荷兰东印度公司的主管人员。早在1692年，为了制定荷兰东印度公司的未来发展战略——订购多少胡椒和其他来自亚洲的商品，如何给这些商品定价等——人们就已经开始对销售数据进行细致的分析，而这些都有赖于胡德的努力。[29] 与荷兰东印度公司同样热衷于统计数据的不是它在商业战争中的竞争对手，而是天主教会和日趋集权的国家（参见第六章）。

和这些组织机构（天主教会和国家）一样，荷兰东印度公司也不能保证严守所有的机密不外泄。例如，英国东印度公司就会定期获得一些从亚洲返航的荷兰东印度公司船只的机密情报，而这些情报主要是关于这些船只的出航时间及所运输的货物清单。在荷兰历史学家及前新闻撰稿人利奥·冯·安提泽玛（Lieuwe van Aitzema）的《尼德兰历史研究》第五卷（首次出版于1657—1668年）中，就收录有记载荷兰东印度公司在亚洲经营状况的机密报告的副本。[30]

证券交易所的兴起

在布鲁日（1409）、安特卫普（1460）、里昂（1462）、阿姆斯特丹（1530）、伦敦（1554）、汉堡（1558）和哥本哈根（1624）等地相继出现了一些商业贸易中心，其功用之一就是进行信息交易。这些贸易中心原本是从事商品交易的市场，后来转变为股票和股份的交易场所。在一本名为《混乱中的困惑》(The Confusion of Confusions, 1688)的书中（这本书的书名非常讨喜），作者约瑟夫·维嘉（Joseph Penso de la Vega）就对阿姆斯特丹的证券交易所作过生动细致的描述。维嘉是一名西班牙裔犹太商人，他在书中留下了一段西班牙文的对话，这段对话明确显示出这一时期投机倒卖公司股票的现象非常常见，而且已经具有一定的规范性；甚至在人们的观念里已经有了"多头投资者"（bulls）和"空头投资者"（bears）的概念。在英国，短语"熊皮购买者"（buyer of bearskins）始用于1719年，意指那些在熊被杀死之前就已订购其皮的人。[31] 在伦敦，"股票经纪人"（stockjobbers）频繁出入位于"交易巷"的乔纳森咖啡馆，并在这里交易新闻。1720年"南海泡沫"（South Sea Bubble）破灭之前，关于"大南海"地区（the Great South Sea，即太平洋，代指整个南美地区）的新闻尤为热门。

证券交易所对任何能够影响供需的新资讯都异常敏感。例如，上文提及的维嘉就曾讨论过来自西印度群岛的新闻和欧洲的关于战争与和平的新闻对市场造成的影响。难怪有心之人为了哄抬或贬抑物价，不惜故意散播谣言。这些谣言中一个臭名昭著的例子就是1814年散布于伦敦的拿破仑死亡的消息。[32]

跟股票交易市场的投机倒把活动一样，海洋保险业也对信息非常敏感。在欧洲一些地区，尤其是热那亚、威尼斯和阿姆斯特丹，保险业已经经过了数个世纪的发展。然而从17世纪后期开始，伦敦成了保险业的领头羊。股票经纪人和保险业者聚集在特定的咖啡馆中交易各自手中掌握的最新的资讯。到了 17 世纪后期，一位名叫爱德华·劳埃德（Edward Lloyd）的私营业主在位于伦敦老商业区的伦巴底大街经营一家咖啡馆，他的商铺自然而然地吸引了众多商人，他们中许多人都热衷于打听商船的进出港信息。于是，劳埃德顺势创办了一份专门报道船运消息的杂志，并在伦敦开始发展海洋保险业务，正是出于这一原因，如今的劳合社（the Lloyd）仍以他的名字命名。[33]

印刷业与知识的销售

印刷业的产生与发展无疑有助于人们获取（更多的）商业知识。这一时期涌现出了大量著述，内容都是关于如何成为一名商人的。还有越来越多的商业信息（如商贸集会、商船抵达和各类商品的价格等）被付梓。早在 16 世纪 40 年代就已经有了定期出版的安特卫普商品市场物价清单，而法兰克福的《公告板》（*Calendarium*）和从 1588 年开始出版至今的《展会报告》（*Messrelationen*）则会公布该市所举办的所有商贸集会信息。1618 年，荷兰的新闻媒体开始向大众提供一些经济信息，例如从新世界返航归来的西班牙运银船的最新动态。至于从 1696 年出版至今的伦敦《劳合社新闻》（*Lloyd's News*）则将注意力更多地放在了有关商船的信息上。另外一些专门性报刊，如 1757 年始创于哥本哈根的《世界商贸新闻》（*Gazette Universelle de Commerce*）会公布某些商品的价格和一些商船进出港的消息。[34] 从 17 世纪后期，（更准确地说是）从雅克·萨瓦里（Jacques Savary）出版了那本题献给柯尔贝尔的《完美商人》（*Parfait negociant*, 1675）开始，越来越多的人将商业辞典当作规范的参考书来使用。

无论是否经过授权，更多的商业机密被印刷出版。前文列举过的荷兰史学家安提泽玛就是一个典型例子。除此之外，还有不少 17 世纪的荷兰著作不同程度地公布了一些商业档案，如伊萨克·柯孟林（Issac Commelin）的《荷兰东印度公司史》(1646) 和巴莱乌斯的著作 (1647)，后者记述了荷兰人在巴西的活动，并援引了荷兰西印度公司的相关档案材料。[35]

书籍出版本身也是一种贸易，它吸引了众多商人的注意。早在 15 世纪，这些商人就已经开始资助印刷业者。[36] 从目前的研究视角来看有一点至关重要，那就是印刷业刺激了所有知识的商品化过程，这是一个不争的事实。印刷术的发明带来了一个显而易见且意义重大的成果，它使企业家与知识传播之间的联系越来越紧密，这就是"启蒙运动的生意"。[37] 印刷工匠经常被委托印制一些古典著作的新版本，还有部分翻译作品和参考书籍。

许多主题相同或相近的作品扎堆出现，这一现象本身就暗示印刷业者之间存在激烈的竞争。他们经常会在自己的印刷品封面上声称这一版本要比之前的所有版本更精确，或者内容更丰富，抑或是收录了其他版本所没有的目录和索引等。1570 年出版于鲁汶的一卷来自日本的传教士书信集就是一个典型的例子。这卷书信集自称是第三版，较之于此前的两个版本，它"更精确更详尽，且附有索引"[38]。商业竞争刺激了广大印刷业者，驱使他们去生产规模更大、内容更详尽的地图集和百科全书。

一些主要参考书的出版年序也许可以证明这一点。1635 年，布劳出版了他的《地图集》(Atlas)，紧接着（三年后的 1638 年）他的竞争对手扬森（Jansson）就出版了所谓的《新地图集》(Atlas novus)；1679 年，马丁·里本（Martin Lipen）编订出版了一些法律和医药学方面的文献目录，而在不久之后（也就是 1680—1681 年）就有由科内利斯·德·勃艮（Cornelis de Beughem）汇编的同类文本问世；丘吉尔（Churchills）、哈里斯（Harris）和史蒂文斯（Stevens）也分别于 1704 年、1705 年和 1711 年相继出版了自己编订的游记文集；还有波斯特斯维特的《贸易词典》（Postlethwayt, *Universal Dictionary of Trade*, 1751—1755）、罗特的《新贸易词典》（Rolt, *A New Dictionary of Trade*, 1756）；以及修订版的《不列颠百科全书》（*Encyclopaedia Britannica*, 1777—？）和修订版的钱伯斯《百科全书》（1778—？）。

有的印刷业者投身于人文主义运动、宗教改革抑或启蒙运动等思想运动中，而有的不然，也许将后者称为"唯利是图者"更为恰当，因为他们在宗教战争中几乎毫无差别地同时为天主教和新教服务。17世纪时，一些印刷业者就已经很敏锐地意识到了广告的重要性，换句话说，他们已经开始出于推销某种商品或服务的目的而在印刷品上刊登相关信息。例如，在17世纪的一些荷兰小报上就刊登有某些书和私教服务的广告。1650年左右，伦敦的报纸平均每份就要刊登6条广告，而到了100年之后，这一数目已经攀升至50条。[39]17世纪后期，在英国通过报纸刊登的广告主要是关于戏剧、赛马会、江湖郎中和"霍尔曼墨水粉"（Holman's Ink Powder）的。"霍尔曼墨水粉"在1688年获得了专利，这也许是世界上最早的一个商标。除了报纸，拥有极大阅读群体的年鉴也是广告的主要载体。1699年，英国的《嘉德伯里年鉴》（*Gadbury's almanac*）公开宣传安德森博士（Dr. Anderson）的"苏格兰药丸"（Scotch Pills），说它具有神奇的功效；而与此同时，该年鉴的竞争对手《科莱年鉴》（*Coley's almanac*）则力挺"巴克沃斯含片"（Buckworth's lozenges）。[40]

有时，一些书和杂志也会为其他书和杂志做广告。有的印刷业者甚至还会在其印制品的前后几页登载广告推销自己的其他商品（在这一时期，印刷者和出版者之间的现代意义上的区别还不是非常规范）。1721年，明克的著作《学者的欺诈行为》（*The Charlatanry of the Learned*）法文版在海牙出版，这一版的印刷工人就在该书中附上了29页图书清单为他的库存做宣传；意大利至少在1541年就已经出现了单行本的图书目录，上边不仅列举了书名，还标明了价格；而从16世纪开始，法兰克福书展就已经使得一些书蜚声国际（至今仍是如此）。17世纪后期，部分学术杂志开始提供一些近期出版物的相关信息（参见第 169 页），而到了 18 世纪，有的书商（甚至直接）将书目寄到消费者手中。[41] 到了 20 世纪后期，法国几乎每周都会出版一册《新书目录》（catalogue des livres nouveaux）。

随着印刷行业潜在利润的不断增长，依靠普通法来保护版权和知识产权的需求变得迫在眉睫。例如，英国就于 1709 年通过了《版权法》，有人认为该法案的通过是为了解决一组针锋相对的观念——知识是私密的还是公开的——所带来的问题。紧接着，1735 年，英国又通过了《雕工版权法》(Engraver's Copyright Act)，这有赖于威廉·贺加斯（William Hogarth）的影响力，和其他艺术家相比，他深受作品遭到剽窃的困扰。而在 1791 年和 1793 年，即大革命发生以后，法国政府也通过了和英国政府类似的法案。

尽管如此，剽窃行为和非法竞争仍在继续。在那个年代，非法竞争又被称为"伪造"（contrefaçon），或者更具体地说就是"非法翻印（书籍）"，换言之，就是在未经版权所有者授权的情况下出版书籍。既然本章是一个关于知识的商品化进程（包括"盗版"在内）的专题研究，为了能够更细致地阐明观点，我们有必要对三个主要出版中心做更深入的考察，它们分别是 16 世纪的威尼斯、17 世纪的阿姆斯特丹和 18 世纪的伦敦。

16 世纪的威尼斯

在 15 世纪，仅就印刷书籍的数量而言，威尼斯远超任何一个欧洲城市（大约总共发行了 4500 种，这就意味着差不多有 200 万册）。竞争是如此激烈，以至于有的印刷业者希望能在正版发行的同一时间推出盗版。

为了达成这一目的,他们甚至不惜动用工业间谍,在原书的印刷过程中窃取并翻印那些尚未装裱的书页。有了这一点认识,我们就能明白,为什么在这一时期威尼斯政府率先颁授了世界上第一项书籍版权。[42]

16世纪的威尼斯仍然是欧洲最重要的印刷出版中心,它拥有约500家印刷工厂,共印制图书1800万余册。仅出版商吉奥利多(Gabriel Giolito)一家就出版了近850种书。吉奥利多经营的书坊在博洛尼亚、费拉拉和那不勒斯等地开枝散叶,他也许是第一个通过此种方式扩展业务的书商。同时,他也被认为是第一个出版丛书——这类书籍曾被他戏称为"项链"——的人。[43]

拥有为数众多的印刷业者是威尼斯这座城市吸引文人学者的原因之一,因为印刷出版市场允许他们能在不依靠赞助者资助的情况下独立生存。这些文人学者中最著名的要算彼得罗·阿雷蒂诺(Pietro Aretino),其中一些人,为了生存大量创作,因此常常被戏称为多产作家,他们的作品种类多样,涉及的主题和形式也多种多样——散文、诗歌,甚至是对其他作家的作品的翻译或改编,他们尤其擅长写作一些能提供实用信息的作品,如专为参观者书写的威尼斯指南、行为准则手册,抑或是一些指导人们如何写作有关爱情或金钱等不同题材的信件的著作。其中有一部分多产作家会为特定的出版商(如吉奥利多)服务,充当他们的编辑和校对员。由此可见,印刷产业的发展为社会提供了新的职业岗位。实际上,上述种种现象在巴黎和伦敦同样存在,只不过在16世纪时,威尼斯是职业作家最主要的活动中心。

那些印刷出版的书不仅仅是简单的商品,除了用于销售,它们也常被当作礼物。例如有的作家会将题词献给他们的朋友或赞助人,以此来维系社会人际关系。[44]不过,题献有时也会成为一种商品,这在当时并不罕见,不止一位同时代的人提到过这种现象。在1590年,威尼斯就出版了一本著作专门讨论这一问题。可见,随着印刷业者的日渐商人化,作家也开始追逐财富,甚至唯利是图。[45]

第七章 知识之销售:市场与出版业 | 179

17 世纪的阿姆斯特丹

17 世纪时，荷兰这个岛国实行相对宽容的宗教政策，并逐渐取代了威尼斯成为最主要的信息中心和市场，培尔就在 1686 年称这个国家为"百货商店"（magasin général）。[46] 荷兰出口了大量以拉丁文、法文、英文、德文和其他语言写就的印刷物，从中获取的利润为这个新兴的国家积累了一笔可观的财富。例如，在 1653 年，乌特勒支就出版了第一部用匈牙利语书写的百科全书，即詹努斯编著的《马扎尔（匈牙利）百科全书》（*Magyar encyclopaedia*）。

如果说荷兰共和国是信息与出版的中心，那么这个中心的核心就是阿姆斯特丹。到了 17 世纪后半叶，阿姆斯特丹在地位上已经取代了曾经的威尼斯，成了欧洲最重要的书籍生产中心。在 1675 年到 1699 年这 25 年之间，就有超过 270 位书商和印刷业者活跃于此。从 1633 年开始，仅布劳家族一家就出版了 7 本目录。和威尼斯的情况一样，地图与航行记录是印刷业者所有产品中非常重要的一部分。例如，1699 年，藤森（Jan Tessing）就在阿姆斯特丹出版了一张南俄罗斯的地图；亨德里克·唐克（Hendrick Doncker）也非常重视地图和旅行方面的图书。至于阿姆斯特丹最大的印刷组织，即扬·布劳（Jan Blaeu，威廉·布劳之子）那座位于鲜花运河（Bloemgracht）河畔的印刷工厂，则专业生产地图集。他强劲的竞争对手威廉·扬森也不例外，扬森模仿吉奥利多，在莱比锡等地开设了不少分厂。[47] 还有就是我们前文提到过的（参见第 54 页）意大利耶稣会士卫匡国，他曾于 1653 年造访阿姆斯特丹，目的是让布劳家族的印刷工场出版他的中国地图集。

和他们的威尼斯同行前辈一样，阿姆斯特丹的印刷业者也经常印制各种不同语言的出版物。他们印制的英文版圣经风行英格兰，而且价格比英国本土生产的还要便宜。[48] 直到 17 世纪末期，"英国海军仍然使用荷兰出版商提供的航海图和航行指南，甚至包括英国自身的海岸线地图"。[49] 这些阿姆斯特丹的印刷业者不仅发行荷兰文、拉丁文、法文、英文和德文的出版物，而且也出版俄文、意第绪语、亚美尼亚文和格鲁吉亚文作品。

在印刷出版领域，阿姆斯特丹城内的少数族裔为该城的经济成功作出了无可取代的积极的贡献。[50] 1681 年，一个名叫亨利·德斯伯德（Henri Desbordes）的人从索米尔来到荷兰共和国，并于一年之后在卡尔弗尔街开设了一间店铺，他的经历可以作为一个典型的例子，很好地证明在路易十四统治期间，从法国外流的加尔文教难民们促成了阿姆斯特丹的经济繁荣。1698 年正值彼得大帝试图将科学和技术知识引入俄国之时，这位沙皇雇用了伊利亚·柯皮耶夫斯基（Ilia Kopievski）和其他移居阿姆斯特丹的俄国移民，印制一些技术方面的书、地图和图表，以供应俄国市场。[51]

17 世纪五六十年代的荷兰共和国曾被认为是"重要的欧洲港口"，因为这里有着大量关于东亚和其他地区的信息。艾斯维尔（Elsevier）是荷兰一家非常杰出的出版公司，它出版了世界上第一套由学者编辑整理的丛书。约翰内斯·德·莱特既是一位学者，同时也是荷兰西印度公司的管理人，他负责编辑了一系列有关世界各地不同国家和地区的组织结构及资源状况的信息概要（参见第 77 页）。在这些概要中，有一些是他亲自编修的，如法国、西班牙、尼德兰、奥斯曼帝国、印度、葡萄牙和波兰等国的部分，而其他的则是移交给他人完成。[52]

莱特还是一位荷兰版的威尼斯式多产作家。1685 年，法王路易十四废止《南特敕令》，强迫法国的加尔文教徒在天主教和流亡中进行抉择，一些拒绝改宗的加尔文派教徒逃到荷兰，成了和莱特一样的多产作家。例如，迁自法国南部、寄居鹿特丹的皮埃尔·培尔就主编了一

第七章　知识之销售：市场与出版业 | 181

份名叫《文人共和国新闻》(News of the Republic of Letters)的文学杂志,并于1684年起以月刊的形式在阿姆斯特丹发行。另一位名叫雅克·伯纳德(Jacques Bernard)的法国加尔文教徒也于1688年来到荷兰,他与差不多同时期(1683)到达阿姆斯特丹的瑞士人让·雷克勒(Jean Leclerc)一起合作著书立说。正如我们前面已经谈论过的那样(参见第29页),加尔文派教徒的流亡推动了书报杂志业的兴旺发展。

和他们那些在威尼斯、伦敦和巴黎工作的同行不同,这些活跃在荷兰的知识传播者至今尚未被学者们视作一个团体来进行研究。[53] 莱特并不是唯一一位身兼数职的作家。以卡斯帕·巴莱乌斯为例,他既是一名学者,也曾译制过一本有关西班牙人在新世界所作所为的记载,同时,他还亲自撰写过一本对意大利的描述性作品,并书写了一部关于拿骚的约翰·毛里茨远征伯南布哥的历史著作;伊萨克·柯孟林也曾写过一册阿姆斯特丹城市指南和一部荷兰东印度公司远航史;另一位名叫达珀的医师也在工作之余写过一些关于亚洲和非洲的书。阿诺德斯·蒙塔纳斯(Arnoldus Montanus)则更为全能,他既是一名牧师、校长,也是几部通俗传记的作者,并著有诸多旅行游记,如《东方奇景》(The Wonders of the East)。

18世纪的伦敦

16世纪和17世纪的欧洲大陆图书市场欣欣向荣,相比之下英国的图书市场基本上可以用"荒芜之地"来形容。直到18世纪30年代,英国的图书进口量还远超其出口。甚至到了18世纪中期,英国本土仍然没有出现大型的印刷工厂。[54] 然而到了18世纪后期,情况发生了突变。1777年,伦敦共有书商72家,据说这一数目已经超过了同一时期的其他欧洲城市（虽然在 1736 年，威尼斯拥有 96 家书商和印刷厂商）。[55]这一时期，人们往往会用短语"那个贸易"（the trade）来特指书籍销售，就好像书商已经成为一类出类拔萃的贸易者。1725 年，丹尼尔·笛福（Daniel Defoe）就曾宣称："写作……正在成为英国商业一个非常重要的分支。"他还将书商比作"大制造商"，将作者比作"工人"。（然而）必须补充说明的是，事实上能得到可观报酬的"工人"寥寥无几，只有极少数的作者，尤其是非小说类书籍的作者才能从他们的出版商那里提前获取稿费，不过这笔资金也足以使他们开始考虑摆脱其赞助人，依靠自己的写作而生活。例如约翰逊博士（众所周知，此人憎恨赞助人）就凭借着自己的《词典》（Dictionary）在 1746 年提前获得了 1575 英镑的稿费。[56]大卫·休谟也因为写作了《英国史》（David Hume, History of Britain）的第三卷而收到了 1400 英镑的预付款，与此情况类似的还有威廉·罗伯森，他也因为编写《查理五世史》（William Robertson, History of Charles V）一书而提前得到了 3400 英镑的报酬。迄今为止，我们所知的英国印刷出版业在 18 世纪预付的最大一笔款项至少有 6000 英镑，是由安德鲁·米拉（Andrew Millar）的继任者——威廉·斯特拉恩（William Strahan）和托马斯·卡德尔（Thomas Cadell）支付给约翰·霍克斯沃斯（John Hawkesworth）的，因为他们想要买到约翰手中的库克船长探险记录的版权。[57]约翰逊博士对这部出版物的评论非常尖刻，他对出版商鲍斯韦尔说："先生，如果您仅仅将此书视作一件商品，那么我承认它确实会赚取大量财富；但如果您认为它会对人类的知识积累有所增益，那么很抱歉，我并不认为它具有这个分量。"

我们不应该草率地将 18 世纪作家们的处境予以理想化。在所谓的"格拉布街"（英国印刷出版业的中心，就像 16 世纪的威尼斯城和 17 世纪的阿姆斯特丹）上，每一位成功的文人背后都隐藏着数百位穷困潦倒的文字"工人"，甚至是从事文学创作的妇女。[58]这些落魄文人为了金钱而工作，为了生存受雇于人（"hack" writer），甚至还有人将他们比作18、19世纪大街上的雇用马车。

就算是那些所谓的成功文人，他们也为其所获得的新自由付出了一定的代价。比起编订一本词典，约翰逊博士或许更希望能写一本自己的著作；比起翻译荷马的文字，蒲柏也许更愿意创作自己的诗篇；休谟书写历史只是因为它比哲学书籍更加畅销，如果休谟得以重返人间，能够坐在大英图书馆中查阅书籍目录，他一定不会希望自己被贴上"大卫·休谟，历史学家"的标签。然而尽管如此，与那些生活在16世纪的多产作家的前辈们——他们只能依靠编辑和校稿为生——相比，这些18世纪的文人确实享有更高程度的自由。

现在，让我们从出版商的视角来审视这些新变化。印刷业者和出版商需要一笔数额巨大的经费，因为他们除了预付稿酬和承担印刷出版的相关费用之外，还要应对在学术真空地带横行霸道的种种剽窃、盗版行为。学术剽窃和翻印往往出现于集权国家以外的地区，因为在这里印刷业者的特权得不到有效的保护。在18世纪中期，都柏林就因盗版英文出版物而声名狼藉，日内瓦和其他瑞士城市则因盗版法文书籍而臭名昭著，至于阿姆斯特丹，那更是盗版英、法两种语言出版物的中心。为了应对日益激烈的竞争环境，印刷业者和书商频繁结盟，这一现象在英国尤为普遍。17世纪时，英国出版同业公会（the Stationers' Company）就已经拥有了它的"合股公司"（joint stock）。到了18世纪，一种名叫"康格尔"（conger）的组织得以发展壮大——一种辛迪加或体制，不同的公司彼此之间结成联盟共享利润、共担风险。因此我们不难发现这样的情况：有五位担保人资助约翰逊博士出版《词典》，其中就包括三个我们颇为熟悉的名字——托马斯·朗文（Thomas Longman）、安德鲁·米拉和威廉·斯特拉恩。[59]

"预约出版"（publish by subscription）不失为提前集资的一个好方法。我们现在已经发现了87宗预约出版的交易，这些都发生在1700

年以前的英国。例如,约翰·奥格尔比(John Ogilby)就通过这种方式出版了维吉尔与荷马的作品译本,不仅如此,他还利用发行彩票的方法处理那些滞销的库存,甚至资助出版了一部描述中国的书——《来自东印度公司的外交使团》(Embassy from the East India Company, 1669)。[60] 到了18世纪,预约出版变得更加普遍,尤其是针对那些珍贵的书。为了吸引更多的消费者,出版商们经常会在书里附上预约者的名单。目前,我们已经发现了超过2000份这样的名单,根据这些名单,我们大概可以估计,在18世纪的英国,至少有10万名消费者预约过图书。[61]

有时,欧洲大陆也会仿效英国的这种方法。例如在18世纪上半叶,意大利就有超过200种书通过预约印刷出版,这一出版方式在之后的日子里变得更加常见。在荷兰共和国,预购图书的记录最早可以追溯到1661年。而在德意志,图书的预约出版实践出现得相对较晚。1773年,F. G. 克劳普斯托克(F. G. Klopstock)出版了一部描述文人共和国的作品,这是最早通过"预约方式"发行的德文著作之一。[62]

在法国,第一部效仿"英国模式"——换言之,就是预约出版——进行广告宣传的法文出版物是蒙福孔的那部囊括了古代世界各种图像资料的多卷本汇编——《古物解析》(1719)。18世纪50年代,为了出版一部多页本法国地图(此书吸引了650位订购者),法国正式成立一家股份制公司。而著名的《百科全书》第一版尽管定价昂贵(差不多要1000里弗),但仍吸引了近4000名订购者。[63] 再回过头来说说"康格尔",有8位巴黎的印刷商分担蒙福孔的《古物解析》的出版费用,有4位分担《百科全书》的相关费用,而在阿姆斯特丹,则有3位分担杂志《全球文库》(Bibliothèque Universelle)的出版费用。[64]

第七章　知识之销售:市场与出版业 | 185

报纸与杂志

杂志，尤其是像《异国见闻》(*Journal Etranger*)这类杂志更是依赖于订购。虽然在 16 世纪时，那些记载时事新闻的小册子就已经流行开来，但是报纸和杂志——这两种最能体现信息商业化的文字载体却到了 1600 年之后才得以出版发行。17 世纪时，新闻已经被视为一种商品。在一部名为《新闻的真实面目》(*The Staple of News*)的戏剧中，作家本·琼森（Ben Jonson）尖锐地讽刺了（新闻）垄断的兴起。他将故事设定在一间刚刚开始营业的新（报社）办公室里，"这是一间巨大的商业会所"，"各类新闻在这里汇集、审查并登记在案，只有经过重重筛选后才获准发行，他们宣称这些新闻是最重要的精华，而其他的信息早已过时，不值一提"（第一幕第二场）。一位生活在 18 世纪后期的威尼斯通讯员，或者说"（时事）报道人"也和琼森持同样的观点。他写道："和其他货物一样，新闻也是一种可以通过支付金钱或进行（其他）交易而获取的商品。"纵观这一时期，那些涵盖了所有不宜出版的时事资讯的手抄报具有极强的商业性，它们使作家和报道人得以维持生计，有时甚至还允许他们将业务出售给他人。[65]

1609 年，德意志地区出现了有史以来第一份有关印刷的小报的记录。17 世纪早期，荷兰的报刊事业有了进一步的发展，而到了 18 世纪，这一信息载体已经覆盖了绝大多数的欧洲地区。[66] 第一份英法双语报纸出现在 1620 年的阿姆斯特丹，报名叫作《意大利—德意志等地时事要闻》(*The Corrant out of Italy, Germany etc*)。1618 年中欧爆发的三十年战争和 17 世纪 40 年代的英国内战极大地刺激了报刊行业的发展——例如荷兰的报纸就全面报道了这两次大型战争——使得报纸这一新的信息载体一炮走红。[67] 从 17 世纪 60 年代开始，一份名叫《阿姆斯特丹公报》(*Gazette d'Amsterdam*)的法文周刊不仅向它的读者提供欧洲的时事新闻，而且还对天主教会和法国政府的政策措施提出直率的批评。它的竞争对手——《莱顿公报》（*Gazette de Leyde*）——并没有被动地坐等新闻送上门来，而是主动寻找新闻素材。例如在 1699 年，该报就派遣了一名通讯记者前往巴黎，全程报道了路易十四的新雕塑的揭幕仪式。

八十多年后，英国追随荷兰的脚步，其新闻业日益兴盛。1695 年，《授权法》失效，英国随之迎来了一个出版物爆炸的时期。到了 1704 年，仅伦敦就有 9 家报社，而 5 年后的 1709 年，这一数量上升到了 19 家。一些重要的省级城市，如布里斯托和诺里奇也拥有属于自己的本地报刊，如创办于 1702 年的《布里斯托邮差报》（*Bristol Postboy*）。[68]

每月或隔月出刊的学术性期刊则致力于传播更多的学术知识。17 世纪 60 年代的巴黎《学者杂志》和同一时期由伦敦皇家学会发行的《哲学会刊》可以称得上是最早的学术期刊。17 世纪后期，阿姆斯特丹成了两份相互竞争的学术期刊的出版地，它们分别是亨利·德斯伯德发行的《文人共和国新闻》和雷克勒主编的《世界和历史图书馆》（*Bibliothèque Universelle et Historique*）。两份期刊中，前者的名称取得尤为贴切，该期刊定期发行，主要向读者提供有关文人共和国的精确的新闻报道，包括一些知名学者的讣告和部分新书的评论（这是有史以来第一次）。《文人共和国新闻》在阿姆斯特丹和科隆遭到盗印，与此同时，罗马、威尼斯、莱比锡和其他地区也纷纷效仿这种形式，这些事实可以从侧面说明，在当时的社会环境下，发行学术性期刊也是一宗有利可图的买卖。

参考书的兴起

不论是过去还是现在，每当人们需要信息时总会试着去查阅参考书（或者说工具书），这一行为也就是我们如今常说的"信息检索"。印刷术发明之后，信息检索有了新的形式。一方面，印刷术简化了信息检索；另一方面，它又使这一过程变得更加复杂。通过书籍，人们可以更容易地获取各种各样的信息，不过前提是要找对书。1500 年以后，虽然书籍数量成倍增加，但人们面对这浩如烟海的书堆却是一头雾水，无从下手。到了 17 世纪后期，这一矛盾日益凸显，形势也变得越发严峻。为了解决这个问题，人们采取了许多应对措施，撰写书评就是其中之一。

除此之外，利用参考书也不失为一种有效的尝试。在近代早期，尤其是在 18 世纪，各类参考书令人眼花缭乱、目不暇接。百科全书、词典、地图集和文献目录只是其中最为常见的几种类型而已。1500 年时，词典尚属罕见，而到了 17、18 世纪，这类书籍不仅数量众多，而且还进一步扩大了编修范围，甚至包括了一些非欧洲语言的内容。这一时期，参考书的类型主要有年鉴、植物志、年代纪和说明指南（换句话说，就是有关管理和规章制度的书籍）。此外，还有专门向告解者和忏悔者提供的诸多关于良心问题的手册，以及列有图书馆、博物馆和书商（介绍）的目录清单。当然，《禁书书目》是必不可少的，不过禁令反而刺激了人们的好奇心，一些读者对目录上的书非常感兴趣。

这一时期也涌现出了大量地理方面的参考书。例如，从 18 世纪早期开始，市面上就已经开始销售一种所谓的"地名词典"，因为它可以帮助读者进一步了解报纸上的新闻资讯。此外还有一些关于某些城市、地区、国家（尤其值得注意的是艾斯维尔的系列丛书）甚至是世界的旅行指南，如意大利教士乔万尼·波特罗出版于 16 世纪 90 年代的《环球行纪》；或者是皮埃尔·达维蒂的《描述》(Pierre d'Avity, Description, 1643)，该书共分四卷，分别介绍时人所知的四块大陆。除了词典和指南，这一时期还出现了邮递时刻表和商铺地址簿，它们成了日后电话簿的前身。[69]

再有就是各种奇闻逸事的选编和长篇文本的合集（这些文本主要包括游记、法律、谈判文件或者教廷法令）。此外，还有一些教导人们如何提升书法、雕刻、烹饪、舞蹈、钻孔、耕作和写作等方面技巧的指导性图书。目前我们已经可以确定,从 1470 年到 1599 年间,市面上出现了超过 1600 种专为商人而作的经商指南,而在 17 世纪时,这一数量又翻了一倍有余,到了 18 世纪,多卷本的工商业百科全书开始出现并兴盛起来。[70]

18 世纪中叶,一位名叫梅尔奇奥·格林姆(Melchior Grimm)的文人曾以挖苦讽刺的口吻批评参考书的泛滥成灾,他写道:"在我们之中风行着编纂词典的狂热(la fureur des dictionnaires),以至于某些人出版了一部《万典之典》(Dictionary of Dictionaries)。"格林姆的说法并不夸张。1758 年,还真有这样一部词典在巴黎出版发行,它的编者是一个名叫迪雷(Durey de Noinville)的人。

这些参考书的书名中往往包括诸如"图册"、"箴言"、"概述"、"城堡"、"目录"、"札记"、"摘记"、"汇编"、"词典"、"说明"、"百科全书"、"摘录"、"精华"、"大全"、"花园"、"术语汇编"、"宝藏"、"指南"、"手册"(沿袭了古典传统)、"清单"、"旅行指南"、"要义"、"图书馆"、"精髓"、"知识宝库"、"提示"、"文集"、"仓库"、"概要"、"剧院"、"宝库"、"谱录"和"袖珍本"等字样。随着时间的推移,我们不难看到这些书名的变化趋势,即从一些比较具体的事物向着更加抽象的名称转移。

在那些获得巨大成功的书中,有两部不得不提。它们就是教士莫雷里(Louis Moréri)的《历史大词典》和剑桥大学教师约翰·伊查德(John Eachard)的地理词典《地名诠释》(The Gazetteer's Interpreter)。前者在 1674 年到 1759 年间共发行有 24 个法文版和 16 个译文版,而后者仅在 1751 年就有 17 个版本问世,并且在 1800 年之前被翻译成了法文、意大利文、西班牙文和波兰文。一些有关学术界的德文指南也获得了较大的成功,尤其是丹尼尔·蒙霍夫的《博学家》。该书出版于 1688 年,是一部关于图书馆、对话和"各类学科"的综合性指南。到了 1747 年，该书已经发行了 5 个版本，并在此后持续再版。此外还有布克哈德·斯特鲁维的著作，该书主要包括了学术概况和如何使用图书馆等内容，这部作品初版于 1704 年，并于 1768 年发行第六版（增补版）。

参考书数量的激增也带来了其本身内容分工的专门化。以参考目录为例，最初，这一书籍类型的目标是涵盖所有，或者说至少要囊括学术领域和拉丁语领域的所有书目。但是随着时间的推移，民族性的文献目录逐渐出现，如拉·克鲁瓦·杜·曼恩的《弗朗索瓦图书馆》（*Bibliothèque Françoise*, 1584）。不久之后，也就是 17 世纪早期，又出现了按不同学科分类的专业目录，如神学、法学、医学、史学（参见第 187 页）和政治学。1734 年，法国学者尼古拉斯·朗格莱（Nicolas Lenglet）就出版了第一本小说选集目录。这一时期，专供特定群体——诸如神职人员、商人、医师、律师、妇女等——阅读的参考书也越来越多。仅供传教士查阅的书最早可以追溯到前文已经提到过的拉巴塔的《传教士指南》（参见第 95 页），或者是法国耶稣会士文森特·胡德利（Vincent Houdry）的《传教士宝典》（*Bibliothèque des Prédicateurs*, 1712）。这两部著作都经过了数次再版，而后者为了进入更为宽广的国际市场，还被译成了意大利文和拉丁文。

百科全书

这一时期，百科全书无论是在数量、体量，还是内容上都有所增加，而且价格也越来越昂贵。以莫雷里的《历史大词典》为例，这部词典问世时只有 1 卷，然而经过近百年的发展竟然增补到了 10 卷。1771 年至 1772 年，德意志记者约翰·格奥尔格·科吕尼茨（Johann Georg Krünitz）编辑了一套 16 卷本的经济学百科全书；泽德勒（Zedler）

的《百科词典》（*Lexikon*）有 32 卷；而法国的《百科全书》竟有 35 卷；它们的竞争对手——瑞士的《人文知识详解词典》（*Dictionnaire raisonné des connaissances humaines*, 1770—1780）更是多达 58 卷。之前提到过的那部科吕尼茨经济学百科全书一直在更新，并不断扩充内容，到了 1858 年，该著作已经扩展成为一部 242 卷的鸿篇巨制。

这种大部头的百科全书越来越多，但这种爆炸性的扩张却刺激了人们对那些相对较小、便于携带的工具书的需求，比如《谱系便携词典》（*Lexicon genealogicum portatile*, 1727）、《传教士便携式词典》（*Dictionnaire Portatif des prédicateurs*, 1757）、《便携式家务词典》（*Dictionnaire domestique portatif*, 1762）、《意大利便携式词典》（*Dictionnaire portatif d'Italie*, 1777）、《女性便携式词典》（*Dictionnaire portatif des femmes*, 1788）和《便携式地理词典》（*Dictionnaire géographique portatif*, 1790）。为了迎合普通消费者的需要，谋取更大的利润，书商们可谓是费尽了心机，尝试了各种各样的方法。例如夸大工具书在人们日常生活中的必要性，说如果没有它们，读者几乎不可能完整地阅读、理解报纸杂志，甚至也无法与他人进行文雅睿智的交流（当时甚至有人提出了修撰《对话百科全书》[*Konversationslexikon*] 的想法）。

一些富有创造力的出版商转而采用新的生产方式，编撰百科全书逐渐变成了一种专门性的工作。1689 年，鹿特丹的雷尼·李尔斯（Reynier Leers）出版了弗雷蒂埃的《词典》（*Furetière, Dictionary*），该书仅凭一人之力挑战由法兰西学院联合组编的官方《法语词典》。此外，李尔斯还雇用了流亡学者皮埃尔·培尔，并资助他完成并出版了《历史与批判词典》（*Historical and Critical Dictionary*, 1697）。[71] 同样，德意志博学家卡尔·卢多维奇也为前文提到过的泽德勒提供知识服务。在一份 1747 年的契约书中，狄德罗就曾特别言明他将因编撰《百科全书》获得 7200 里弗，而出力较少的达朗贝尔只能获得 2400 里弗的报酬。

这一时期知识生产的另一大趋势是团队研究和集体性写作的兴起（参见第三章第 45 页）。雷克勒就建议过组织一个包括国际性专家学者的委员会，共同修正和扩编莫雷里的《历史大词典》。企业主们往往会将学者的建议付诸实践。人们成群结队地参与修撰泽德勒的《百科全书》和狄德罗的《百科全书》，后者的投稿人少说也有 135 人之多。[72] 大规模的书籍生产离不开同等规格的资金投入，多卷本的百科全书有力且清楚地证明了知识的商业化趋势。18 世纪那些著名的百科全书都是先提前预订再印刷出版的。如约翰·哈里斯的《技术词典》（*Lexicon technicum*，1704）就是由 10 位书商或者说"投资人"（undertaker）联合出版的，书中还列有 900 位预约者的名单。[73]

当时英国最知名的两部百科全书分别是钱伯斯的《百科全书》和《不列颠百科全书》。它们都源于苏格兰，拥有相似的订阅人群，也是由若干书商联合出版的（这些书商同担出版成本、共享销售利润）。有人将这种模式比作股份公司（joint-stock companies），而这些股份有时也会被当作商品买卖交易。

埃弗拉姆·钱伯斯的《百科全书》最早出版于 1728 年，是两卷对开本，价格约合四基尼。到了 1746 年，该书已经发行到了第五版。包括托马斯·朗文在内的几位出版商共同分担其成本。朗文从他的合作伙伴那里购买了钱伯斯《百科全书》的股份，截至 1740 年，他已拥有了该书 11/64 的股权。与此类似的还有威廉·斯特拉恩，他既持有约翰逊《词典》的股份，同时也占有钱伯斯《百科全书》5/64 的股权（1760）。[74] 再来说说《不列颠百科全书》。该书原本是由雕刻家安德鲁·贝尔（Andrew Bell）和印刷商科林·麦克法卡尔（Colin McFarquhar）共同出版的，它的第三版为当时尚在人世的贝尔带去了 42000 英镑的回报。然而在众多同类书中，最为成功的也许要属狄德罗的《百科全书》。如果我们把在 1789 年以前出版的所有版本——如巴黎的对开本初版和后来在日内瓦、卢卡、利沃诺发行的再版，以及在日内瓦、纳沙泰尔发行的四开本与洛桑、伯尔尼的八开本——加在一起，那么它的总数将会超过25000部。[75]

本章所描述的诸多细节都说明，知识贸易并非始于18世纪，它只是在这一时期变成了一个大的产业。查尔斯·约瑟夫·潘库克（Charles Joseph Pancoucke）是《百科全书》的众多出版商之一，他曾将这部著作描述为"一宗大生意"，言简意赅地概括了《百科全书》从生产到销售的全部情形。作为一位旗下拥有17家杂志社的大出版商，潘库克比绝大多数人更深谙知识的销售之道。[76]

比较与总结

前文已经花了较大的篇幅描述出版业的发展历史，也许我们可以将其概括为"书籍的商业化"过程。有的历史学家将这一现象所依附的18世纪大背景称为"消费革命"或"消费社会的诞生"。"书籍的商业化"在英国表现得尤为明显，但是不久之后它就延伸到了欧洲其他地区，甚至远播海外。以预约为例，在这一时期，人们出于各种各样的目的采用预约的形式，如预约参加俱乐部、预约看戏和预约讲座等。在这场所谓的"消费革命"中，"休闲娱乐的商业化"与"文化的商品化"——包括剧院、歌剧院和收费画展的兴起——是其重要组成部分。[77]需要再次说明的是，敏感的时人要比（后世的）历史学家更早地意识到这一趋势。亚当·斯密就曾发现，在"商业社会"中，人们的绝大多数知识都是通过购买得来的。

将本章所讨论的这一欧洲地区的趋势放置在一个更大的社会背景中进行描述和分析也许更具启发性。同一时期的伊斯兰世界极力抵制出版印刷，在18世纪早期，这里的印刷工场寥寥无几，伊斯坦布尔的一家印刷作坊仅仅维系了数年经营便宣告倒闭，而且它印刷与出版的书也是屈指可数。[78] 也许将欧洲的情况与东亚,尤其是日本进行比较更为有益。尽管这一时期,洲际贸易已有所发展,但是德川幕府治下的日本,其书籍的商业化是与该国休闲娱乐的城市化、商业化密切联系在一起的,它与西方的趋势并行发展,却无甚关联。[79]

从 17 世纪开始,伴随书店的兴起,日本的印刷出版业也出现了蓬勃发展的征兆。书籍贸易的扩大与新型图书——它们被称为"假名草子"(kana-zoshi),或者可以被译为"畅销小说"(chap-books)——的兴起密不可分。这些书不论是传奇故事还是运势手册都不是用通行的汉字书写的,而是使用了一种更为简单的音节文字(片假名),这就便于一些新的阅读群体,如女性(因为她们没有机会学习汉字)接触到这种相对便宜的出版物。[80]1659 年,京都的书商所列出的目录中包括了作者姓名、书名、出版商和价格等信息。到了 1696 年,里面的书名加起来总共有差不多 8000 个。

在中国,16 世纪的意大利耶稣会传教士利玛窦算得上是最有资格进行中西比较的人了。他对比了中国和意大利两国的图书市场,认为中国的书籍更为廉价。利玛窦的发现很有意义,他认为中国人口众多(有逾一亿人口),书籍销售市场广阔,而且文字统一,这些都有利于产生大规模的经济效益。一方面,虽然(在当时)一位被认为有文化修养的人至少要认识三万个汉字,这需要长年累月地学习才能达成,然而(实际上),在近代早期,中国人的读写能力普及程度要比历史学家过去所认为的更高。另一方面,一个人只要能运用 2000 个汉字就可以应付日常生活,而且有证据表明一个普通的城镇居民,不论男女,基本上都能达到这个水平。[81] 廉价出版物,如年鉴和小型工具书随处可见,福建省的印刷工人尤其擅长此类书籍的生产和销售。换句话说,这一时期的中国和欧洲一样都存在知识的"商品化"的趋势,只不过这一过程在中国表现得不太明显(百科全书除外)。

中国编著百科全书的历史可以追溯到 3 世纪。与西方的古典传统不同，中国的这一做法源远流长，而且从未中断过。仅有明一代（1368—1644），中国政府就修撰了大量百科全书，其中有 139 部至今仍为人所知。同西方相比，中国更早地出现了卷帙浩繁的巨型百科全书。15 世纪早期的《永乐大典》就是一个例子，它动用了 2000 多位编纂者，共修成万余卷。由于成本过于昂贵，该书无法印制出版，就连保存也极为困难，仅有不到 4% 的文稿残存至今。1726 年（清代早期），在清政府的资助下，《钦定古今图书集成》问世。这部伟大的著作多达 75 万余页，极有可能是当时世界上篇幅最长的书。从 1772 年到 18 世纪 80 年代末，清政府又相继编修并完成了另一部鸿篇巨制——《四库全书》。该书旨在收集传统知识，甄选收录了 3500 多部书，它的原稿及副本分别被寄存在 7 个不同的地方。[82]

中国和西方的百科全书在组织编撰、实际功效和阅读群体等方面的区别值得我们重视。早在唐代，中国就已经出现若干百科全书，但是这些书的主要目的是帮助考生应对科举考试（这些考生为了跻身帝国朝堂，需要通过科举考试）。科举考试的主要形式是文章写作，而这些工具书便（顺势）按照不同的主题分门别类地收集整理了各种名家名句，便于一些记忆力良好的考生引经据典，为其答卷锦上添花。至于《古今图书集成》，它是由国家资助完成的，印刷出版的副本更是寥寥无几，这些都说明清政府修撰该书的本质目的是协助官员的日常工作。如果我们将这两部书与钱伯斯、泽德勒和狄德罗的百科全书进行比照，差异立现。朝鲜政府对书籍印刷出版的管制比中国政府更为彻底，有些特殊时期（甚至）严禁私印私售书籍。[83]

比较当然是为了得出一个新的推断，但是我更倾向于认为，通过比较，可以突出两种极端不同的知识体系间的特点，这两种知识体系也许可以被称为中国的"官僚式知识组织模式"和欧洲的"企业式知识组织模式"，后者有时也被视作"印刷资本主义"（print capitalism）。[84] 回到欧内斯特·盖尔纳的说法（参见第 7 页），我们可以

第七章　知识之销售：市场与出版业　|　195

这样认为,在近代早期的中国,知识总是与强权联系在一起的,(也就是说)在这种情况下,知识(的生产、保存和传播)依靠的是官吏和毛笔而非武士与刀剑。

另外,在近代的欧洲,知识与印刷生产的关系则相对比较密切,这也使得欧洲的知识体系更为开放。印刷术的发明有效地刺激了一类新型社会群体的诞生和发展,他们热衷于将知识公之于众。这并不是说知识的公开仅仅出于经济目的;正如我们上一章提到过的,政治上的敌对竞争也会导致一国政府出卖他国机密。尽管如此,纵观整个近代早期,我们不难发现信息市场开始并逐步变得越来越重要,甚至就连那些"纯粹"的学院派知识也受到了这一趋势的影响。

托斯丹·凡勃伦也曾通过一个典型的案例生动形象地说明了类似的观点。凡勃伦认为,在他生活的那个年代,美国的"高等教育"充斥着当时流行于商业和技术行业领域的"实用论"(matter-of-fact)和"机械论"(mechanistic),而他呼吁一种"高度纯粹的知识体系"。[85]事实上,对知识的甄选、组织和表述并不是一个完全客观中立的过程,恰恰相反,这一过程经常不可避免地受到经济、社会和政治体制等诸多因素的影响。

第八章　知识之获取：读者部分

> 要想通过正门步入学术的殿堂需要付出大量的时间，并且需要按部就班，有礼有节；而那些行事轻率、心境浮躁且不拘小节之人则（只能）寄希望于走后门。
>
> ——斯威夫特（Swift）

> 知识分为两种：一种是我们本身已知晓的，而另一种是我们知道该从何处获取它的相关信息。
>
> ——约翰逊（Johnson）

在上一章中我们着力探讨了以获取利益为目的的知识生产及其与18世纪"消费社会"兴起之间的关系，现在让我们将目光转移到消费者本身，研究他们是如何获取、占有和使用知识的。

个人在知识领域的消费行为相对来说容易得到更好的记录。在一些存货清单上就经常列有各类藏书的书名目录。第七章所讨论过的"预约出版"产生了大量预约者名单（参见第167页），这些名单为历史学家研究在不同时期、不同地域阅读不同类型书籍的读者大众提供了便利。研究过程中一些有趣的现象值得大家关注，例如约翰·哈里斯的《技术词典》（参见第 172 页），该书的订购者既有像艾萨克·牛顿和古典学家理查德·本特利（Richard Bentley）这样的大学者，也有诸如造船工匠和钟表匠这样的普通民众。再如狄德罗的《百科全书》，这部书原本一直被视为反对教会的经典之作，然而它的预约者中却不乏大量的法国教会人士。[1]

订购清单有时也会提醒我们注意这样一个问题，那就是时人若想独自接触知识，会受到一些限制。只有极少比例的人能够支付得起一部对开本的百科全书甚至一本杂志的价钱。公共的或者是私人所有但也面向公众开放的图书馆确实存在（参见第 67 页），但是民众真想使用它们，却会受到诸多因素的限制——地理位置的局限是最常见的一种。和其他地区的民众相比，罗马和巴黎的居民在这一方面占有巨大的优势（参见第 68 页）。1716 年，一位名叫让·巴贝拉克（Jean Barbeyrac）的法国法律作家就表示，比起洛桑，他更希望居住在柏林，因为在那里他能更好地利用当地的图书馆资源。1763 年，英国历史学家爱德华·吉本（Edward Gibbon）在洛桑和日内瓦的公共图书馆中工作，他也曾不无遗憾地抱怨，伦敦竟然没有一家公立图书馆（不过在 1770 年，也就是大英图书馆开放后不久，他就获准进入其中查阅图书）。[2]

图书馆的运作状况和地理位置极大地影响了人们对知识的获取。近代早期，人们能否利用图书馆资源很大程度上取决于图书馆馆长及其工作人员的态度。例如一些外国学者就经常在他们的通信中抱怨，要获准进入威尼斯的圣马可图书馆有多么困难。加布里埃尔·诺德也曾在他的一篇论图书馆的文章中指出，只有牛津的伯德利图书馆、米兰的安布洛其亚图书馆和罗马的奥古斯丁图书馆允许学者自由出入（据悉，在 1620—1640 年间就有 350 多位外国学者使用过伯德利图书馆）。17 世纪的英国旅行家理查德·拉塞尔斯（Richard Lassels）也曾盛赞安布洛其亚图书馆"迎来送往八方学者，允许他们查阅任何想要阅读的图书"，而罗马的大学图书馆和奥古斯丁图书馆也是"每天面向公众开放，并有一位谦恭的绅士帮助读者找寻任何他想要查阅的图书"。

这一时期，公共图书馆成倍增加，读者和可供取阅的书籍数量亦是如此。例如在 1648 年，就有 80—100 名学者经常性地出入位于巴黎的马扎然图书馆。1726 年，维也纳的皇家图书馆正式面向读者开放，10 年之后，巴黎的皇家图书馆也紧随其后，接纳了更多的读者。到了 18 世纪后期又出现了订书专用的印制表格，这说明订购书籍已经变得越发规范化。然而还是有人表示不满，如报人塞巴斯蒂安·梅西耶（Sébastien Mercier）就抱怨道："如此巨大的资源宝库每周竟然只开放两次，而且每次还只有两个半小时……读者能享受到的服务少得可怜，另外，工作人员的态度还如此倨傲。"[3]

这一时期，在伦敦、巴黎和一些其他地区（参见第 152 页），面向大众的演说（讲座）甚至变得比专门针对大学生的还要频繁，越来越多收集私人珍藏的博物馆也逐步对外开放——从留存下来的参观者登记册中，我们可以清楚地看到，这些博物馆至少已经对上流社会的人群取消了限制。[4]

尽管如此，本章还是希望能通过考察人们对书籍、期刊的阅读状况来进一步研究知识的被接受过程。我将特别提到期刊，因为它使学习变得更为容易。正如一位意大利哲人切萨雷·贝卡里亚（Cesare Beccaria）在杂志《咖啡馆》（*Il Caffè*）中写到的那样，期刊比书籍更能广泛地传播知识，就像书籍比手稿更能传播知识一样。读者敬畏书籍，不愿意将它们置于家中。而期刊不同，它更容易亲近读者，"就像是一位挚友，只想时常在你耳边呢喃"。

第八章　知识之获取：读者部分

阅读与接收

要想获取知识,单靠能接触更多的信息是远远不够的,读者个人的才智、判断和实践也非常重要。前人尚未对"听"和"看"的历史作过深入的研究,但是在过去的二十多年中,"阅读"的历史却已经引起了诸多重视,而且它还引出了一种对科学史的新的撰述方式。[5]

这种新的研究路径也引发了很多争议,这些争论大多聚焦于泛读的兴起这一问题上。所谓泛读只是现在的说法,换句话说就是浏览、略读或翻看。有一位历史学家就认为,在18世纪后期的德意志,人们的阅读方式开始从精读转向泛读,从而拉开了"阅读革命"的序幕。另一位历史学家则描述了一个更为渐进、更为普遍的阅读方式的演变过程——书籍的泛滥和"去神圣化"使得"人们阅读书籍的态度从最开始的细致、虔诚逐渐变得粗略、草率"。18世纪中期,约翰逊博士就曾以他惯有的威严(语气)质问他人道:"先生,您(真的)会阅读完整整一本书吗?"[6]

话虽如此,但我们需要注意,泛读并非这一时期的新生事物。早在古罗马时期,哲学家塞内加(Seneca)就论及过这一问题。在他写给学生卢奇利乌斯(Lucilius)的第二封信中,塞内加将浏览书籍比作囫囵吞枣(toying with one's food),并告诫卢奇利乌斯不要这样做。弗朗西斯·培根也在他的文章《论学》中将阅读与吃饭作了类比。培根认为读书有三种方式:"有的书只需浅尝辄止,有的书粗略翻看、知晓大义就好,只有极少数的书要求读者必须仔细咀嚼、反复琢磨,这样才能吸收其精髓。"培根的建议也从侧面提醒我们,17世纪的人们和现在的大多数人一样,极有可能已经开始尝试各种不同的阅读方式。约翰·哈里斯也在其《技术词典》的前言中写道:"(读者)无论是精读此书,还是像对待其他词典一样仅将其视作参考,都会获益良多。"

学院和大学往往鼓励精读,它们要求学生必须非常熟悉某些文本,比如亚里士多德和西塞罗的文章、圣经以及《罗马法汇编》(*Corpus of Roman Law*)。为了达到这一要求，学生们必须练习一门称为"记忆术"的古典技艺，即将他们想要记住的东西与一些经常出现在教堂、剧院中的生动具体的形象有效联系在一起。[7]

在马塞尔·普鲁斯特（Marcel Proust）和与他同时代的社会学家莫里斯·哈布瓦赫（Maurice Halbwachs）出现之前的数个世纪，人们就已经清楚地认识到了联想以及情景带入在记忆行为活动方面发挥着重要作用。也许正是出于这个原因，罗伯特·柯顿爵士（Sir Robert Cotton）分别用罗马皇帝的名字命名他的私人图书馆中的各个主要分区，并将相应皇帝的胸像置于其书架之上。而另一位显赫人物，约瑟夫·威廉森，在其担任西班牙国王查理二世的国务大臣期间也采用了同样的方式来编排他的文件档案。[8]

另外，学生们有时也会边看书边做笔记，这种现象至今犹存，不过这并不意味着记笔记的习惯是自然形成的或者是一成不变的。如果有人书写一部有关做笔记的历史，那么此书将会对思想史的研究作出极为有益的贡献。这部著作（的研究对象）也许会包括演讲的笔记（一些16、17世纪的笔记留存到了现在）和旅行游记，这些行记多为大旅行（the Grand Tour）*时期那些访学欧陆的青年贵族所作。[9]

笔记也可以直接标注在书本上。有的读者会在文句下方画线标记，或在题头上作注解，抑或直接写上"注意"（nota bene）等字样。为了方便更多的学生学习，有时一些印刷商也会插入此类旁注。当然，笔记也可以记录在专门的笔记本上。一些善于编排的学者会为不同的学科准备专用的笔记本，以孟德斯鸠为例，他就在特定的笔记本上分门别类地记录下了有关历史、地理、法律、政治、神话学等学科的笔记。

---

* 大旅行，指18世纪欧洲贵族子弟在完成大学教育后所做的一次长途旅行，包括参访名胜古迹和文化遗产。——编注

到了 18 世纪或者更早些时候，人们已经学会了在长纸条（fiches）上记笔记，这么做的一个好处就是人们可以随时随地按照自己的需要重新排列组合这些纸条。然而，纸条毕竟容易破损，因此一些学者更青睐于将笔记记在卡牌背面，这就是后来的卡片索引系统的原型，它在人类的知识生活中占有举足轻重的地位，直到近期个人电脑的诞生。[10]

学校训练学生们如何做笔记的传统可以追溯到 16 世纪甚至更早。16 世纪时，英文中的"note"一词才具有现代意义上的"笔记"之意，而"digest"也才开始作"摘要"讲。这一时期，人们经常建议他人好好保存我们现在所说的"摘录簿"（commonplace books）——即一种经过系统整理的、大多按字母顺序编排其"主题"或"摘句"（loci communes, lieux communs 等）的笔记本（文本）——按照第五章的观点（参见第 95 页），这也不失为整合知识的一种常用方法。将记忆术中的"情景带入法"与普通事物相结合，不仅有助于作者写作新的文本，也会便于一些读者——无论他们是学生、撰写辩护稿的律师还是布道的传教士——消化吸收文本中的知识。

以传教士为例，他们更喜欢阅读或编写一些与本职工作相关的书，如布道大纲（sermon outlines）这种在 15 世纪就已经印刷发行的文本。布道大纲也被戏称为"安睡"（Dormi secure），因为它们有助于安抚传教士们在周日弥撒前的紧张焦躁。有时，传教士们还会参阅本书第七章（参见 171 页）提到过的弗朗西斯科·拉巴塔的《传教士指南》或者文森特·胡德利 8 卷本的《传教士宝典》（1712）。《传教士宝典》到第四版时已经扩展为 23 卷，它按首字母顺序编排布道主题——大多是像"受难"或"野心"这类道德主题——此外还包括一些能帮助读者确切理解圣经的参考书目以及教会的创始人、（著名）神学家和传教士（的名单、事迹）。在胡德利的著作中，我们常常可以看到作者习惯性地将同一事物的不同性质（如谦卑与傲慢）放在一起进行思考和讨论，这恰恰反映出该书沿袭了札记的传统。

将一些具有可比性或对立的抽象概念放在一起有助于读者整合信息，并在需要这些信息时方便查找。遵照一些教育作家，如伊拉斯谟和比韦斯的建议，这些概念主要包括审慎、公正、刚毅、节制等道德品质方面的内容，有时也会在这些美德后面附上相应的恶行。学生可以在这些标签下记录在荷马、维吉尔或其他古典作家的著作中出现过的典型例子，并将它们作为论据，在辩论或反对某一特殊行为时派上用场。但是，由于相同的例子频繁出现，"摘录"这类书籍的编撰理念也不再时兴，它亦从过去的一种信息整合模式沦为后来我们所说的"陈词滥调"。[11]

各个学院或大学都要教授摘录簿所采用的道德修辞法，它影响了近代早期整个欧洲的阅读模式，因此，后世学者可以利用这些道德修辞，还原或重建当时的阅读方式。以历史为例，当时有一些著作或论文专门探讨了阅读历史书籍的艺术，如让·博丹的《如何轻松理解历史》（Jean Bodin, *Method for Easy Comprehension of History*, 1566）一书中的《论阅读历史著作的顺序》一章最为典型。在该书的第三章，也就是《论历史材料的适当编排》中，博丹建议他的读者在阅读过往发生的事件时，将那些偶然发现的事例分为四大类——卑下的、高尚的、有用的和无用的——并把它们摘录成册，好好保存。

历史研究的正当性也有道德层面的因素。阅读李维、塔西佗和圭恰迪尼（Guicciardini）著作的读者应该从他们的作品中寻找道德榜样，以期扬善去恶。古往今来的历史学家在他们的著作中不断提供各种道德反思，书页上的旁注提醒读者们注意这些反思，有时这些道德反思甚至还会被单独列为一系列格言或短评印制出来，并教导人们要学习那些道德楷模。因此，我们不难发现这样一个现象：16世纪的民众阅读历史的方式与我们现代人大相径庭，他们关注道德寓意远胜于事实真相，常常更关注情势的普遍状况而忽视事物的特殊性质。

史书中也经常会出现很多修辞格言。和众多古希腊、古罗马的同

第八章 知识之获取：读者部分 | 203

行一样，16世纪的历史学家往往会借其笔下人物，如顾问、将军或大使之口，通过一种演讲的模式发表自己的见解。这些见解或是对某一特别行动的争论、驳斥，或是对即将出征的将士们的忠告。一位名叫弗朗索瓦·德·贝勒福雷（François de Belleforest）的法国职业作家曾于1573年出版了一部《演讲集》（Harangues），该书不仅收录了许多古代和近代重要历史学家的演说——每篇演说前都列有议论摘要，结尾都附上了相应的成效记录，而且包括了一份详尽的格言索引，这无疑增加了该书的参考价值。

参考书

如果说摘录簿鼓励人们精读，那么参考书的兴起则刺激了泛读的发展。此前我们已经站在生产者的角度探讨过这类书籍（参见169页），现在是时候转向需求者的立场，看看这些书都供应给了谁，提供了哪些知识，以及读者是如何利用这些书的。

所谓参考书，并不是那种需要读者从头到尾仔细阅读的书籍，相反，它仅供查阅，读者可以依据自己的喜好和需要，从中找到一些特殊的信息，这不失为一条获取知识的捷径。本章题词所引的那句斯威夫特的话正好就巧妙地揭示这一点：参考书就是那扇"通往知识殿堂"的"后门"。

然而平心而论，从读者的角度看，没有什么书是绝对的参考书。因为任何书，包括小说都可以作为参考；同样地，任何书，包括百科全书在内，都可以供人阅读。书的部头越大，读者往往越难全面阅读。我们与其将参考书限定为一成不变的涵盖了各个主题的汇编，还不如通过读者的实际操作来为它下定义。

以巴尔达萨雷·卡斯蒂廖内的《侍臣论》（Baldassare Castiglione,

Book of the Courtier）为例。这部对话录于 1528 年发行第一版的时候，它的作者也许只是想探究一系列宫廷生活和教育问题，并非为了给这些问题提供清楚确切的解决方案。不仅如此，该书的初版（对卷本）甚至还没有划分章节，非常不便于读者从中快速有效地查找任何信息。然而《侍臣论》很快便成了一部畅销书，在它出版后的一个世纪中，该书被译为多国语言，共发行了 125 个版本。留存至今的《侍臣论》副本显示，当时的许多读者纷纷仿效书中所言，学习文雅得体的举止，有的甚至还将书中的奇闻逸事当作交际聚会时的谈资。一些印刷商利用了这个商机，为这些希望从书中寻找实用知识的读者做了一套信息检索系统，例如将该书分为不同的章节，提供详细全面的注释、索引和目录表等。印刷商的这些努力很快就将《侍臣论》从一本对话录转化成了一部工具书。[12]

近代早期，书籍的排版格式也发生了变化，这些变化更清晰地反映很多书不是为精读而设计的。索引和内容目次使用更为频繁。"目录表"一词常按字面意思理解，因为章节列表有可能被本书第五章所讨论的表格形式的纲目所替代或补足，这种表格能使读者几乎扫一眼便可看懂书的结构。比如罗伯特·伯顿所著《忧郁的解析》一书，就运用了这种技巧来表现忧郁的定义、种类、原因和症状。症状有精神症状和物理症状之别，原因则有一般的或特殊的、自然的或超自然之分。

此外，年表中（parallel columns）的使用，有助于读者将不同的时间系统（犹太教的、基督教的、伊斯兰教的等）对照思考，如此能揭示"时代误置"。需要指出的是，与统计学（参见第 135 页）兴起相伴而来的，是日益重要的数据列表——不论书的主题是天文学、历史学或是政治经济学。表格能够辅助比较和对比，常用于从植物志到训练手册之类著作的图表和其他插图，使读者不花太多精力看文字也能使用书籍。为了理解地图、数据表等所表达的含义，对新式阅读技巧或读写方式的需求也在增长。

书籍数量的增多，引出了如何不费时地比较对同一现象的不同记载的问题。为放置一系列打开的书而专门设计的书轮，让校对工作更容易些。一个16世纪晚期的这样的书轮，现仍保存于沃芬布特尔的奥古斯特公爵（Herzog August）图书馆中。

一些特定种类的书的内容编排组织的方式，能有效避免人们将它们从头看到底。此类书有字典、地图册和地名词典、（星体、植物或图书）目录、格言警句选集（比如伊拉斯谟的成名作《箴言录》），或是百科全书——尤其是那些按字母顺序编排的《百科全书》。

字母排序法

正如达朗贝尔为《百科全书》（参见第115页）所写的序言中指出的，至少就西方而言，百科全书的信息编排实际上有两种方法。其一是他所说的"百科全书法则"，即按主题编排组织，如传统的知识树。其二是"词典法则"，即将主题按字母的顺序进行排列。

字母排序法早在11世纪就被以《苏达辞书》（Suidas）著称的拜占庭百科全书采用。13世纪的西多会修士使用了此种索引方式。[13] 闻名遐迩的巴黎圣维克多大修道院图书馆在16世纪早期就以字母顺序进行编目，伊拉斯谟也用相同的方法编撰其著名格言选集——《箴言录》（1500）。格斯纳的《图书馆》（Library, 1545）一书，所列之书按字母顺序排列，而他的《动物志史》（History of Animals, 1551—）也以字母排序法列出各类动物。天主教的《禁书书目》采取了相同的原则，[14] 甚至一些博物馆也采取这种方法。例如，法尔内塞家族（Farnese family）于卡普拉罗拉的豪宅中的收藏品，整齐地放在标着A到N的字母的储柜之中。

到了17世纪，字母排序法逐渐成为一种惯例。[15] 牛津大学伯德利图书馆馆长托马斯·詹姆斯（Thomas James）希望对1605年出版的图书馆藏目录按字母排序法进行整理。然而，图书馆创始人托马斯·伯德利爵士则坚持使用传统的学科分类法，詹姆斯只能做一份以字母顺序排列的索引聊以自慰（1620年的目录版本则采用了字母排序法）。[16]地名词典的名称就是这样处理的，如《全世界的ABC》(*ABC de tout le monde*, 1651)。政治家让-巴普蒂斯特·柯尔贝尔的图书馆就有"字母顺序表"，上面罗列出像地图和条约等重要手稿。[17]以字母顺序表编排组织的工具书的著名例子，有劳伦修斯·拜耳林克（比利时神学家、教会作家和百科全书编纂者）的《人生剧场》(*Theatre of Human Life*, 1631)，是一部茨温格百科全书的重新整理版；还有路易·莫雷里的《历史大词典》(1674)，多次再版；以及皮埃尔·培尔回应莫雷里著作的《历史与批判词典》(1697)，显然，培尔在其词典中用字母排序法写作。[18]18世纪中期，塞缪尔·理查德森（Samuel Richardson）为其读者编辑了一本据说是最早的小说索引。到了17世纪末，图书馆开始为其藏书以卡片形式进行编目（最初写在纸牌背面），以便新增书卡仍能按字母顺序插入。[19]

然而，虽然今天看来这个准则明晰易懂，但当初这种按字母顺序编排的方式（并非按主题组织，另附上按字母顺序排列的索引的方式）较晚才取代旧式的系统。1500年，伊拉斯谟发表了以字母排序法编排的格言集，1596年它以主题编排形式再版。字母排序法在17世纪末对编纂伊斯兰世界工具书的编辑而言还较为罕见。巴泰勒米·德尔贝洛在他所著的《东方文库》(Barthélemy d'Herbelot, *Oriental Library*, 1697)的前言中，认为有必要为此向读者致歉，虽然这一方法"并没如人想象的那样产生那么多的困惑"。吉本在其《罗马帝国衰亡史》第五十一章中，仍抱怨他不能"消化"德尔贝洛那部书的字母排序法。《不列颠百科全书》(1771)的序言批评了钱伯斯的《百科全书》，说他们想要把科学置于以字母顺序排列而成的各种术语下加以解说，是件多么愚蠢的事。[20]

两种系统之间的冲突,很好地说明把知识的历史视为一个进步的故事来叙述时会引起一些问题。由主题式系统向字母顺序系统的转变,不是简单地由低效到高效的转变;它可能反映世界观的改变(参见第115页),人们失去了世界与话语对应的信念,同时也对应于阅读方式的改变。

第五章中描写的传统百科全书,显然不适合读者对特定条目的快速查询,而字母排序法则节省了时间。然而,这种可被称为"苏达方法"的排序法,对于解决信息检索问题仍有其代价。加拿大传播理论家哈罗德·英尼斯曾抱怨,"百科全书是如何分割知识并将其置于按字母顺序排列的匣子中的"。[21] 这样的百科全书反映了(又鼓励)现代的知识割裂。德尔贝洛曾提及一个"困惑":字母排序法不便于读者查阅图书,不仅仅是由于读者不易掌握一个新系统的规则。

毕竟,传统的主题式、有机式或整体式知识编排法,显然有极大的优势。它鼓励精读的读者留意达朗贝尔所谓的"知识衔接"(l'enchaînement des connaissances),换言之,是不同学科或专业之间的关联,这种系统以此为基础。中世纪和文艺复兴时代的百科全书,其出版目的是阅读而非参考(尽管像赖施所编百科全书,也可能包含一个以字母顺序排列的索引)。

字母排序法有些武断,却可以通过对照检索有关主题的其他条目来弥补缺陷。如莱布尼茨所指出的,这个系统在借助不同的观点来陈述同一材料时会有优势。在追踪这些参考资料时,不论有无借助像沃芬布特尔书轮这样的机械装置,都非易事,可见当时的"参考读物"不一定是个轻松的选择。正如英国作家迈尔斯·戴维斯 1716 年在其《不列颠雅典》(Myles Davies, *Athenae Britannicae*)中抱怨说:"上百个读者中,没有一个人会按附带的参考资料要求的那样,不辞辛劳地来回翻阅。"然而,《百科全书》中的一些对照检索无疑无须追踪检索便可达成其颠覆性的目的。例如，针对一篇有关圣餐的文章，可以在结尾建议参看"食人族"。

对史学研究的帮助

我们也许可以以历史自身为例，为大家更加生动地再现若干世纪以来不同历史阶段的人们是如何利用越来越多的资源寻找专业知识的。我们不妨设想一下这样的场景：一位学者正在潜心发掘某一特殊事件的历史记录，或者是查找某个作古已久之人的相关信息，抑或是一本档案中的只言片语。

如果这一情况发生在 1450 年，那么这位学者将不得不完全依赖于遗存下来的手稿原件；如果这一情况发生在一百年以后（1550 年左右），那么他也许可以从一些引用的参考文献或工具书中获得部分信息。例如，当他想要获取地理学方面的知识时，他可以求助于塞巴斯蒂安·明斯特出版于 1544 年的《寰宇志》；当他需要目录学的帮助时，他可以查阅格斯纳的著作或者是由德意志籍修道院院长约翰内斯·特里特米乌斯（Johannes Trithemius）主持编订的教会作家作品清单，这份清单出版于 1494 年；而当他在研究各独立国家的历史时，也可以借鉴其他学者的研究成果，如侨居外国的意大利人文主义者保罗·埃米利（Paolo Emili）对法国的介绍（该书出版于 1516—1520 年间），卢卡·马里内奥（Luca Marineo）对西班牙的描述（1533），波利多尔·弗吉尔（Polydore Vergil）对英国史的论述（1534），以及安东尼奥·邦菲尼（Antonio Bonfini）对匈牙利的著述（1543）等。到了 1550 年以后，这位学者也许已经可以借助乔尔乔·瓦萨里的作品来查询意大利的艺术家名录了；1553 年，法国学者兼出版商夏尔·艾蒂安（Charles Estienne）又编订了一部历史词典；1566 年，博丹的《论方法》

(*Method*)一书问世,该书囊括了历史学所有领域的论文和文献目录。

到了 1650 年,情况发生了更为明显的变化。一些期刊和专门的工具书开始越来越多地将学者们之间的私人信件当作一种资源来进行收集和整合。[22] 例如,在牛津大学讲师迪戈里·惠尔的著作《历史阅读方法》(Degory Wheare, *Method of Reading Histories*, 1623)和一位名叫保罗·伯尔杜安的德国牧师所编写的更为具体的历史学书目(1620)中都增补了博丹的作品。亚伯拉罕·奥特柳斯(1570)、杰拉德·墨卡托(1585—1595)和布劳家族出版的地图集使人们能更加便利地查找到历史文献中所记载的许多城市和地区。不仅如此,这一时期的很多书中都出现了世界历史编年表,比如约瑟夫·斯卡利戈(1583)和法国耶稣会士丹尼斯·佩塔维斯(Denis Petavius, 1627)等人的那些广为人知的学术著作。

如果学者需要了解某些个人的相关信息,那么他可以求助于那些可被称作"人物传记"的书。比如瑞士人海因里希·潘塔莱翁(Heinrich Pantaleon)所作的一系列德意志名人列传(1565);再比如法国人加布里埃尔(Gabriel du Preau)的那部异教徒词典,该词典出版于 1569 年,按照字母顺序从"亚当派"(Adamites)一直讲到了茨温利(Zwingli)。此外还有画家卡雷尔·范·曼德尔(Karel van Mander)所作的荷兰艺术家列传(1603),梅尔希奥·亚当(Melchior Adam)出版于 17 世纪 20 年代的德意志神学家、法学家及医学家传记。如果要追溯一个家族的谱系,他还可以查阅亨宁格的《谱系大全》(Henninger, *Theatre of Genealogies*, 1598)一书。如果要查询个别国家的相关史实或人物故事,他也可以转而求助于乔万尼·波特罗的相关著述,波特罗的这些著作被收录在艾斯维尔出版社的系列丛书中(第 164 页已有论述),从 16 世纪 90 年代或 17 世纪 20 年代影响至今。无论是颁布敕令的德意志君主们,还是那些传世的德文书的撰写者,抑或是波西米亚的编年史家们,都曾从这些浩如烟海的档案卷宗中获得过帮助。如果某位学者在研究过程中遇到了语言文字方面的障碍,那么为数众多的字典、词典也许能助他一臂之力。在1550年之前，外文词典还是稀罕事物，然而仅仅一百年之后，这些今人看起来必不可少的工具书也开始蓬勃发展。西（班牙）—英、意（大利）—英、法—英、法—西、德—拉（丁）、德—波（兰）、拉（丁）—瑞（典）等翻译词典已属常见，还有一些词典可以同时支持四种、七种甚至十一种语言（包括克罗地亚语、捷克语和匈牙利语）之间的互译。

到了1750年，如果某位学者获准进入一座大型图书馆，那他也许会面对一书架自相矛盾的编年史著作。这些卷帙浩繁的著作中也许会包括英国人约翰·马香（John Marsham）的编年史，以及一部由法国本笃会修士团体出版的评判性研究《论誓约日的艺术》（*The Art of Verifying Dates*, 1750）。这一时期的地图册除了布劳家族出版的六卷本版本（1655）外，还有夏特兰（Châtelain）编订的更为专业的《历史地图集》（*Historical Atlas*, 1705），以及马蒂尼埃（Bruzen de la Martinière）主编的十卷本《地理与批判性大词典》（*Great Geographical and Critical Dictionary*, 1726—1739）。而莫雷里（1674）和培尔（1697）两人所编撰的针锋相对的历史词典在当时的很多出版物中都能看到。1674年，普拉齐乌斯（Vincent Placcius）出版了一部历史词典，此后这类历史词典越来越多，人们从中可以追溯到许多曾经匿名或使用假名的作者。此外，这一时期还出现了一些人物传记词典，比如明克的《学者词典》（1715）以及让-皮埃尔·尼塞隆的四十三卷《精英回忆录》（Jean-Pierre Nicéron, *Memoirs of Illustrious Men*, 1727—1745）。

这一时期的学者们——如英国人托马斯·赖默（Thomas Rymer）、意大利人卢多维科·穆拉托里以及大主教乔万尼·多梅尼科·曼西（Giovanni Domenico Mansi）等——整理编撰的一系列对开本丛书，使得当时的人们可以更多、更便利地使用各种文件档案，比如某些契约、中世纪编年史或是教廷颁发的林林总总的敕令等。1678年，法国学者夏尔·康热出版了一部词汇表，自此拉丁语的古体格式对人们在交流、理解和阅读过程中造成的阻力越来越小。除了档案材料,这一时期与历史学研究相关的参考书目也不少,其中就包括两部由一群德意志学者编订的著作,即科内利斯·德·勃艮的四卷本《历史书目》(*Historical Bibliography*, 1685—？)和布克哈德·斯特鲁维的《历史书目选编》(*Select Historical Bibliography*, 1705)。与此同时,还有两部法国作品也值得一提,那就是路易斯·埃利斯的《史学家藏书大全》(Louis-Ellies Du Pin, *Universal Library of Historians*, 1707)和尼古拉斯·朗格莱的《历史研究法》(*Method of Studying History*, 1713),后者是一篇论文,继承了博丹的传统。此外,一些学术期刊,如《文人共和国新闻》和莱比锡的《学者文萃》也刊登了不少历史学研究(当然也包括其他学科)的新成果。

私人占有

我们可以很清楚地发现,这一时期市面上通行的许多参考书和工具书都是专供某些特殊人群使用的,如教士、律师、医生和妇女等。例如,在德语世界就率先兴起了一股出版以女性为主要阅读群体的百科全书的浪潮。[23]

为了重现近代早期的人们是如何获取知识并将它们付诸实践的,我们有必要进行一些个案研究。在这一时期,一些小图书馆的所有者们也会收藏工具书,对这些工具书进行研究也许具有启发性意义。以16世纪剑桥大学的师生们遗留下来的书籍清单为例,这些清单中就列有大量的词典——尤其是安东尼斯·卡皮努斯(Antonius Calepinus)的词典——和百科全书,特别是格雷戈尔·赖施的百科全书。[24] 目前我们面临着一个至关重要却难以解答的问题,那就是解释当时的人们是如何使用这些工具书的。1588年,西班牙的菲利普二世为了探明法国的村落状况，在派遣无敌舰队远征之前查阅了奥特柳斯的地图集。[25] 不仅如此，神学家蒙卡达在其《西班牙的政治复辟》(*Political Restoration of Spain*, 1619) 一书中探讨人口锐减问题时也反复引用了波特罗的著作。到了 18 世纪早期，像让·博丹、约翰·迪伊、加布里埃尔·哈维 (Gabriel Harvey) 和约翰·开普勒这样的极少数知名学者，他们的阅读方法已经被一些人细致研究过，与此同时，另一位来自波士顿的贵族塞缪尔·休厄尔 (Samuel Sewall) 获取知识的不同途径也被仔细地分析过。[26]

在众多如饥似渴地寻求知识的读者中，有关博学的佩雷斯克的记载最为详尽。他是一位地方法官，学富五车且兴趣广博。在"学报"兴起之前，佩雷斯克已经在普罗旺斯地区居住了 30 年，他凭借着一张国际性的社交网络获取文人共和国的相关信息。佩雷斯克将那些为他提供咨询的朋友们称为"像我们一样极具好奇心之人"，他们之间的通信卷帙浩繁，其中许多业已出版。在这些出版的信件中，既有新书介绍，也有教会元老们的出版物，还有阿拉伯人的历史以及伽利略的最新研究论著、艾斯维尔关于波兰等国的一系列描述性丛书、理查德·哈克路特和塞缪尔·帕切斯编辑的游记选集，甚至还包括价值同样不容小觑的来自威尼斯、阿姆斯特丹、罗马或其他地区的各种时事通讯和报纸的手稿或印刷品。

190

佩雷斯克绝非仅仅从书籍中获取知识，他还是一名狂热的收藏家，乐此不疲地收集诸如古罗马的钱币和埃及的木乃伊等文物。佩雷斯克的这一做法提醒我们，人们可以通过很多途径来获取知识，因此我们不必过分强调阅读的重要性。收集古玩珍品尤能体现出人们对知识的私人占有，因此我们不妨将目光转投回我们前文提到过的一所非常著名的 17 世纪的私人博物馆（参见第 106 页），并关注其中的各种珍奇之物。这所博物馆归一位名叫曼弗雷多·塞塔拉的米兰贵族教士所有，它的藏品目录在 17 世纪时就已出版。诚然，目录无法取代藏品，但是当时绝大多数的人确实是通过这些目录来了解藏品的。

一幅同时代的版画清楚地记录了塞塔拉博物馆琳琅满目的藏品：天花板上悬挂着鳄鱼和其他鱼饰，地板上罗列着鳞次栉比的瓮、罐和半身胸像，房间中央满是镶边橱柜。博物馆的馆藏清单更是让我们感觉到这个小小的房间简直就是一个宇宙的缩影（参见第 107 页），囊括了世间万物。或许我们也可以将这样的博物馆比作一所学校，参观者不仅能从中学到如何利用各种材料，如木材、金属和陶瓷质料，还能看到来自世界各地的特产，如波托西（Potosi）的银器、中国的瓷器、奥斯曼帝国和巴西的弓箭、埃及的木乃伊以及中国和日本的由表意文字书就的文本。清单目录中既收录了书籍名称，如那本门多萨论中国的著作的名字，也提到了各藏品捐赠人的姓名，如米兰主教（他曾为塞塔拉博物馆捐赠了一个日式花瓶），这些都说明了收藏者并非只是简单地将这些藏品视作不同质料的样本，而是将其置于历史和地理的语境中进行考量。[27]

从蒙田到孟德斯鸠

前文已经强调过某些大城市，如罗马和巴黎的重要性，现在让我们将目光投射到一些乡间小镇，探讨一下那里的居民。有证据显示，在 16 世纪后期，英国的乡间绅士们就已经开始获取并彼此交换历史资讯了。[28]佩雷斯克的例子也在上一节中讨论过了。为了了解这一时期发生的变化，我们也许可以将两位法国绅士——蒙田和孟德斯鸠——进行对比，他们喜好游历而见多识广，藏书丰富且兴趣广泛，两人都居住在波尔多附近的乡村里，尽管在时间上他们相隔了一个半世纪。

在蒙田归隐田园之时，他在他即将进行沉思和写作的塔楼中安置了许多书。据我们所知，蒙田共利用过 271 部书，其中只有 3 部法律著作、6 部医学著作和 16 部神学著作,而与历史有关的著作,不论是古代历史还是近代历史的,却多达近百部。[29] 作为一位文艺复兴时期的杰出代表,蒙田熟读各种古典著作,尤其青睐于塞内加和普鲁塔克(Plutarch)的道德论述,同时他还对自己所在地区的历史有着浓厚的兴趣,经常阅读和引用人文主义学者让·布歇的《阿基坦编年史》(Jean Bouchet, *Annales d'Aquitaine*)。他从让·傅华萨(Jean Froissart)的编年史和菲利普·德·科米纳(Philippe de Commynes)的回忆录中了解法国历史;从弗朗西斯科·圭恰迪尼(Francesco Guicciardini)的历史名著中了解意大利。蒙田还利用过其同时代学者让·博丹的《论方法》、《国家六论》(*Six Livres de la république*),后者是一部关于政治体制的比较研究论著。不仅如此,蒙田对欧洲以外的世界也充满好奇,他从西班牙传教士门多萨那里知道了有关中国的知识,从很少的几册书——如西班牙人弗朗西斯科·洛佩斯·德·戈马拉和意大利人吉罗拉摩·班佐尼(Girolamo Benzoni)所作的关于西班牙征服美洲的小册子——中了解南北美洲,从寰宇志学家安德烈·特维和传教士让·德·勒瑞(Jean de Léry)处获得了巴西的信息。

在那个年代,蒙田的阅读方式具有一定的典型性,虽然他的一些看法屡有创见,但总体上还是侧重于寻找道德范式。尽管蒙田非常瞧不起那些他所谓的"摘录小面饼"(pastissages de lieux communs),然而在他的收藏中仍然保留着一本摘录簿和几卷注释。而且,他还在自己珍藏的一部库尔提乌斯(Quintus Curtius)所著的亚历山大大帝传记的书页上做了一些有关"武装战车"、"亚马逊女战士"和"大流士所言"之类的旁注。蒙田早期的散文,读起来就好像是他将那些他所敬慕的作家书中的摘句一一收集并按照某种道德分类组织起来然后再加以延伸、扩充而成的,而他"分门别类做摘抄"的尝试也对他后期论著的标题和目录颇有影响。[30]

孟德斯鸠的研究则更具系统性,他竭尽所能地利用当时他所能使用的各种书。在他位于拉布雷德（La Brède）的乡间别墅中就有藏书3000余卷。本章之前提到过，孟德斯鸠的笔记绝大多数都已散佚，仅存篇名，然而有一本留存至今的笔记（spicilège）却揭示了孟德斯鸠是如何汲取知识的。这本笔记记录了如下内容，例如他需要为自己添置的书，包括约翰·哈里斯和丘吉尔家族编辑的旅行札记；还有就是孟德斯鸠通过与他人（比如从中国游历归来的法国耶稣会传教士）对话而获取的一些知识。

除此之外，这本笔记还说明孟德斯鸠不仅广泛阅读历史名著——如马基雅维利的佛罗伦萨史、彼得·詹诺内（Pietro Giannone）的那不勒斯史和吉尔伯特·伯内特的英国史，而且还喜欢收集剪报——比如《阿姆斯特丹公报》——尤其是当这些报纸涉及一些商业信息，如从里约热内卢出发的满载钻石的航船抵达里斯本等消息的时候。在阅读肯普弗对日本的那段著名描述时，孟德斯鸠做了十分详尽的笔记，这些笔记也或多或少地揭示了孟德斯鸠在阅读选择方面的一些原则。孟德斯鸠对日本人的生存方式尤为好奇，他用"水稻农业"（rice agriculture）来解释日本国内相对稠密的人口分布。从现存的笔记和通信中，我们不难看出孟德斯鸠能够熟练使用多种工具书、参考书，如莫雷里和培尔的历史词典、钱伯斯的《百科全书》以及法国法学家皮埃尔-雅克·布瑞林（Pierre-Jacques Brillon）编撰的多部法学词典。[31]

综合考虑蒙田和孟德斯鸠的个人癖好和独特个性，我们可以将这两位"邻居"之间的不同之处视作16世纪和18世纪两个不同时代在阅读习惯方面的差异。蒙田惯于精读、长于记忆，对脑海中储存的段落文句信手拈来，而且总是关注道德范例；孟德斯鸠则恰恰相反，他喜欢在书中查阅证据（如统计数据），而不像蒙田那样通读全书。

了解异域文化

尽管蒙田和孟德斯鸠获取的异域信息的来源不尽相同，但两人都对异域文化保持旺盛且持续的好奇心。17、18 世纪欧洲主要的思想家亦是如此，如法国的伏尔泰、狄德罗和卢梭；英国的约翰·洛克和亚当·斯密；当然还有德意志的莱布尼茨。1697 年，莱布尼茨致信神圣罗马帝国的女选帝侯索菲娅·夏洛特（Sophie Charlotte），说自己打算在门上贴一张写有"中国通讯处"的告示，以便让大家知道可以从他那里获得有关中国的最新资讯。

总体来说，在近代以前，部分受过教育的欧洲人只能从极少数的书中了解到欧洲以外的世界，但这些书在近代早期逐渐发生了变化。譬如在 1600 年前后，一位有教养的人士（如蒙田）可以从门多萨的著作中感受中国，从戈马拉的作品中看到墨西哥，从勒瑞的文字里了解巴西，或者再辅之以一些传教士的记载，如意大利耶稣会士利玛窦（在中国）与他的同事路易斯·弗洛伊斯（Luis Frois）在日本的传教记录。同样地，人们也可以从非洲人利奥（Leo, Hassan al-Wazzân）的描述中了解到该地的状况，利奥是一位穆斯林，他曾遭海盗绑架，辗转来到罗马。此外，杜阿尔特·洛佩斯（Duarte Lopes）也对刚果进行过描述，并出版了意大利文、拉丁文、荷兰文和英文多个版本。而说到奥斯曼帝国这个曾令无数欧洲人惴惴不安的国度，有关它的记述则更为繁多，其中就包括佛兰德（驻奥斯曼帝国）大使奥吉尔·盖斯林·德·布斯贝克（Ogier Ghiselin de Busbecq）奉命收集的关于该国的一手档案资料。和洛佩斯对刚果的描述一样，这些资料也有诸多版本，如拉丁文版、德文版、捷克文版、西班牙文版、法文版和英文版。

到了 18 世纪早期，人们掌握的或者说可以使用的知识量远超过去，而且他们所征引的书籍也不断发生新的变化。随着奥斯曼帝国入侵欧洲的威胁逐渐消退，人们对这一帝国也兴趣大减，然而与之相对

第八章　知识之获取：读者部分　｜　217

的却是大家对中国的好奇正在与日俱增。除了孟德斯鸠，还有部分读者通过法国耶稣会士杜赫德的四卷本《中国概述》(*Description de la Chine*, 1735) 来了解这个遥远的国度。与"中国热"同时兴起的还有"日本热"，这主要应该归功于肯普弗对日本的详细介绍，这本书在1727年出了英文版，两年之后又发行了法文版，该书的读者不仅有孟德斯鸠，还有德意志哲学史家约翰·雅各布·布鲁克、卢梭、狄德罗以及其他《百科全书》的撰稿人。[32]

欧洲人对于非洲的介绍，除了前文提到过的葡萄牙旅行家洛佩斯的记载外，还有耶稣会传教士劳卜（Jerónimo Lobo）对阿比西尼亚（Abyssinia）的描述，此描述于1673年以摘要的形式印刷出版，促成了一百年后塞缪尔·约翰逊的小说《拉塞勒斯》(*Rasselas*) 的诞生。1704年以后，荷兰商人威廉·鲍斯曼（Williem Bosman）又对几内亚进行了描述，他将几内亚划分为"黄金海岸"、"奴隶海岸"和"象牙海岸"三个部分。不过以上这些都是对非洲沿海地区的描写，直到18世纪中叶，欧洲才开始出现有关非洲内陆地区的详细报告。[33]

欧洲人对南美洲的兴趣也在不断提高。仅在伏尔泰的私人图书馆中就有13部涉及该地区的书，其中包括拉孔达米纳（Charles-Marie de La Condamine）奉命出使秘鲁的官方记录以及他随后在亚马孙流域的所见所闻。拉孔达米纳的这些记述被许多人奉为经典而争相引用，比如自然科学家布丰（Buffon）、哲学家霍尔巴赫（Holbach）和威廉·罗伯森，罗伯森既是爱丁堡大学的校长，同时也是《美洲史》(*History of America*, 1777) 的作者。[34]

对那些没有闲暇时间或者根本就不愿意细读专著的读者而言，百科全书也许是不错的选择。这类人群经常查阅莫雷里、培尔的词典或狄德罗的《百科全书》，即使这些辞书中关于亚洲、非洲和美洲的部分词条不一定翔实可靠。[35]

前文讨论了近代早期的欧洲人记笔记的几种不同的方式，考虑到这一情况，我们不得不说，将域外世界（欧洲以外的世界）划分为一个又一个的主题进行概括性描述或许是这一时期最为恰当的表达形式，这些主题包括奴隶、暴君、野蛮人和食人族等。例如，提到奥斯曼帝国，人们脑海中就会自然而然地浮现出弑兄夺位的苏丹或是莺歌燕舞的后宫；[36] 而一说到印度，人们则会联想到赤身裸体的冥思者（即印度天衣派教徒）和令人眼花缭乱的诸神雕像。1663 年在卡昂大学举办的一次讲座就将卡利卡特（Calicut）这座印度西南部的港口城市描述为一处地方："当地居民不食面包，且生活糜烂，甚至有时会互相交换妻子。"[37]

还有一部分读者对异国独特的书写方式也给予了特别的关注。塞塔拉博物馆和沃尔姆博物馆都展出了不少用阿拉伯文、埃塞俄比亚文、中文还有日文写就的文书。当时的人们普遍认为墨西哥文字与象形文字或者说图形文字有着密不可分的关系，而秘鲁人则采用结绳记事的记录形式。1625 年，塞缪尔·帕切斯出版了一部自己编辑的游记文集，这是墨西哥的象形文字首次亮相于印刷制品。这套文集具有一定的学术影响力，例如荷兰学者约翰内斯·德·莱特就在其《新世界》（*New World*, 1633）一书中借用帕切斯的文章来描述墨西哥的文化；学识渊博的耶稣会士阿塔纳斯·珂雪也不例外，他致力于象形文字的比较研究，雄心勃勃地撰写了《埃及的俄狄浦斯》（*Egyptian Oedipus*, 1652—1654），在该书论述墨西哥的章节中，珂雪同样利用了帕切斯的研究成果。

我们也许可以以西方读者对中国和日本的认识程度为例，进而更加深入细致地探讨他们对异域世界的了解状况。1500 年，虽然《马可·波罗游记》的首部拉丁文译本已经印制出版，但知晓日本的欧洲人仍寥寥无几。在这部著名的游记中，马可·波罗提到了一座名为"Cipangu"（日本国）的岛屿，岛上金银遍地，居民文质彬彬，但除此之外再无更多记载。西班牙传教士方济各·沙勿略则在他的来往信件中反复强调日本人的荣誉感，这一点很快成了欧洲人民的共识。例如，东方学学者纪尧姆·波斯特尔就在他的《奇观》(Guillaume Postel, *Merveilles*, 1553) 一书中认为，早在西方传教士抵达之前，"日本"(Giapan) 实际上就已经是一个基督教国家了。波斯特尔声称他所依凭的所有资料都源自一个名叫"恰伯尔"(Schiabier) 的人和其他耶稣会士留下的档案记录，他还指出当地人信仰的"佛"(Xaca) 其实就是基督，而他们的皇帝则是"拥有最高权力的教皇"(sovereign pontiff)。[38]

波特罗也沿用耶稣会士的材料强化日本人的荣誉感和庄严感，认为在这一方面日本人和西班牙人很相似；他同时也提到了日本地震频繁，日本人喜欢在饮水中混合"一种被称为茶的粉末"。这些零零散散的记录日积月累，越来越多。到了 1669 年，皇家学会在它的《哲学会刊》上发表了一篇题为《一位久居日本的天才人物见闻录》的文章，将日本及其人民概括为 20 个关键点，如"他们写字的顺序是从上往下写；他们的政府是专制政府……他们的左手比右手更尊贵"。但即使是这样，欧洲人对日本的了解也存在漏洞和争议，比如到了 17 世纪后期，法国杰出的制图师德利勒仍在怀疑日本到底是不是一座岛屿。

再来看看中国。欧洲人对中国的描述更是数不胜数。在欧洲人的观念中，中国的皇帝只是徒有虚名，实际上并不掌握国家的实权（就像维科的朋友哲学家保罗·马蒂亚·多里亚在其 1709 年出版的《公民生活》[Paolo Mattia Doria, *Civil life*] 中所讲的那样）；中国的百姓普遍不好战，他们自卫的方式是驯化并最终同化在军事上征服他们的敌人；文字在中国出现的时间更早，而且中国文字是象形文字而不是西方的字母文字；中国人已经发明了火药，并且很有可能也发明了印刷术。蒙田曾认为，火药和印刷术在中国出现的时间要比欧洲早一千年左右。而学者兼书商的普洛斯珀·马谦德（Prosper Marchand）则在他出版于 1740 年的印刷史研究中讨论了印刷术从东方传入西方的可能性。

牛津大学的讲师罗伯特·伯顿学识渊博，但并非东方学研究的专家，他在《忧郁的解析》一书中曾数次提到中国。伯顿对中国清王朝的官吏颇有印象，他将这类人称作"文人"；另外，伯顿还论述过中国社会的一些现象，比如这里没有乞丐，某些学子往往因为科举失利便羞愤自尽。不仅如此，伯顿还比较过东西方的医学，他在参考了利玛窦的言论后写道："在中国，医生的诊疗方式与我们大相径庭……他们将植物的根部和一些药用植物混合在一起调制汤药。他们所有的医术都浓缩在一部植物志中：没有科学的实验、没有学院和流派、没有技巧，也没有学位认证。但是，和我们这里的一些手工行业相似，每一个医生都有师承关系，在他出道之前都是由其师傅私下里传道授业。"

如果说上述内容在《忧郁的解析》出版之前还不为人所知，那么伯顿的宣传足以使它们成为欧洲人的共识，越来越多的人开始关注并描绘中国。1666 年，《哲学会刊》在对最新的一部论及中国的书发表评论时指出，中国人"视人参如珠玉"，还将茶叶作为一味药材。在整个 17 世纪，中国的哲学和医药学吸引了西方世界的关注，欧洲人将孔子、苏格拉底并列为异教美德的楷模。[39]

在探索和了解异域知识的过程中，欧洲人常常会带有先入为主的成见，并且不可避免地做出某些"教化他者"的行为。即使是身在异乡的探险者本人，也难免会受到"刻板印象"的干扰。比如一些欧洲人在描述异己文化（尤其是美洲食人族文化和东方专制文化）时，会夸大它们与自身文化之间的差异。然而另一些欧洲人却恰恰相反。例如，当葡萄牙航海家达·伽马迈入位于卡利卡特的一座印度庙宇时，他直接就将这座寺庙当作基督教教堂，并把大梵天、毗湿奴和湿婆三者之间的组合关系理解为基督教世界中的"三位一体"。沙勿略也在日本看到了（当地的）"西班牙贵族"和（类似于欧洲的）"大学"，他甚至还认为日本天皇极其类似于罗马教皇。再如，耶稣会的传教士用他们熟悉的亚里士多德的"范畴"概念来理解和解释中国的哲学，他们

第八章 知识之获取：读者部分 | 221

将中国人所谓的阴和阳分别对应为"本质"与"形式"。至于那些坐在家里通过传言和文字了解异域知识的欧洲人，本身并无特别的立场，也不大可能对这些误解作出什么评论，因为他们参考的辞书本身就充斥着大量的偏见。

尽管如此，我们还是不能断言近代早期的欧洲人真的就毫不怀疑他们从书中读到的域外世界，我们甚至也不敢肯定那时的读者对任何书中所言的任何事物都深信不疑。知识的可靠性一直都是人们争论的话题，这将是我们下一章准备探讨的内容。

第九章　终曲：对知识的信任与质疑

> 过去的那些怀疑论者永远也不会公开声称自己已经发现了某一条真理，但是他们却为我们指出了探寻真理的最佳路径……（尽管）有的人能从这些怀疑论者一日三变、草率任性的争论中抽身，却仍接受了他们自由探索的理念，对一切研究而言，这是通往知识殿堂、开启真理大门的唯一方法。
>
> ——赛尔登（Selden）

人们并不能想当然地认为知识就一定是可靠的。因为在不同的文化地区和不同的时间段中，人们判断事物是否可靠的标准总是在不断发生变化。[1]近代早期，人们开始对各种各样的知识产生怀疑，这一现象的出现可谓是当时欧洲最重要的思想趋势之一。今人试图深究这一趋势几乎已是不可能，即使只是想要解释它也会略显轻率。下文中的论述也只是我的一些臆想和推测，必然会也确实是说得比较简单，因此，读者在阅读的过程中也应或多或少地以怀疑的眼光审视本章的观点。

为了更有效地表达作者的观点，我们首先应该将两种不同的怀疑主义区别开来，它们分别是一种"高级的"、普遍意义上的或者说哲学（理论）层面的怀疑主义，和一种相对"低级的"、特殊的或者是实践意义上的怀疑主义。比如说，让·博丹就曾对意大利历史学家保罗·乔维奥（Paolo Giovio）提出过质疑，当然这一质疑属于一种实践意义上的怀疑。博丹写道："（乔维奥）写了许多关于波斯帝国、埃塞俄比亚和土耳其的报告，但这些内容是否真实甚至连他自己都不知道，因为这些都是他道听途说的。"我们可以再来看看塞缪尔·约翰逊对孟德斯鸠的著作《论法的精神》的看法。1773 年，约翰逊造访斯凯岛（Skye），他以他惯有的直截了当的态度向鲍斯韦尔说道："无论何时，只要他（孟德斯鸠）想要表达某个奇怪的观点，他都会引用诸如日本或其他僻远之邦的例子来说服你，但实际上他对这些国家的风土人情一无所知。"在本章中，我将重点探究一种"高级的"、哲学理论层面的怀疑主义与一种相对更加常见的，即对所谓的知识进行实际质疑的怀疑主义之间的互动关系。

皮浪主义即绝对怀疑主义的复兴

总体来说，当时的人们对一种哲学层面上的怀疑主义，即绝对怀疑主义非常感兴趣。绝对怀疑主义又名"皮浪主义"（Pyrrhonism），得名于古希腊哲学家爱利斯的皮浪。然而可惜的是，和其他一些绝对怀疑主义者（如卡涅阿德斯 [Carneades]）一样，皮浪的原著在这一时期早已遗失，不过，一部成书稍晚的希腊文本——即塞克斯都·恩披里柯的《纲要》（Sextus Empiricus, *Outlines*）——却为人们提供了这些绝对怀疑主义者的观点概要。他们认为，在评判任何超越其表现形式的知识时，都需要暂缓进度以确定其真伪。[2] 塞克斯都·恩披里柯的这部著作在意大利文艺复兴时重见天日。1562 年，该书在法国出版，并于 1569 年在当地被译为拉丁文。在这部著作的启发下，蒙田创造了他的那句经典格言："我知道什么？"（Que sais-je？）这句格言中的问号暗示蒙田甚至还在怀疑"怀疑"本身。另外，蒙田的弟子皮埃尔·沙朗（Pierre Charron）则喜欢武断而消极地说："我不知道。"（Je ne sais.）在 17 世纪早期，就有一群所谓的博学浪子（libertins érudits）信奉这一观点。[3]

有学者认为，16、17 世纪欧洲盛行的怀疑论是对所谓的"宗教改革的知识危机"的回应。宗教改革时期，天主教徒和新教徒之间存在激烈的争论，这些争论主要涉及宗教本身立足的基础到底是什么——是圣经手稿还是教会的传统？争论的双方在攻击对手方面获得了莫大的成功，却忽视了对自身立场的维护。[4] 这一说法似是而非，令人将信将疑，但教派之争毕竟是一个开端，此后怀疑主义很快就扩展到了宗教事务以外的领域。

例如在 17 世纪，就有一位名叫弗朗索瓦·勒瓦耶（François La Mothe Le Vayer）的法国作家认为历史著作不可信，因为透过不同的视角、站在各自国家和宗教的立场来审视同一个历史事件，人们往往会有不同的看法和评价。在弗朗索瓦·勒瓦耶看来，偏袒是导致分歧的根源，比如西班牙人与天主教会的偏袒，他们都会尽量夸大自身的成就而忽略掉自己的过失。皮埃尔·培尔赞同上述观点，甚至还进一步指出，他从近代历史学家那里所获得的知识，与其说是事情的真相，莫如说是史家的个人偏见。事实上，在 17 世纪那些研究如何书写历史的论文中，护短、利害关系和偏见等问题都是人们重点谈论的对象。[5]

此外，如何区分传世文本的真伪也是众多学者关心的话题。那些冠以"达雷斯"（Dares）和"狄克提斯"（Dictys）之名并流传开来的关于特洛伊战争的记述是真是假？署名"赫尔墨斯·特利斯墨吉斯忒斯"（Hermes Trismegistus）的文章似乎确实预言了基督教的教义，但这些文字到底来自古埃及，还是产生于基督诞生之后？是不是所有据说是教会长老们所作的文书都是奥古斯丁、安布罗斯等人的手笔？同理，那些所谓的出自柏拉图、荷马、维吉尔和贺拉斯等古典学者的文本又是否真实可信呢？18世纪早期，一位名叫让·阿杜安（Jean Hardouin）的法国耶稣会士就因质疑大多数古典著作作者的真实性而大出风头。虽然当时绝大部分学者比较排斥阿杜安的观点，认为它们过于夸张，但是也有部分学者接受了他的观点，并将他对古典文献的怀疑精神进一步扩展到了其他古代文献中去。[6] 其中一个著名的例子就是所谓的《法拉里斯书信集》（Letters of Phalaris），法拉里斯是古代西西里岛的一位暴君。1699年，一位名叫理查德·本特利的英国学者揭露了这些书信皆为后人伪造。可见，前文提及的那位极端怀疑论者让·阿杜安在当时并非独一无二。关于真实性的辩论刺激了实名写作的产生——也就是说，作者不再借用假名或匿名写作——德意志的饱学之士文森特·普拉齐乌斯所著的《论匿名著作》（On Anonymous Writings, 1674）就是一个典型例子。

如果连那些白纸黑字的史诗都有可能是虚假的，那么由这些史诗发展而来的故事又该如何呢？学者们开始质疑埃涅阿斯（Aeneas）是否真的曾经到过意大利（维吉尔的那部《埃涅阿斯纪》毕竟只是文学创作），人们是否真的可以了解古代罗马早期的历史（李维书中所写的那些历史事件要远远早于他生活的年代）。

这一时期，尤其是17世纪，自然哲学界是争论知识真伪的又一主战场。在这一领域，人们逐渐发现那些超越事物表面现象的世界（如原子的世界）以及随之而来的关于这一世界性质的争论，都刺激了怀疑主义（怀疑论）的发生和发展。用约翰·多恩（John Donne）那句广为引用的话来形容这种现象也许最为合适："新哲学使一切都遭到质疑。"以法国自然哲学家皮埃尔·伽桑狄和马林·梅森为例，他们两位对事物的本质持一种相对温和的怀疑态度，承认存在一种仅仅基于描述却不作出任何解释的"外现的知识"（knowledge of appearance）。[7] 同样地，在那不勒斯，医师莱昂纳多·迪·卡波埃（Leonardo di Capoa）也质疑医学知识中所谓的必然性。

在伦敦，罗伯特·波义耳在一篇名为《持怀疑态度的化学家》（Sceptical Chymist，1661）的对话中，借一个叫卡涅阿德斯的角色之口表达了自己的观点。波义耳常常借用蒙田的术语"尝试/试论"（essay）一词来精确地描述自己的作品，突出了这些文字的"假定性"特征；同时，他也时常使用诸如"这不是不可能"等句式来暗示"我所持有的不同观点或我质疑这一说法"。[8]另一位皇家学会成员约瑟夫·格兰威尔发表了一篇题为《道学式虚荣》（The Vanity of Dogmatising）的散文，旨在为温和的怀疑主义辩护。约翰·洛克在他的《人类理解论》（1690）中也曾就"知识与观点"这一话题发表过自己的见解，洛克写道："我们的才能并不足以洞察事物内在的组织结构和本质属性。"（第十二章）洛克对人类能力是有限的这一看法不禁使我们回想起伽桑狄，当他使用"尝试/试论"一词时，也是在暗示读者他的这些观点和总结仅仅是暂时（可信）的，说明与前文提到过的波义耳、格兰威尔一样，洛克也继承了蒙田的传统。

实用主义的怀疑论

与上述这场由哲学家引发的思想理论运动同时进行的是实践层面的或者说实用主义怀疑论。从长远的角度来看，后者的影响范围也许更大、影响程度也许更深。古人的权威（尤其是亚里士多德）遭到了越来越多的质疑和批判，而在大学或其他地方，"知识权威"亦是如此。"批判"这一术语，原本是用来形容我们现在所说的文本校勘和文学批评，而到了17世纪后期和18世纪初，这一术语变得更加普遍、正面和时髦。这一转变的具体表现之一就是在当时出版的许多书的题目中出现了形容词性的"批判"一词，如理查·西蒙的《〈旧约全书〉的批判性历史》(Richard Simon, *Critical History of the Old Testament*, 1678)，皮埃尔·培尔的《历史与批判词典》(1697)，皮埃尔·勒布伦的《迷信行为批判史》(Pierre Lebrun, *Critical History of Superstitious Practices*, 1702) 以及西班牙修士贝尼托·费胡的《普遍批判》(Benito Feijóo, *Universal Critical Theatre*, 1726—？)。

除了哲学领域的激烈辩论，印刷出版物的激增与流传——即所谓的"信息爆炸"，这是本书重点讨论的话题之一——也促进了实用主义怀疑论的进一步发展。印刷出版业的兴盛推动了各种不同的甚至相互敌对的言论的传播，其规模和影响范围都更胜以往。例如，当蒙田试图了解西班牙人的征服史时，既可以阅读到亲西班牙派的洛佩斯·德·戈马拉的观点，也可以看到反西班牙派的班佐尼的看法。同样地，在关于巴西的问题上，蒙田也能读到天主教人士安德烈·特维和新教人士勒瑞的不同论述。在他著名的《随笔录》(*Essays*，第三卷，第七章) 中，蒙田用一种冷淡的口吻提到自己曾阅读过两篇差不多同时期的关于政治理论方面的论文，这两篇文章的作者都是苏格兰人，但他们关于君主政体的看法却大相径庭："信仰民主的一方认为君主比马夫更为低贱，而维护王权的一方则认为君主的权力与其代表的主权甚至要远远高于上帝。"

其实，意识到不同的权威彼此之间存在矛盾，这并不是一件新鲜事：早在12世纪时，哲学家彼得·阿伯拉尔 (Peter Abelard) 在撰写《是与非》(*Sic et Non*) 时就引用了此类矛盾。然而，不可否认的是，书籍的大量涌现确实使越来越多的人认识到这样一个事实，即对相似现象或同一事件的不同描述之间总是存在诸多差异，甚至是矛盾。[9]

同历史文献一样，游记也常常遭到人们的诟病。随着越来越多的旅行者相继出版他们在异乡的所见所闻，游记记载中存在的各种矛盾也愈发凸显。一些旅行者指责他人所载不实。例如，多明我会传教士若昂·多斯·桑托斯（João dos Santos）就指责杜阿尔特·洛佩斯对非洲的记载有误，他甚至还指出一些早期作家们其实根本就没有到过他们书中所写的那些地区，更从未目睹过他们记载的那些风土人情。一些游记被证实只是文学性的艺术创作，例如所谓的"约翰·曼德维尔爵士"（Sir John Mandeville）的旅行札记，这篇文章并未被收入理查德·哈克路特那部著名文集的第二版中；还有就是乔治·普萨尔马纳扎（George Psalmanazar）的《台湾岛的历史与现状概述》（1704）。

普萨尔马纳扎本是法国人，后去往英国，还试图冒充中国台湾岛的本地居民。在他的那本所谓的《台湾岛的历史与现状概述》中，普萨尔马纳扎参考并引用了该岛的早期文献资料，却又加入了一些自己的推断甚至是偏离事实的创见。普萨尔马纳扎记载的内容包罗万象，从台湾岛当时的历史境况到本土文字都有所涉及。在他的谎言被揭穿之前，普萨尔马纳扎曾受邀造访英国皇家学会，并与汉斯·斯隆尼爵士共餐，不仅如此，他的作品还被翻译成了法文和德文。当索尔兹伯里主教吉尔伯特·伯内特要求这个骗子证明自己是个中国台湾人时，普萨尔马纳扎则反问伯内特，他外表长得像一个荷兰人，又应该如何证明自己是一个生长在中国台湾的英国人呢？尽管普萨尔马纳扎如此狡辩，但是在1705年，真相到底还是水落石出了。一位耶稣会士在当时发行不久的《特雷乌杂志》（Journal de Trévoux）上发表文章揭穿了他的骗局。[10]

这一时期，游记的撰写中还存在这样一种现象，即部分旅行者——甚至是那些诚实的旅行者——宁可援引或直接复制一些早期文本也不愿如实记载他们的所见所闻。游记评论家们对此也开始给予更多的关注，除了揭穿骗子的谎言，他们也开始尝试通过各种方法来权衡不同游记（之间的优劣）。像皇家学会或其他类似的欧洲学会的要求也迫使"游记批判"成为当务之急，因为它们几乎都要依靠旅行家

第九章　终曲：对知识的信任与质疑　｜　229

对异域世界自然现象的观察报告来开展相应的研究工作。例如波义耳在研究严寒带来的影响时,就参考了一位曾于17世纪60年代造访过俄国的医师塞缪尔·柯林斯(Samuel Collins)的记述。虽然这些学术机构会和某些旅行家缔约,可以通过编写问卷等方式来引导这些合作者提供它们所需要的信息,但即便如此,评估游记的质量高低依然非常必要。

17世纪,越来越多的历史学家开始怀疑口述史料的可靠性,因此,使用口述史料这一历史学的传统做法在这一时期日渐式微。比如英国古物收藏家约翰·奥布里(John Aubrey)就认为那些记载精灵仙女的"古老寓言"(the old fables)衰落的原因与印刷书籍的兴起有一定程度的关联,根据奥布里的说法,"印刷制品是在内战爆发之前不久才开始逐渐流行起来的"。[11]

各种各样的小册子和报纸杂志也具有类似的功效。在16世纪,尤其是在德国宗教改革运动和荷兰反抗西班牙的战争期间,市面上流行着成百上千的小册子,它们在广大公众面前相互诋毁彼此的言论和观点。竞争的双方使用当时最为时髦的表达方式,揭露对手的谎言和真实目的,这就迫使读者不得不怀疑各方所言的真实性。关于这一点,卡尔·曼海姆在描述20世纪30年代的类似情况时曾经提到过(参见第5页)。

一个历史事件发生后会留下各种版本的报告,而这些报告之间又存在诸多不相融和矛盾之处,这就使早期近代的许多读者成了实际意义上的怀疑论者。正如一位英国人在1569年所评论的那样:"我们每天都能接收到来自各方的信息,它们有时是相互矛盾的,但即便如此,这些信息还是被当作真相一股脑儿地公之于众。"[12]17世纪时,新闻小报逐渐兴起,然而对于大多数读者而言,这些报道中所谓的事情"真相"却比以往的更加不可信,因为各个版本之间总是充斥许多差异和矛盾之处。以对战争的报道为例,这些彼此矛盾的战况信息往往于同一天抵达各大主要城市,人们因此更容易比较它们之间的区别。早期的报纸杂志还算客观,后续报道会纠正前期报道中的一些不实之处,然而恰恰就是这种客观促使许多读者以批判的眼光看待新闻资讯。17世纪后期的历史学家经常指责自己同行的著作不可信,讥讽其为"虚构的故事"(romances)或"小道消息"(gazettes)——这两个术语在此种语境下意思相近。[13]

虽然历史学家们常常因为使用一些戏剧性的表达方式,如用"危机"和"革命"等词来概括某个事件或时代而备受非议,影响了他们的学术著作在市场上的流通,但不论如何,前文罗列的若干理由足以证明,和前文提到过的"宗教改革时期的知识危机"或思想史家保罗·阿扎尔(Paul Hazard)所谓的"欧洲人的意识危机"一样——后者特指1680年至1715年的欧洲——用"知识危机"来形容17世纪的欧洲是合情合理的。[14]"危机"(Crisis)一词最初是一个医学术语,代指病人生死攸关的紧要关头。为了不偏离该词的原意,并尽可能精确地表达出它的意思,我们也许可以用它来代指从一种知识结构向另一种知识结构转化时那段充斥混乱与动荡的相对较为短暂的过渡期。

不论在17世纪后期是否真正有所谓的认知危机,不可否认的是,当时确实存在着危机意识。哲学家和其他学者都在致力于寻求有关知识问题的解决之道,终于,他们发现了两种可能性和方法。

几何学的方法

几何学的方法就是其中之一,它与勒内·笛卡尔息息相关。笛卡尔声称,通过此种方法他几乎找到了解决其自身"怀疑危机"的途径。例如,在笛卡尔的那本著作《论方法》(*Discourse on Method*, 1637)中,他就从寥寥无几的公理出发,演绎出了自己的思想体系。在法国

第九章　终曲:对知识的信任与质疑　│　231

及其他地区，这一方法吸引了无数的追随者。1709年，伯纳德·德·丰特奈尔出版了一部描写法兰西科学院发展史的著作，在该书的序言中，丰特奈尔大加赞赏了这种几何学的方法，给读者留下了深刻的印象，他写道："几何学的方法与几何学本身的关系并非密切到完全不能将之运用到其他知识的研究领域的地步（à d'autres connaissances），在同等条件下，一部经由几何学家之手的伦理学、政治学、批判学甚至是修辞学方面的书或许会写得更好。"

在今天看来，丰特奈尔的表述显得有些夸张，但在当时，他并非唯一一个认为几何学的方法可以被很好地运用于数学范畴之外的人。例如，一位名叫皮埃尔·尼可（Pierre Nicole）的詹森主义者（Jansenist）就写了一篇《几何学式的论文》，该文的主题是"恩赐"。阿夫朗什（Avranches）主教皮埃尔-丹尼尔·休伊特在他的《福音的证明》（Pierre-Daniel Huet, *Demonstration of Gospel*, 1679）一书中则试图去说明基督教是一个历史性的宗教，他的论证基于以下前提（或者说不证自明的公理）："如果一本历史著作所言之事与其他同类书中所记载的别无二致，而这些书的产生年代又与该事件的发生几乎同时，那么，这部历史著作就是真实、可信的。"

人们对几何学方法的热情并不仅仅局限于法国。例如，斯宾诺莎的著作《伦理学》（*Ethics*）的书页上就有"（本书）通过几何学方法进行论证"的字样；而约翰·洛克在《人类理解论》中也有过类似的描述，他将道德与数学都视作"可以被论证的科学"。艾萨克·牛顿的追随者约翰·克雷格则在其著作《历史证据的规范》（John Craig, *Rules of Historical Evidence*, 1699）中通过数学上的公理和定理的形式讨论了历史学的方法，他认为"史料的可靠程度随着该史料与史实之间的时间、空间距离而上下浮动"。

莱布尼茨虽然也质疑几何学方法的普遍适用性，但他确实希望存在一种具有普遍意义的数学（方法）能使意见相左的哲学家们聚在一起推演真理。为了达到这一目的,当时的人们开始尝试构建一套"普世语言"(general language)或"思维字母"(alphabet of thoughts)。在 17 世纪,这种对"普世语言"的迷信非常常见。一个最为著名的例子要属英国人约翰·威尔金斯(John Wilkins)。此人不仅是一位主教,也是皇家学会成员,他受到数学以及汉字字符的启发,于 1668 年写成了一本题为《论如何构建一种真正的文字和哲学语言》(*Essay towards a Real Character and a Philosophical Language*)的书,提出了一套直接指代描述对象本身而非字眼的符号系统。[15]

经验主义的兴起

除了几何学的方法,当时还存在另外一条帮助人们摆脱知识危机的有效途径,虽然这一方法起初并未引起人们过多的关注,但是到了后来,随着维科在他的著作《新科学》(*New Science*,第 331 节)中对它的明确阐释和运用,该方法名声渐盛。

实验方法的兴起和发展是人们对知识危机的又一回应形式,至少在某些领域,它被视作"一种生产自然知识的系统化方式"。[16] 培根提出的"探究自然"的理论和波义耳的实验(他的气泵)都是这一方面的典型例子。平心而论,系统化的实验并非 17 世纪的新产物,毕竟早在 13 世纪就有一位哲学家利用几个透明的球体和一些水,从阳光折射或反射的角度来解释彩虹的成因。不过,系统化实验在这一时期确实有所突破:它得到了进一步的传播,并受到了越来越多人的认可,逐渐成了一种"制造知识的活动"。[17]

然而可惜的是,实验的方法不可能帮助我们探究自然界的一切,更不用说整个人类社会了。物理学或化学的方法就不一定适用于其他学科,比如天文学和植物学。不过,还有一种同样也是依托于实验的方法

（参见第16页）——我们称之为"归纳法"或"经验主义的方法"，虽然它们相对来说不是那么系统和精准，却具有更普遍的适用性。

将经验主义看作在某一特定时期内，由人们发掘或创造出来的对怀疑主义的一种回应，这也许听起来不可思议。经验主义和归纳法是一种放诸四海而皆准的方法，这在当时似乎是一个不证自明的真理，人们会不由自主地使用它，就像莫里哀（Molière）笔下的人物茹尔丹先生（Monsieur Jourdain）总会无意识地朗诵散文一样。最近有一篇论述真理的历史的论文指出，人们在承认某一事物为真理时一般会依据以下四种理由：情感、权威、理性和感知。虽然这四种因素"古已有之，但是它们之间的关系和平衡却总是随着文化和时代的差异而变化"。[18] 在近代早期，人们更倾向于利用理性和感知（有的时候凭借直观感觉，有的时候需要依托一些器械，如望远镜、显微镜等）来判断事物的真伪。这一时期出现了一个新的现象，那就是人们日渐增强的"方法意识"，这与科学仪器的使用、对特殊事例的系统收集以及实用手册的兴起密不可分。

让我们再回到高级的哲学层面来探讨这个话题。尽管亚里士多德对植物标本或政治体制很感兴趣，但这也不能掩盖其忽视"个体知识"（knowledge of particulars）的事实。正如他在《后分析篇》（*Posterior Analytics*）中写道："知识建立在对普遍事物的认识之上。""个体知识"适合于描述，如亚里士多德在《动物志》（*History of Animals*）中所说的那样，它是形成总体的、普遍的知识的基础，但它本身并不能为我们提供真正的知识。从希波克拉底到盖伦，医学始终都要比其他学科更加重视"个体知识"，当术语"经验主义者"（empirics）一词创生于古希腊时，其本意就是指代一支反对"教条主义者"（dogmatists）的医学流派。然而，仅仅就认识论而言，亚里士多德的观点远远要比经验主义更受关注。

从16世纪至今，许多领域——不论是医药学还是历史学——的研究者都要比以前更加重视"个体知识"和"细节知识"(cognitio singularium),在哲学领域,还有从培根到洛克一系的哲学家为它保驾护航。而到了18世纪时,"经验主义"已获其名。[19]

正如卡洛·金兹堡(Carlo Ginzburg)所说,具体细节之所以能引起人们的关注,是因为它们本身就是通往某些更为宏大的研究对象的"线索"。[20]长久以来,医师们都是依靠那些无关紧要的临床病征来诊断病情。16世纪时,一些自然哲学家开始比前人更加注重对"自然史"(natural history)——换句话说,"发现"和"描述"——的研究。[21]譬如,意大利植物学家皮耶尔·安德里亚·马提奥利(Pier Andrea Mattioli)就指出记载"细节"(minutiae)的一手报告的重要性。最晚在17世纪,包括医学家朱利奥·曼奇尼(Giulio Mancini)在内的鉴赏家则根据画作中展现的细枝末节来鉴别画作的真伪。[22]由于观察家们的努力以及他们对望远镜、显微镜或其他各式各样的设备的广泛应用,细致精准的观察报告层出不穷,这些报告在知识(无论是自然知识还是与人类社会有关的知识)的生产和发展过程中扮演了举足轻重的角色。从这个角度上讲,那些涉及"旅行艺术"的论著的兴起正是人们发现、了解异域世界风土民情的一种手段。

如果按上文所说的那样(参见第16页),将医师的诊断方式(包括其他"经验主义者"们的尝试)看作重建知识理论的一种模式,那么在法庭上主持公道、伸张正义的律师们所从事的活动则可以被视为另一种模式。在如何评估证人证词的可靠性方面,律师与历史学家所采取的方法也越发趋同。正如一句俗语所言,"证言在精不在多"——它巧妙地维护了"证言"的独立地位。那么,我们应该如何权衡不同证词之间的轻重关系?18世纪的法学家杰弗里·吉尔伯特爵士(Sir Geoffrey Gilbert)建议要重视"证人的信誉和资格",而这种所谓的信誉(无论是在科学实验上还是在法庭对峙上)与证人的社会地位息息相关,因为一位绅士之言总比一个等级稍低的人的话更值得信任。[23]

第九章 终曲:对知识的信任与质疑 | 235

一般认为，律师继承了自然哲学家们的传统，反之亦然。与其他学科或行业相比，他们都更多地使用了专门化的"专家"证人。在追封或者敕封圣徒时，判断那些与候选人相关的所谓的奇迹的真伪尤为重要。近代早期，圣徒的甄选和鉴别变得越来越严苛，这一点无论是在林西学院还是在罗马城都是一样的。[24] 人们对证据的重视程度与日俱增，这一点在17、18世纪的巫术审判中可见一斑。法官们虽然原则上相信女巫的存在，但在实际审判过程中却往往认为那些针对某个个人的指控因为缺乏充实的证据而无法成立。

"文本校勘学"也在16、17世纪得以发展。所谓的"文本校勘"就是指人们为了纠正书籍文献在历代传抄过程中产生的讹误，并还原其本来面貌的一种尝试。校勘学家使用的话语显示出了法庭对其的巨大影响力。例如，当人文主义学者伊拉斯谟在试图还原某位学者的某一文本时，总会反复审阅该文本的不同手抄本，并将它们作为"证人"以衡量它们所载文字的独立性和可靠性。[25]

同样地，英文中的"研究"（research）一词以及其他语言中的类似词语（如 recherche、indagine 等）貌似也是借鉴法律词汇搜索和查询而来的（参见第45页）；且据目前所发现的材料，律师要比哲学家或史学家更早使用"证据"这一术语。而"真相"（fact，拉丁语的 factum）一词在进入历史学著作和科学方法论论述之前，就已经被用于法庭之上，常见于短语"知情不报者"（an accessory after the fact）或"实际情况"（matters of fact）（与"法律事实"[matters of law]相区别）之中。[26] 这一时期，一些史学家和自然哲学家经常将自己从事的行业与法庭的工作进行类比。以罗伯特·波义耳为例，他比较了两种不同类型的证人，即实验的证人和谋杀案的证人，并指出二者之间的相似之处。[27] 还有一些历史学家则强调自己是秉持一颗如法官般公平公正之心来书写历史的，如戈特弗雷德·阿诺德出版于1699—1700年间的著作《正论教廷与异端的历史》（Gottfried Arnold, *Impartial History of the Church and of Heretics*)。

前文已经提到过，绝对怀疑论者认为不可能存在真正准确的历史知识，而作为对这一观点的回应，一部分哲学家逐渐淡化"必然性"的概念而强调事物的可能性，并且开始区分不同的"赞同度"（degrees of assent，这一概念由洛克提出）。例如，人们有理由相信一个名叫尤利乌斯·凯撒的人曾经居住在罗马城，因为那些无法被质疑的同时代的人众口一词地宣称这是一个不可动摇的"事实"（《人类理解论》第4册第16章）。同样地，历史学家和法学家也沿袭了这一做法。例如，杰弗里·吉尔伯特在他的专著《证据法》（*The Law of Evidence*, 1759）一书中就借用了洛克"赞同度"的思想——杰弗里通过他所谓的"（事物发生的）可能性的高低"来探讨证据（的可靠性）。[28]

脚注的兴起

日常学术活动中出现的变化赋予了个体知识新的价值。为了追求公平公正或者是不带丝毫个人感情的纯粹的知识（即后来我们所说的"客观性"），一些自然哲学家和官员开始越来越多地信奉数字。[29]而在历史研究领域，归纳法的运用则与脚注的兴起不无关系。[30]对"脚注"一词的理解，我们不应该仅仅停留在它的字面意思上，其重要意义在于它普及了一种新的阅读体验："脚注"为阅读某一文本的读者提供了某种指导，告诉他们应该去哪里寻找（得出这一结论的）论据，或者是更进一步的相关信息——无论这些信息身在何处，是在文本中、书页旁侧（旁注）、页脚处（脚注）、书后，抑或是在包含了一些文档的特殊目录之中。在皮埃尔·培尔的《词典》一书中，作者同时使用了旁注和脚注——旁注中标明了参考文献，而脚注重点包括引文和对持不同观点的学者的攻击。这些做法最主要的目的是帮助读者追根溯源，因为当时的人们普遍认为信息就像水一样，越靠近源头越纯净真实。人们做历史笔记的目的跟详细记录实验过程一样，都是让读者能够复述（或重复进行）作者的经历。

回归原典（ad fontes）本是文艺复兴时期的人文主义者和宗教改革时期的新教改革家们的口号，一些16世纪的历史学家也非常仔细地查阅、参考那些他们立论之本的手稿文献。但是直到17世纪，脚注的使用才开始普及。例如，约翰·赛尔登就在他的《什一税史》（History of Tithes, 1618）一书中标满了旁注，指明参考文献的出处。在该书的序言中，作者不无骄傲地写道："本书作者在筛选、引用论据时注重的是其分量而非数量，所有论据皆出于旁注所示之文献，绝无二手资料。"甚至有一些非学术著作亦是如此，比如桑乔·德·蒙卡达出版于1619年的《西班牙的政治复辟》。在这本论及时事的小册子的旁注中，作者时常引用一些权威性著作，包括波特罗的世界地图、圣经以及部分古典作品。

从17世纪后期开始直至现在，越来越多的人仿效赛尔登（或赛尔登式的学者们）的做法。德国学者约翰内斯·艾森哈特（Johannes Eisenhart）在一篇论历史学家的可靠性的论文（"De fide historica", 1679）中强调了引用原始文献的重要性。大约从那时起，标注文献出处成为历史学著作的一大惯例，并且史学家也一再强调自己正在这么做。例如路易·麦博格（Louis Maimbourg）在他关于天主教联盟史的著作（1684）的序言中骄傲地告知他的读者们，他已注明了所有参考资料的出处。同样地，加布里埃尔·丹尼尔在《法国史》（Gabriel Daniel, History of France, 1713）中也强调了该书旁注的价值，即"告诉读者书中所言之事的出处"。

我们也许可以借用大卫·休谟的例子来说明不断发展的学术活动中产生的种种变化。1758年，休谟修书一封向其《英国史》（History of England）的读者贺拉斯·沃波尔（Horace Walpole）致歉，因为后者曾因此书旁注中缺乏参考资料（的出处）而表达过不满。休谟在信中表示自己一直"以一些杰出的历史学家，如马基雅维利和萨皮为榜样"，并不认为每位作家都应该实践"标注参考文献"这一做法。平心而论，休谟在这一方面的观点略显老旧，因为毕竟在17世纪初，就已经有部分历史学家在各自著作中列出其参考文献。近代早期关于知识问题的争论刺激了脚注的进一步发展，包括本书在内的诸多历史研究性著作都遵从了这一传统。

轻信、怀疑与知识社会学

我们可以比较容易地通过各种文件来证明不同学科之间或各学科内部都出现了有关可能性与必然性的争论。但相比之下，这种变化在实际运用层面则表现得不够明显。我们很难明确地回答在17世纪后期，普通大众是否已经开始学会质疑，其原因之一就在于不同的文化语境对"轻信"（credulity）的定义有所不同。然而，"轻信"一词的历史演变（以英语为例）也许可以告诉我们一些有用的信息。类似的术语在意大利语、法语或其他语言中的情形也大致如是。

在英语中，"轻信"一词的原意为"信仰"（belief）。在一些早期基督教作家眼中，这是一种美德。然而到了17世纪，这一美德发生了根本性的变化，它成了一种带有轻蔑之意的贬义词，代指那些没有主见、极其容易相信别人的人。比如，约瑟夫·格兰威尔就写过一篇名为《无稽的轻信》（"an ungrounded credulity"）的文章。甚至就连保守的教士梅里克·卡索邦（Meric Casaubon）也不例外，在题为《论轻信与怀疑》（*Of Credulity and Incredulity*, 1668）的书（该书的实际目的是反对"无神论"）中，卡索邦就耗费大量笔墨重点反对一种"不听劝告的"、"轻率的"、"随性的"或"毫无依据的"信任行为。与"轻信"

恰恰相反的是,"怀疑"(incredulity)一词最初是个贬义词,形容"无神论(者)",后来该词词义越发模糊,所指范围也越来越大,逐渐用来表示不相信一切不可信之事(物)。"轻信"与"怀疑"是一组截然相反的词语,正如卡索邦所言,这是一对"错误的极端"。亨利·哈利维尔则在他的《论黑暗的政治与王国》(Henry Hallywell, *Melampronea: or, A Discourse of the Polity and Kingdom of Darkness*, 1681)中指出了一条介于"无神论式的怀疑"和堪称愚蠢的毫无原则的相信之间的中庸之道。[31]

随着认识论日益受到关注,人们也开始越来越多地质问是什么导致了错误的产生,以及分析在获取真理的途中所遇到的种种障碍。培根的《新工具》一书中就有一段非常著名的文字(第一卷,第39—44节)谈到了这一问题。培根区别了四种"干扰人们进入真理之门"的"假象"。第一种"族类的假象"(Idols of the Tribe)植根于人的本性之中,它使人类这一群体成为衡量万事万物的标准。第二种"洞穴的假象"(Idols of the Cave)则相反,它导致的是人类个体的错误。第三种是"剧场的假象"(Idols of the Theatre),培根将所有公认的哲学体系视为一幕幕"舞台戏剧",而正是这些五花八门的哲学教条侵入人们的内心,使人们按照自己虚构的布景创造出一些新的世界。在培根的分析中,最具"社会学意义"的部分就是第四种,所谓的"市场的假象"(Idols of the Market-Place),它是"由人类相互间的交接和联系所形成的"。在18世纪,维科也提出过自己对假象的分析,用他的话说就是"傲慢",尤其是民族的傲慢——它们往往自诩为某一文化、文明的缔造者或发现者,以及学者的傲慢——他们都笃信自己的观点或学说自古就有且亘古不变(《新科学》,第124—128节)。

培根和维科的观点可以跻身近代早期最具独创性同时也最为敏锐的分析之列,思想史学家关注到它们是理所当然的。然而,在一部知识社会史研究作品中,我们应该更加侧重于强调这一时期日常形式的历史认识论的兴起。人们对"偏袒"和"偏见"等词的使用日渐频繁，也时常用"假面""斗篷""面纱"来喻指欺骗和谎言。譬如弥尔顿（Milton）就称史学家保罗·萨皮是特伦托会议伟大的揭秘者（the Great Unmasker）。在所谓的"宗教改革时期的知识危机"以及随之而来的宗教战争期间，一些具有怀疑主义精神的个人和团体就断言那些宗教的呼吁都是一派胡言。

例如，在16世纪后期爆发的法国宗教战争中，一些所谓的"政治党"成员就指出，战争的双方——无论是天主教徒还是新教徒——与其说抱有特定的宗教目的，不如说出于政治考虑。因此，法国的一位地方法官雅克-奥古斯特·德·图如此写道："他们打着宗教的旗号，披着西班牙式的外衣来掩盖其野心。"同样地，英国保皇派史学家爱德华·海德（Edward Hyde）就以完全相同的措辞强力谴责英国内战中国王查理一世的敌对者们，说他们"披着宗教的外衣行叛逆之事"。

回溯人类漫长的历史进程，像托马斯·霍布斯和詹姆斯·哈灵顿（James Harrington）这样的反圣职者（anticlericals）一直都在谴责17世纪后期人们所说的"神职人员的权术"（priestcraft），不管这些神职人员是从属于天主教还是新教，是埃及人、犹太人还是穆斯林。一部出版于18世纪早期的匿名著作就是一个最著名的例子，该书诬蔑摩西、基督和穆罕默德是"三个大骗子"，他们妖言惑众，使轻信的人们相信自己与神之间的特殊关系。这部论著反映了一个时代的发展趋势，该趋势一直延续到启蒙运动甚至此后的很长一段时期。[32]

人们常常使用"利益"（interests）一词来解释所有谎言。该词在16世纪后期才开始使用，但在随后的两个世纪中出现得日益频繁。无论是政治行为还是经济活动，公共事业还是私人事务，国家利益还是个人私利，都可以用"利益"来指代或概括。[33]1624年，亨利·德·罗翰公爵出版了一部题为《论君主与基督教国家的利益》（Duke Henri de Rohan, *The Interests of Princes and States of Christendom*）的著作。六年

第九章　终曲：对知识的信任与质疑 | 241

之后，恩里克·达维拉也发表了一本名为《法国内战》（Enrico Davila, *The Civil Wars of France*, 1630）的历史著作，在该书的第一段中，达维拉指出，历次法国内战实际上都是"私利"之争，当事人却都以诸如宗教这样的各种各样的幌子来掩饰其本质。约翰·赛尔登在他的《席间漫谈》（"table-talk"）中也表达了类似的观点。在论述英国内战时，赛尔登写道："在所有的战争中，人们几乎不约而同地选择宗教作为幌子，其中的奥秘就在于战争双方可以从中获取各自想要的利益。在这一点上，马夫和领主无甚区别。不过仅就土地而言，一个只有一亩薄田的人远远不会像坐拥万顷良田的人那样，为了土地而冒如此巨大的风险。"

在一部旨在为基督教辩护的著作《论宗教的起源》（*Origins of the Sacred*, 1662）的引言中，英国主教爱德华·斯蒂林福利特（Edward Stillingfleet）从一个更为宏观的角度论述了"利益"与"信仰"之间的关系。他对培根的"假象"学说也有自己的一套看法。为了解答"为什么只有极少数假冒的博学之士能叩开真理之门"这一问题，斯蒂林福利特探讨了他所谓的"偏袒""成见""偏爱"，对权威、风俗习惯和教育等问题的偏见，以及理想与"利益"之间的一致性。

卡尔·曼海姆敏锐地意识到了英国16、17世纪的内战和18世纪的党派争端与知识社会学之间的关联。他写道："基本上，人们是在政治斗争中第一次意识到存在一种可以引导思想走向的集体无意识动机……因此，人们最初是通过揭穿假面和谎言的形式来发掘思想的社会环境根基的。"与其他形式的知识一样，知识社会学有着其本身固有的社会根基。[34]

此外，还有一部曼海姆没有提到的18世纪文本，它使我们的视线从内战转移到两性斗争上来，这就是出版于1739年，署名为"索菲娅，一位素养高尚的人"的《女性并不亚于男性》（*Woman Not Inferior to Man*）。该书作者指出，过去所说的男性优于女性的说法简直是大错特错,这种论断是建立在男性的"利益"和"偏见"之上的。与之持相似观点的还有法国哲学家弗朗索瓦·普兰·德·拉巴尔,在他的《论两性的平等》(*Equality of the Two Sexes*, 1673)一书中,普兰一针见血地抨击了男性"偏见"的背后是其利益的驱动。20 世纪知识社会学与近代早期人们的普遍观点之间的连续性值得我们大家关注和牢记。

注　释

第一章　导论：知识社会学与知识史

1　Wiener (1948), 11; Bell (1976); Böhme and Stehr (1986); Castells (1989); Poster (1990); Stehr (1994); Webster (1995).
2　Machlup (1962, 1980–1984); Rubin and Huber (1986).
3　Schiller (1986, 1996).
4　Berger and Luckmann (1966); Mendelsohn (1977); Ziman (1978); Luhmann (1990).
5　Bourdieu (1984); cf. Ginzburg (1996, 1997).
6　Geertz (1975), 22; cf. Veblen (1918).
7　Fleck (1935), 22; cf. Baldamus (1977).
8　Mannheim (1936); Stark (1960).
9　Merton (1941).
10　Durkheim and Mauss (1901–1902).
11　Worsley (1956); Lukes (1973); Lamo de Espinosa, González Garcia and Torres Albero (1994), 205–226.
12　Granet (1934); cf. Mills (1940).
13　Burke (1990), 17–19, 27–30.
14　Veblen (1906, 1918, 1919); cf. Lamo de Espinosa, González Garcia and Torres Albero (1994), 380–386.
15　Veblen (1918), 1–2.
16　Mannheim (1927).
17　Mannheim (1925); cf. Scheler (1926).
18　Moore and Tumin (1949); Scott (1991).
19　Foucault (1980), 112; Shapin (1994).
20　Merton (1938, 1941, 1945, 1957, 1968); Luhmann (1990).
21　Berger and Luckmann (1966); Gurvitch (1966).
22　Lévi-Strauss (1962, 1964).

23 Foucault (1966, 1980).
24 Kuhn (1962).
25 Elias (1982); cf. Wilterdink (1977).
26 Habermas (1962).
27 Bourdieu (1972, 1984, 1989).
28 Geertz (1975, 1979, 1983).
29 Goody (1978); Gellner (1988).
30 Pred (1973); Thrift (1985); Machlup (1962, 1980-1984); Schiller (1986, 1996).
31 Law (1986); Woolgar (1988).
32 Barnes (1977); Woolgar (1988).
33 Mannheim (1936), 46n; Fleck (1935); cf. Baldamus (1977).
34 Mendelsohn (1977); Knorr-Cetina (1981).
35 Pels (1996, 1997).
36 Berger and Luckmann (1966); Bourdieu (1972); Turner (1974).
37 Crane (1972); Latour (1986); Brown (1989); Potter (1993); Alexandrov (1995).
38 Foucault (1961); Shapin (1988); Ophir and Shapin (1991).
39 Elkanah (1981); Crick (1982).
40 Mannheim (1952); Fleck (1935).
41 King (1976); Jardine (1983, 1985); Schiebinger (1989); Phillips (1990); Shteir (1996).
42 Belenky et al.(1986); Haraway (1988); Durán (1991); Alcoff and Potter (1993).
43 Pred (1973); Thrift (1985).
44 Said (1978).
45 Ornstein (1913); ix-x; cf. Lux (1991a, 1991b).
46 Ringer (1990, 1992).
47 Eisenstein (1979); Giesecke (1991); Eamon (1994).
48 Koselleck (1972); Kenny (1998).
49 Lugli (1983); Impey and Macgregor (1985); Pomian (1987); Findlen (1989, 1994).
50 Rossi (1962), 15; cf. Roche (1981), part 3; Böhme (1984); Worsley (1997).
51 Berger and Luckmann (1966), 26.
52 Gurvitch (1966).
53 Figueiredo (1984); Bayly (1996); Grove (1996); Mundy (1996); Edney (1997), 68, 76, 81, 98, 125.
54 Roche (1981).
55 Potter (1993).
56 Ballester (1977, 1993); Huisman (1989).
57 Burke (1998c), 34, 175.
58 Zilsel (1941); Panofsky (1953); Hall (1962); Rossi (1962); Eisenstein (1979).
59 Albertini (1955); Gilbert (1965).
60 Proust (1962), 177-232; Wilson (1972), 136.

第二章　知识之表达：欧洲知识阶层

1 Mannheim (1936), 137-138.
2 Pipes (1960); Charle (1990).
3 Le Goff (1957).

4　Walzer (1965).
5　Solt (1956).
6　Gellner (1988), 70-71, 79.
7　Goldgar (1995); Bots and Waquet (1997); Burke (1999a).
8　Znaniecki (1940).
9　King (1976); Jardine (1983, 1985).
10　Schiebinger (1989); Goodman (1994); Shteir (1996).
11　Bouwsma (1973).
12　Le Goff (1957); cf. Murray (1978), 227-233, 263-265; Brocchieri (1987); Verger (1997).
13　Kristeller (1955); Dionisotti (1967); Romano and Tenenti (1967); Burke (1986).
14　Benzoni (1978), 159ff.
15　Schottenloher (1935).
16　Elias (1939), 1, 73.
17　Burke (1988); Prosperi (1981).
18　Curtis (1962); cf. Chartier (1982); Roche (1982).
19　Nigro (1991).
20　Stehr (1992).
21　Viala (1985).
22　Viala (1985), 247.
23　Viala (1985), 270-280; Vandermeersch (1996), 223-224, 246-248.
24　Hall (1965); Rochot (1966); Solomon (1972); Webster (1975); Revel (1996).
25　Kelley (1971, 1980).
26　Goldie (1987).
27　Hill (1972); Webster (1975), 250-264.
28　Houghton (1942); Kenny (1998).
29　Hahn (1971, 1975); McClellan (1985), xxiv-xxv, 233-251.
30　Clarke (1966); Rosa (1994).
31　Burke (1992).
32　Ringer (1969).
33　Quoted in Dülmen (1978), 257.
34　Morgan (1929); Gardair (1984); Laeven (1986).
35　Labrousse (1963-1964, 1983); Bost (1994).
36　Haase (1959), 404-417; Labrousse (1963-1964); Yardeni (1973, 1985); Martens (1974); Gibbs (1975); Bost (1994), 232-239.
37　Beljame (1881).
38　Darnton (1982); Masseau (1994).
39　Repp (1972; 1986); Fleischer (1986); Zilfi (1988).
40　Itzkowitz (1972).
41　Messick (1993); Robinson (1993).
42　Marsh (1961); Miyazaki (1963); Chaffee (1985).
43　Teng (1942-1943).

第三章　知识之建立：新旧机构

1　Schumpeter (1942).

2　Lemaine et al. (1976), 8–9.
3　Pareto (1916), section 2233.
4　Bourdieu (1989); Elias (1982).
5　Le Goff (1957), 80ff; Ridder-Symoens (1992, 1996).
6　Ridder-Symoens (1992); Verger (1997).
7　Innis (1950).
8　Stock (1983).
9　McClellan (1985).
10　Webster (1975).
11　Field (1988); Hankins (1991).
12　Garin (1961); cf. Goldstein (1965).
13　Stevenson (1927); Pulido Rubio (1950), 65, 68, 255–290; Goodman (1988), 72–81.
14　Yates (1947); Sealy (1981); Hankins (1990).
15　Burke (1983).
16　Grossmann (1975).
17　Codina Mir (1968), 18–49.
18　Bentley (1983), 70–111.
19　Lunsingh Scheurleer and Posthumus Meyes (1975); Wansink (1975).
20　Fletcher (1981); Giard (1983–1985); Rüegg (1992), 456–459; Pedersen (1996).
21　Shapin (1996).
22　Hall (1962); Rossi (1962).
23　Ruestow (1973), esp. 1–13.
24　Ornstein (1913), 257. Cf. Brown (1934), Middleton (1971).
25　Hill (1965), Webster (1975), 185–202.
26　Ruestow (1973); Tyacke (1978); Feingold (1984, 1989, 1991, 1997); Brockliss (1987); Lux (1991a, 1991b); Porter (1996).
27　Cohen (1989).
28　Impey and Macgregor (1985); Pomian (1987); Findlen (1994).
29　Evans (1973), 196–242; Moran (1991), 169ff; Smith (1994), 56–92.
30　Biagioli (1993); Stroup (1990), esp. 108.
31　Hill (1965), 37–61; Mazauric (1997); Ames-Lewis (1999).
32　Picard (1943); Lougee (1976); Viala (1985), 132–137.
33　Knowles (1958, 1959).
34　Hunter (1989), 1–14.
35　Parker (1914).
36　Hunter (1989), 1, 188, 261, 264–265; Stroup (1990), 51; Christianson (2000).
37　Hahn (1975); Gillispie (1980); McClellan (1985); Lux (1991).
38　Voss (1972), 220–229; Gasnault (1976); Hammermeyer (1976); Ziegler (1981).
39　Voss (1972), 230–233; Roche (1976, 1978); Voss (1980).
40　Klaits (1971); Keens-Soper (1972); Voss (1979).
41　Im Hoff (1982; 1994, 105–154); Dülmen (1986).
42　Goodman (1994), 53, 73–89; Im Hoff (1994), 113–117.
43　Habermas (1962); Stewart (1992); Johns (1998), 553–556.
44　Calculated from Sgard (1991).
45　Julia (1986), 194.

46 Pedersen and Makdisi (1979); Makdisi (1981).
47 Berkey (1992), 20, 30; Chamberlain (1994).
48 Curtis (1959); Stichweh (1991), 56.
49 Berkey (1992), 30; Chamberlain (1994), 141.
50 Repp (1972; 1986, 27–72); Fleischer (1986); Zilfi (1988).
51 Huff (1993), 71–83, 151–160, 170–186.
52 Eisenstein (1979).
53 Gillispie (1980), 75; Lux (1991a), 194.
54 Kuhn (1962); Shapin (1982); Elias (1982), 50.

第四章　知识之定位：中心及其边缘地带

1   Cipolla (1972); Schilling (1983).
2   Koeman (1970).
3   Duyvendak (1936).
4   Thrift (1985); Thrift, Driver and Livingstone (1995); cf. Livingstone (1995), Harris (1998, 1999) and Jacob (1999).
5   Hess (1974); Soucek (1992), 269.
6   Heckscher (1958); Foucault (1961); Habermas (1962); Hannaway (1986); Shapin (1988), etc.
7   Aubert et al.(1976), 80; Hulshoff Pol (1975).
8   Webster (1975), 193–194.
9   Harris (1996); Miller (1996).
10 Webster (1975), 552.
11 Basalla (1987); Macleod (1987).
12 Schaffer (1996).
13 Fumaroli (1988); Bots and Waquet (1997).
14 Fiering (1976); Losman (1983), 195–198; Åkerman (1991).
15 Richter (1946), 44; Vucinich (1963); Sazonova (1996).
16 Anderson (1978).
17 Livingston (1995); Withers (1998).
18 Lach (1965).
19 Boxer (1936), esp. 58–66; Keene (1952); Goodman (1967), 18–24, 32–42。
20 Lach and Kley (1993), 1855.
21 Bustamante García (1997); Brentjes (1999).
22 Boxer (1948).
23 Stevenson (1927); Pulido Rubio (1950), 65, 68, 255–290; Lamb (1969, 1976); Goodman (1988), 72–81.
24 Brown (1978), 21–43.
25 Sardella (1948).
26 Doria (1986); Burke (2000a).
27 Ambrosini (1982); Caracciolo Aricò (1990).
28 Barbour (1950), 74–84.
29 Smith (1984), 987.
30 Burke (2001).

31 Chabod (1934); Albònico (1992); 约翰·黑德利从这一角度来研究波特罗。
32 Rochot (1966); Solomon (1972), 60-99; Mazauric (1997).
33 Hall (1965, 1975); Hunter (1989).
34 Webster (1975), 51-57, 125.
35 Burke (1985).
36 Evans (1973).
37 Isaievych (1993).
38 Brading (1991), 366, 382; Burke (1995a).
39 Kany (1932), 62-64.
40 Solomon (1972), 21-59.
41 Solomon (1972), 217-218.
42 George (1926-1929); Webster (1975), 67-77.
43 Grove (1991); Edney (1997), 297.
44 Latour (1983); cf. Jacob (1996); Miller (1996).
45 Jacob (1999), 36-37.
46 Schöffler (1936), 113.
47 Bowen (1981), 77-90.
48 Burke (1999b).
49 Martin (1996); Ettinghausen (1984), 5.
50 Raven (1993), 14.
51 Boxer (1963); Figueiredo (1984); Grove (1996).
52 Grove (1996); Bustamante García (1997).
53 Karamustafa (1992), 218.
54 Yee (1994b), 170, 174-175.
55 Unno (1994), fig. 11. 22, 434.

第五章 知识之分类：课程、图书馆与百科全书

1 Durkheim (1912), 28; cf. Worsley (1956).
2 Granet (1934); Lévi-strauss (1962, 1964).
3 Foucault (1966), 54-55; cf. Elkanah (1981), Crick (1982); Zhang (1988), 19-24.
4 Kelley and Popkin (1991); Daston (1992); Zedelmaier (1992); Kusukawa (1996); Kelley (1997).
5 Foucault (1966); Olmi (1992); Koerner (1996).
6 Ackerman (1949).
7 Principe (1992); Eamon (1994).
8 Hill (1972), 269-276; Dooley (1999), 83.
9 Yates (1979); Stolleis (1980); Eamon (1994).
10 Blumenberg (1966); Ginzburg (1976); Kenny (1998).
11 Feldhay (1995), 207.
12 Kristeller (1951-1952), 175; Rossi (1962).
13 Schmidt-Biggemann (1983), xiii-xiv, 141-154; Waquet (1993b); Serjeantson (1999).
14 Burke (1995b).
15 Salmond (1982); Becher (1989).
16 Rossi (1960), 47, 51-61; Ladner (1979); Tega (1984); Serrai (1988-1992), vol. 2,

120-131.
17　Gilbert (1960), 214-220; Zedelmaier (1992), 125.
18　Wood (1993).
19　Zedelmaier (1992), 112ff.
20　Kelley (1997), ix.
21　Stichweh (1991); cf. Lenoir (1997).
22　Feingold (1984), 17.
23　Costello (1958); Brockliss (1996).
24　Grant (1996), 42-49.
25　Rosenthal (1970).
26　Bouza (1988); Chartier (1992); Zedelmaier (1992), 112.
27　Besterman (1935); Pollard and Ehrman (1965); Serrai (1988-1992); McKitterick (1992).
28　Serrai (1990; 1988-1992, vol. 2, 211-571); Zedelmaier (1992), 3-153.
29　Drège (1991); Guy (1987).
30　Chamberlain (1994), 161.
31　Wells (1966); Dierse (1977); Kafker (1981); Eybl et al.(1995).
32　Curtius (1948), 302-347; Gellrich (1985).
33　Dierse (1977), 11ff; Schmidt-Biggemann (1983), 34-35.
34　Teng and Biggerstaff (1936), 110.
35　Schmidt-Biggemann (1983), 8-15.
36　Gilbert (1960), 125-128; Schmidt-Biggemann (1983), 19-21; Moss (1996), 119-130.
37　Schmidt-Biggemann (1983), 59-66; Yeo (1991, 1996); Blair (1992); Goyet (1996), 441-443; Blair (1997), 46-48.
38　Lemaine et al.(1976); Giard (1991).
39　Flint (1904); Rossi (1960); Schulte-Albert (1971).
40　Ong (1958); Gilbert (1960), 129-144.
41　Rossi (1960), 179-184, 239; Schmidt-Biggemann (1983), 100-139.
42　Kusukawa (1996), esp. 51-52.
43　Lemaine et al.(1976), 1-23.
44　Reiss (1997), 135-154.
45　Hammerstein (1972), 216ff; Voss (1979).
46　Dainville (1940); Brockliss (1987), 156.
47　Baker (1935); Broc (1975, 1980); Cormack (1997), 14-15, 27-30; Jacob (1999).
48　Brockliss (1987), 393-394; Mandosio (1993).
49　Hannaway (1975); Meinel (1988).
50　Stolleis (1983); Seifert (1980, 1983); Smith (1994), 69.
51　Hammerstein (1972), 62ff.
52　Meier (1966), 214; Larrère (1992); Stichweh(1991), 4.
53　Meinel (1988); Lowood (1990).
54　Lieshout (1994), 134.
55　Zedelmaier (1992), 19n.
56　Stegmann (1988); Chartier (1992).
57　Blum (1963); Stenzel (1993); Revel (1996); Nelles (1997).
58　Petrucci (1995), 350-351.
59　Schulte-Albert (1971); Palumbo (1993a, 1993b).

60 Pomian (1987), 121.
61 Pomian (1987), 49-53.
62 Olmi (1992), 195ff, 201ff, 274n, 285.
63 Olmi (1992); Haskell (1993), 131-135; Cropper and Dempsey (1996), 110-113.
64 Findlen (1994), 3, 50; cf. Lugli (1983); Impey and Macgregor (1985); Pomian (1987).
65 Yeo (1991).
66 Briggs (1991), 40, 65.
67 Thorndike (1951); Rossi (1962), 68-102.
68 Jacob (1992), 88, 112.
69 Webster (1975), 100-245.
70 Venturi (1959).
71 Dieckmann (1961); Gandt (1994); Malherbe (1994), esp. 29-31.
72 Darnton (1984).

第六章　知识之掌控：教会与国家

1 Deutsch (1953).
2 Carter (1964); Agrell and Huldt (1983); Bély (1990); Marshall (1994); Preto (1994).
3 Glass (1973); Herlihy and Klapisch (1978); Rassem and Stagl (1980); Buck (1977, 1982).
4 Bayly (1996); Cohn (1996); Mundy (1996); Edney (1997); Drayton (1998).
5 Siebert (1965); Santschi (1978); Duke and Tamse (1987); Roche (1989); Myers and Harris (1992).
6 Cormack (1997).
7 Cohn (1996), 16, 53; Bayly (1996), 56-96, 315-337; Pinch (1999), esp. 394-395.
8 Giddens (1985), 178.
9 Clanchy (1979), 19.
10 Weber (1920), vol. 1, 339.
11 Nigro (1991).
12 Parker (1998), 48.
13 Kelly (1994).
14 Boulding (1966); Innes (1987).
15 Barkan (1958); Hucker (1968); Metzger (1973); Thiel-Horstmann (1980); Bayly (1996), 10-55.
16 Soucek (1992); Unno (1994); Yee (1994a).
17 Clanchy (1979), 215; Stock (1983), 37.
18 Partner (1980, 1990); Prodi (1982).
19 Burke (1979); Mazzone and Turchini (1985).
20 Strauss (1975); Johansson (1977).
21 Ollard and Walker (1929-1931); Jukes (1957).
22 Henningsen and Tedeschi (1986).
23 Mattingly (1955), 109-114; Queller (1973); Toscani (1980).
24 Mattingly (1955), 244-246, 259-261; Preto (1994), 90, 133-134.
25 Burke (1998a), 103.
26 Carter (1964), esp. 6, 123; Echevarria Bacigalupe (1984); Marshall (1994), 134-135, 247.

27 Bély (1990).
28 Mirot (1924).
29 Said (1978).
30 Goodman (1988), 50–87.
31 Hoock (1980); Meyer (1981), 222.
32 Burke (1999b).
33 Burke (2000b).
34 Burke (1979).
35 Bustamante García (1997).
36 Cline (1964); Goodman (1988), 65–72; Mundy (1996).
37 Davids (1995), 338.
38 Golder (1922), 6–8; Anderson (1978), 128–136; Shaw (1996).
39 Koerner (1996).
40 Reinhartz (1994).
41 Boxer (1957); Burke (2000b).
42 Boutier, Dewerpe and Nordman (1984); Wolff (1994), 130–134.
43 Cline (1964), 344; Bouza (1992), 90–100; Parker (1998), 59–65.
44 Meyer (1981), 105.
45 Venard (1985), 37.
46 Cipolla (1976), 25; Burke (1987), 126; Bély (1990), 610ff, 621, 624, 652.
47 Raeff (1983), 225–228; Le Donne (1984), 125–128.
48 Blum (1969); Elliot (1986), 316.
49 Preto (1994), 168ff; Elton (1972), 331.
50 Cobb (1970); Williams (1979), 104–111.
51 Buisseret (1992); Biggs (1999).
52 Goodman (1988), 65–66; Parker (1992).
53 Alvar Ezquerra (1993).
54 Hahn (1971), 2; Konvitz (1987); Buisseret (1992).
55 Pelletier (1990).
56 Bély (1990), 461.
57 Anderson (1978), 131–136.
58 Seymour (1980), 4, 15, 45; Edney (1997).
59 Lander (1969), 166.
60 Buck (1982); Johannisson (1990), 351.
61 Glass (1973); Pearson (1978).
62 Burckhardt (1860); Goldthwaite (1972).
63 Herlihy and Klapisch (1978).
64 Letwin (1963); Glass (1973); Holmes (1977).
65 Innes (1987); Brewer (1989).
66 Buck (1977, 1982); Rassem and Stagl (1994), 289–291.
67 Grove (1996), 155.
68 King (1949), 185–187; Meyer (1981).
69 Esmonin (1964), 113–130; Rothkrug (1965), 107n, 284–286; Rassem and Stagl (1994), 342–345.
70 Nordenmark (1939), 232–269; Confino (1962), 160–164; Reichmann (1968); Glass

(1973); Rassem and Stagl (1980), 18; Klueting (1986).
71　Burke (1987); Glass (1973), 19.
72　Bautier (1968).
73　Clanchy (1979), 138ff; Guénée (1980), 91-100; Wernham (1956), 13.
74　Ranum (1963); Bautier (1968); D'Addario (1990); Parker (1997), 28-29.
75　Marini (1825); Gasparolo (1887).
76　Ballesteros Beretta (1941); Cline (1964); Parker (1998), 66.
77　Boislisle (1874), iii; Baschet (1875), 26-29, 37, 93-103; Church (1972); Pomian (1972); Kolmar (1979); Saunders (1991).
78　King (1949), 147-153.
79　Baschet (1875), 175-176.
80　Prosperi (1997).
81　Pardo (Tomás) (1991), 298; Infelise (1999b), 55.
82　Santschi (1978).
83　Davids (1995).
84　Siebert (1965); Sutherland (1986), 25.
85　Martin (1969); Phillips (1997); Birn (1983, 1989).
86　Lach (1965), 151-153; Teixeira de Mota (1976).
87　Buisseret (1992), 106.
88　Cortesão (1944), lxv-lxviii; Lach (1965), 151-154.
89　Preto (1994), 433.
90　Buisseret (1992), 111.
91　Kahn (1967), 106-181.
92　Dooley (1999), 82-86, 117, 127.
93　Dooley (1999), 32.
94　Bély (1990), 328-329, 460.
95　Thomas (1971), 156.
96　Fogel (1989).
97　Dahl (1951), 36.
98　Marshall (1994), 28-30.
99　Moureau (1995).
100　Koran (1874); Kahn (1967), 106-181; Oakley (1968); Marshall (1994), 85-95.
101　Morel-Fatio (1913), 152.
102　Dooley (1999), 32.
103　Baschet (1870), 348-352; Tucci (1990), 99-107, at 100; Preto (1994), 66.
104　Heath (1983); Balsamo (1995).
105　Prosperi (1996), 162.

第七章　知识之销售：市场与出版业

1　Stigler (1961); Machlup (1962); Arrow (1965); Boulding (1966).
2　Bell (1976); Machlup (1980-1984); Rubin and Huber (1986); Fuller (1992), etc.
3　Schiller (1996).
4　Lindey (1952); Hathaway (1989).
5　Post (1932); Post, Giocarini and Kay (1955).

6   Burckhardt (1860); Nisard (1860), esp. vol. 2, 12ff; Zilsel (1926); Mannheim (1929): Innis (1950); Viala (1985), 94–103; Chartier (1992).
7   Eamon (1994), 110, 384. Cf. Tennant (1996).
8   Merton (1957); Iliffe (1992); Findlen (1994), 324–325.
9   Confino (1962), 158–159.
10 Walker (1973); Porter (1989); Money (1993); Lawrence (1996), 163, 167–169.
11 Landes (1998), 276–291.
12 Eamon (1994), 75, 81.
13 Eamon (1994), 88–89.
14 Gerulaitis (1976), 35–36; Landau and Parshall (1994), 362.
15 Schottenloher (1933); Armstrong (1990); Feather (1994); Tennant (1996); Johns (1998), 326–379.
16 Rowen (1987); Bély (1990), 230ff.
17 Cobb (1970); Tucci (1990); Infelise (1997, 1999a); Dooley (1999), 9.
18 Webster (1975), 388–396.
19 Harris (1985); cf. Cipolla (1972).
20 Zacharias (1960); Robinson (1975); Lindqvist (1984), 95–178; Harris (1985, 1992, 1996a, 1996b); Davids (1995).
21 Geertz (1979).
22 Bec (1967); Heers (1976).
23 Doria (1986).
24 Yazaki (1968), 235.
25 Bassett (1960), 225.
26 Goody (1996), 116.
27 Steensgaard (1982), 238.
28 Koeman (1970); Schilder (1976), 62–63; Smith (1984), 994.
29 Smith (1984), 1001–1003.
30 Poelhekke (1960); Smith (1984), 996; Rowen (1987).
31 Israel (1990b).
32 Barbour (1950): Reinhartz (1987); Israel (1990a).
33 Barbour (1928–1929); Dawson (1932).
34 Morineau (1985), 42–55; Popkin (1990), 205; Sgard (1991).
35 Harmsen (1994), 164.
36 Balsamo (1973).
37 Darnton (1979).
38 Richardson (1994).
39 Dahl (1939); Sutherland (1986).
40 Walker (1973).
41 Raven (1993).
42 Richardson (1999), 42, 69.
43 Richardson (1999), 133.
44 Davis (1983).
45 Lucas (1989).
46 Gardair (1984), 10.
47 Koeman (1970).

48 Hoftijzer (1987).
49 Verner (1978).
50 Dahl (1939); Davie (1952); Gibbs (1971); Bots (1983); Berkvens-Stevelinck et al.(1992).
51 Shaw (1996), 64.
52 Davies (1952); Davies (1954), 61ff; Kley (1971), 31.
53 Darnton (1982).
54 McKenzie (1992); Raven (1992).
55 Barber (1981).
56 Cochrane (1964).
57 Cochrane (1964), 22-23, 40-45. Cf. Sher (1997).
58 Rogers (1972).
59 Darnton (1979), 131-176; Feather (1994); Johns (1998).
60 Clapp (1931, 1933).
61 Wallis (1974), 273.
62 Lankhorst (1990); Waquet (1993a).
63 Wallis (1974); Darnton (1979), 254-263, 287-294; Pedley (1979), Pelletier (1990), 117-126.
64 Martin (1957), 285; Martin and Chartier (1983-1984), vol. 2, 30-33.
65 Seguin (1964); Infelise (1997); Dooley (1999), 9-44.
66 Harris (1987).
67 Dahl (1939).
68 Harris (1987).
69 Goss (1932).
70 Perrot (1981); Hoock and Jeannin (1991-1993); Elkar (1995).
71 Lankhorst (1983).
72 Proust (1962); Lough (1968), 466-473; Quedenbaum (1977); Carels and Flory (1981).
73 Garofalo (1980); Bradshaw (1981a).
74 Bradshaw (1981b).
75 Darnton (1979), 33-37.
76 Darnton (1979), 26; Eisenstein (1992), 132.
77 Plumb (1973); Mckendrick, Brewer and Plumb (1982); Brewer and Porter (1993); Bermingham and Brewer (1995).
78 Robinson (1993).
79 Shively (1991), 731.
80 Kornicki (1998), 172.
81 Rawski (1979); Rawski (1985), 17-28.
82 Bauer (1966); Monnet (1996).
83 Giesecke (1991), 124-129.
84 Anderson (1983).
85 Veblen (1918), 7.

第八章 知识之获取：读者部分

1 Trenard (1965-1966); Shackleton (1970).

2　Keynes (1940), 18-19; Goldgar (1995), 13.
3　Clarke (1970), 83.
4　Findlen (1994), 129-146.
5　Sherman (1995); Blair (1997); Johns (1998).
6　Engelsing (1969, 1974); Chartier (1987).
7　Rossi (1960); Yates (1966).
8　Marshall (1994), 42-43.
9　Kearney (1970), 60-63, 137, 151; Grafton and Jardine (1986), 15, 18-20, 85n, 164-166, 170-173; Stagl (1980).
10　Shackleton (1961), 229-238.
11　Schmidt-Biggemann (1983); Blair (1992, 1996); Moss (1996).
12　Burke (1995c).
13　Witty (1965); Daly (1967); Brincken (1972); Rouse and Rouse (1982, 1983).
14　Taylor (1945), 89-198; Hopkins (1992).
15　Serrai (1988-1992).
16　Clement (1991), 274.
17　Saunders (1991).
18　Lieshout (1993), 292.
19　Wellisch (1991), 319.
20　Yeo (1991, 1996).
21　Innis (1980).
22　Pomian (1973).
23　Woods (1987).
24　Leedham-Green (1987), nos. 71, 82, 92.
25　Parker (1992), 137; Parker (1998), 24.
26　Brown (1989), 16-41; Grafton and Jardine (1986); Grafton (1992); Sherman (1995); Blair (1997).
27　Findlen (1994), 42-44.
28　Levy (1982).
29　Villey (1908), vol. 1, 244-270.
30　Villey (1908), vol. 2, 10, 52; Goyet (1986-1987); Moss (1996), 212-213.
31　Dodds (1929), 81, 94-95, 99-100; Shackleton (1961), 229-238.
32　Nakagawa (1992), 247-267.
33　Santos Lopes (1992).
34　Duchet (1971), 69, 72, 93, 109-110.
35　Switzer (1967); Miller (1981).
36　Grosrichard (1979).
37　Brockliss (1987), 155.
38　Bernard-Maître (1953); Lach (1965), 657, 660n; Lach (1977), 267-268.
39　Pinot (1932); Lach and Kley (1993).

第九章　终曲：对知识的信任与质疑

1　Ziman (1978).
2　Popkin (1960).

3 Pintard (1943); Gregory et al. 1981.
4 Popkin (1960), 1-16.
5 Borghero (1983); Völkel (1987); Burke (1998b).
6 Yates (1964), 398-431; Sgard (1987); Grafton (1990).
7 Gregory (1961), 41.
8 Van Leeuwen (1963); Shapin and Schaffer (1985), 67.
9 Eisenstein (1979), 74.
10 Rennie (1995), esp. 54, 75, 73; Stagl (1995), 171-207.
11 Shapin and Schaffer (1985), 39; Woolf (1988); Shapin (1994), 251-252; Fox (1999), 258.
12 Shaaber (1929), 241.
13 MacDolnald and Murphy (1990), 306; Dooley (1999), 3, 81, 88, 119ff.
14 Hazard (1935).
15 Rossi (1960), 235-258; Slaughter (1982); Eco (1995), esp. 238-259, 269-288.
16 Shapin and Schaffer (1985), 3.
17 Crombie (1953), 233-237; Shapin (1996), 96-117.
18 Fernández-Armesto (1997), 4-5.
19 Seifert (1976), esp. 97ff, 116ff; Hassinger (1978).
20 Ginzburg (1978).
21 Daston (1991), 340.
22 Ginzburg (1978), 108-111.
23 Shapin and Schaffer (1985), 58-59; Daston (1991), 349; Shapin (1994), esp. 65-125.
24 Burke (1984).
25 Kenney (1974).
26 Seifert (1976), 163-178; Daston (1991), 345; Shapiro (1994).
27 Shapin and Schaffer (1985), 56.
28 Hacking (1975); Shapiro (1983), 30-31, 81-85.
29 Gillispie (1960); Daston (1991).
30 Lipking (1977); Grafton (1997).
31 Quoted Clark (1997), 183.
32 Goldie (187), esp. 212n; Betri (1992); Benitez (1993).
33 Meinecke (1924-1925); Gunn (1969); Hirschman (1977).
34 Mannheim (1936), 35, 56.

参考文献

与本项研究相关的书可谓汗牛充栋。以下所列书目仅限于脚注所涉及的二手文献。除非有特殊提示,图书的出版所在地,英文的是在伦敦,法文的是在巴黎。

Ackerman, J. (1949) 'Ars sine scientia nihil est', *Art Bulletin* 12, pp. 84-108.
Agrell, W. and B. Huldt (eds, 1983) *Clio Goes Spying*. Malmö.
Åkerman, S. (1991) 'The Forms of Queen Christina's Academies', in Kelley and Popkin, pp. 165-188.
Albertini, R. von (1955) *Das Florentinische Staatsbewusstsein im Übergang von der Republik zum Prinzipat*. Berne.
Albònico, A. (1992) 'Le *Relationi Universali* di Giovanni Botero', in *Botero e la Ragion di Stato*, ed. A. E. Baldini, pp. 167-184. Florence.
Alcoff, L. and E. Potter (eds, 1993) *Feminist Epistemologies*.
Alexandrov, D. A. (1995) 'The Historical Anthropology of Science in Russia', *Russian Studies in History* 34, pp. 62-91.
Alvar Ezquerra, A. (ed., 1993) *Relaciones topográficas de Felipe II*, 3 vols. Madrid.
Ambrosini, F. (1982) *Paesi e mari ignoti: America e colonialismo europeo nella cultura veneziana (secoli xvi-xvii)*. Venice.
Ames-Lewis, F. (ed., 1999) *Sir Thomas Gresham and Gresham College*.
Anderson, B. (1983) *Imagined Communities*, second edn, 1991.
Anderson, M. S. (1978) *Peter the Greats*, second edn, 1995.
Aquilon, P. and H.-J. Martin (eds, 1988) *Le Livre dans l'Europe de la Renaissance*.
Armstrong, E. (1990) *Before Copyright: The French Book-Privilege System, 1498-1526*. Cambridge.
Arrow, K. (1965) 'Knowledge, Productivity and Practice', rpr. in his *Production and Capital* (Cambridge, Mass., 1985), pp. 191-199.
Aubert, R. et al. (1976) *The University of Louvain*. Leuven.

Baker, J. N. L. (1935) 'Academic Geography in the Seventeenth and Eighteenth Centuries', rpr. in his *The History of Geography* (Oxford, 1963), pp. 14–32.

Baldamus, W. (1977) 'Ludwig Fleck and the Sociology of Science', in *Human Figurations*, pp. 135–156.

Ballester, L. García (1977) *Medicina, ciéncia y minorías marginadas: los Moriscos*. Granada.

Ballester, L. García (1993) 'The Inquisition and Minority Medical Practitioners in Counter-Reformation Spain', in *Medicine and the Reformation*, ed. P. P. Grell and A. Cunningham, pp. 156–191.

Ballesteros Beretta, A. (1941) 'J. B. Muñoz: la creación del Archivo de Indias', *Revista de Indias* 2, pp. 55–95.

Balsamo, J. (1995) 'Les Origines parisiennes du *Tesoro Politico*', *Bibliothèque d' Humanisme et Renaissance* 57, pp. 7–23.

Balsamo, L. (1973) 'Tecnologia e capitale nella storia del libro', in *Studi per Riccardo Ridolfi*, ed. B. M. Biagiarelli and D. E. Rhodes (Florence), pp. 77–94.

Baratin, M. and C. Jacob (eds, 1996) *Le Pouvoir des bibliothèques*.

Barber, G. (1981) 'Who were the Booksellers of the Enlightenment?', in G. Barber and B. Fabian (eds), *The Book and the Book Trade in Eighteenth-Century Europe* (Hamburg), pp. 211–224.

Barbour, V. (1928–1929) 'Marine Risks and Insurance in the Seventeenth Gentury', *Journal of Economic and Business History* 1, pp. 561–596.

Barbour, V. (1950) *Capitalism in Amsterdam in the Seventeenth Century*. Baltimore.

Barkan, O. L. (1958) 'Essai sur les données statistiques des registres de recensement dans l' empire ottoman', *Journal of the Economic and Social History of the Orient* 1, pp. 9–36.

Barker, P. and R. Ariew (eds, 1991) *Revolution and Continuity: Essays in the History and Philosophy of Early Modern Science*. Washington.

Barnes, B. (1977) *Interests and the Growth of Knowledge*.

Basalla, G. (1987) 'The Spread of Western Science', rpr. in Storey, pp. 1–22.

Baschet, A. (1870) *Les Archives de Venise*.

Baschet, A. (1875) *Histoire du dépôt des archives des affaires étrangères*.

Bassett, D. K. (1960) 'The Trade of the English East India Company in the Far East, 1623–1684', rpr. in *European Commercial Expansion in Early Modern Asia*, ed. O. Prakash (Aldershot, 1997), pp. 208–236.

Bauer, W. (1966) 'The Encyclopaedia in China', *Cahiers d'Histoire Moderne* 9, pp. 665–691.

Bautier, R. H. (1968) 'La Phase cruciale de l'histoire des archives', *Archivum* 18, pp. 139–149.

Bayly, C. A. (1996) *Empire and Information: Intelligence Gathering and Social Communication in India, 1780–1870*. Cambridge.

Bee, C. (1967) *Les Marchands écrivains*.

Becher, T. (1989) *Academic Tribes and Territories*.

Belenky, M. F. et al. (1986) *'Women' s Ways of Knowing*.

Beljame, L. (1881) *Le Public et les hommes de lettres*.

Bell, D. (1976) *The Cultural Contradictions of Capitalism*.

Bély, L. (1990) *Espions et ambassadeurs au temps de Louis XIV*.

Benitez, M. (1993) 'La Diffusion du "traité des trois imposteurs" au 18e siècle', *Revue d'Histoire Moderne et Contemporaine* 40, pp. 137–151.

Bentley, J. H. (1983) *Humanists and Holy Writ: New Testament Scholarship in the*

Renaissance. Princeton.
Benzoni, G. (1978) *Gli affanni della cultura: intellettuali e potere nell'Italia della Controriforma e barocca*. Milan.
Berger, P. and T. Luckmann (1966) *The Social Construction of Reality*. New York.
Berkey, J. (1992) *The Transmission of Knowledge in Medieval Cairo*. Princeton.
Berkvens-Stevelinck, C. et al. (eds, 1992) *Le Magasin de l'Univers: The Dutch Republic as the Centre of the European Book Trade*. Leiden.
Bermingham, A. and J. Brewer (eds, 1995) *The Consumption of Culture 1600-1800*.
Bernard-Maître, H. (1953) 'L'Orientaliste Guillaume Postel et la découverte spirituelle du Japon en 1552', *Monumenta Nipponica* 9, pp. 83-108.
Berti, S. (1992) 'The First Edition of the *Traité des trois imposteurs*', in *Atheism from the Reformation to the Enlightenment*, ed. M. Hunter and D. Wootton (Oxford), pp. 182-220.
Besterman, T. (1935) *The Beginnings of Systematic Bibliography*. Oxford.
Biagoli, M. (1993) *Galileo Courtier*. Princeton.
Biggs, M. (1999) 'Putting the State on the Map: Cartography, Territory and European State Formation', *Comparative Studies in Society and History* 41, pp. 374-405.
Birn, R. (1983) 'Book Production and Censorship in France, 1700-1715', in Carpenter, pp. 145-171.
Birn, R. (1989) 'Malesherbes and the Call for a Free Press', in Darnton and Roche, pp. 50-66.
Blair, A. (1992) 'Humanist Methods in Natural Philosophy: The Commonplace Book', *Journal of the History of Ideas* 53, pp. 541-552.
Blair, A. (1996) 'Bibliothèques portables: les recueils de lieux communs', in Baratin and Jacob, pp. 84-106.
Blair, A. (1997) *The Theatre of Nature: Jean Bodin and Renaissance Science*. Princeton.
Blum, R. (1963) 'Bibliotheca Memmiana: Untersuchungen zu Gabriel Naudé's *Advis*', in *Festschrift Carl Wehmer* (Amsterdam), pp. 209-232.
Blum, W. (1969) *Curiosi und Regendarii: Untersuchen zur Geheimen Staatspolizei der Spätantike*. Munich.
Blumenberg, H. (1966) *The Legitimacy of the Modern Age*, English translation, Cambridge, Mass., 1983.
Böhme, G. (1984) 'Midwifery as Science', in Stehr and Meja.
Böhme, G. and N. Stehr (eds, 1986) *The Knowledge Society*. Dordrecht.
Boislisle, A. M. de (1874) *Correspondance des Contrôleurs Généraux des Finances*.
Borghero, C. (1983) *La certezza e la storia: cartesianesimo, pirronismo e conoscenza storica*. Milan.
Bost, H. (1994) *Un intellectuel avant la lettre: le journaliste Pierre Bayle*. Amsterdam-Maarssen.
Bots, H. (1983) 'Les Provinces-Unies, centre de l'information européenne au dix-septième siècle', *Quaderni del' 600 francese* 5, pp. 283-306.
Bots, H. and F. Waquet (1997) *La République des Lettres*.
Boulding, K. E. (1966) 'The Economics of Knowledge and the Knowledge of Economics', *American Economic Review* 56, pp. 1-13.
Bourdieu, P. (1972) *Outlines of a Theory of Practice*, English translation, Cambridge, 1977.
Bourdieu, P. (1984) *Homo Academicus*, English translation, Cambridge, 1984.
Bourdieu, P. (1989) *La Noblesse d'Etat*.

Boutier, J., A. Dewerpe and D. Nordman (1984) *Un tour de France royal*.
Bouwsma, W. J. (1973) 'Lawyers and Early Modern Culture', rpr. in his *A Usable Past: Essays in European Cultural History* (Berkeley and Los Angeles, 1990), pp. 129–153.
Bouza, F. (1988) 'La biblioteca del Escorial y el orden de los saberes en el siglo xvi', rpr. in his *Imagen y propaganda: capítulos de historia cultural del reinado de Felipe II* (Madrid), pp. 168–185.
Bouza, F. (1992) *Del escribano a la biblioteca. La civilización escrita europea en la Alta Edad Moderna*. Madrid.
Bowen, M. (1981) *Empiricism and Geographical Thought from Francis Bacon to Alexander von Humboldt*. Cambridge.
Boxer, C. R. (1936) *Jan Compagnie in Japan*.
Boxer, C. R. (1948) *Three Historians of Portuguese Asia*. Hong Kong.
Boxer, C. R. (1957) *The Dutch in Brazil, 1624–1654*, Oxford.
Boxer, C. R. (1963) *Two Pioneers of Tropical Medicine*.
Brading, D. A. (1991) *The First America: The Spanish Monarchy, Creole Patriots and the Liberal State, 1492–1867*. Cambridge.
Bradshaw, L. E. (1981a) 'John Harris's *Lexicon Technicum*', in Kafker, pp. 107–121.
Bradshaw, L. E. (1981b) 'Ephraim Chambers' *Cyclopaedia*', in Kafker, pp. 123–140.
Brentjes, S. (1999) 'The Interests of the Republic of Letters in the Middle East', *Science in Context* 12, pp. 435–468.
Brewer, J. (1989) *The Sinews of Power*.
Brewer, J. and R. Porter (eds, 1993) *Consumption and the World of Goods*.
Briggs, R. (1991) 'The Académie Royale des Sciences and the Pursuit of Utility', *Past and Present* 131, pp. 38–88.
Brincken, A.-D. von den (1972) 'Tabula alphabetica', in *Festschrift Herman Heimpel*, vol. 2 (Göttingen), pp. 900–923.
Broc, N. (1975) *La Géographie des philosophes: géographes et voyageurs français au 18e siècle*.
Broc, N. (1980) *La Géographie de la Renaissance*.
Brocchieri, M. F. Beonio (1987) 'L'intellettuale', in *L'uomo medievale*, ed. J. Le Goff (Rome-Bari), pp. 203–233.
Brockliss, L. W. B. (1987) *French Higher Education in the Seventeenth and Eighteenth Centuries*. Oxford.
Brockliss, L. W. B. (1996) 'Curricula', in Ridder-Symoens, vol. 2, pp. 565–620.
Brown, H. (1934) *Scientific Organizations in Seventeenth-Century France*. Baltimore.
Brown, J. (1978) *Images and Ideas in Seventeenth-Century Spanish Painting*. Princeton.
Brown, R. D. (1989) *Knowledge is Power: The Diffusion of Information in Early America, 1700–1865*. New York.
Buck, P. (1977) 'Seventeenth-Century Political Arithmetic: Civil Strife and Vital Statistics', *Isis* 68, pp. 67–84.
Buck, P. (1982) 'People who Counted: Political Arithmetic in the Eighteenth Century', *Isis* 73, pp. 28–45.
Buisseret, D. (ed., 1992) *Monarchs, Ministers and Maps: The Emergence of Cartography as a Tool of Government in Early Modern Europe*. Chicago.
Burckhardt, J. (1860) *The Civilisation of the Renaissance in Italy*, English translation, revised

edn, Harmondsworth 1990.
Burke, P. (1979) The Bishop's Questions and the People's Religion', rpr. in Burke (1987), pp. 40–47.
Burke, P. (1983) 'The Reform of European Universities in the Sixteenth and Seventeenth Centuries', *CRE Information*, pp. 59–67.
Burke, P. (1984) 'How to be a Counter-Reformation Saint', rpr. in Burke (1987), pp. 48–62.
Burke, P. (1985) 'European Views of World History from Giovio to Voltaire', *History of European Ideas* 6, pp. 237–251.
Burke, P. (1986) 'The Humanist as Professional Teacher', in *The Professional Teacher*, ed. J. Wilkes (Leicester), pp. 19–27.
Burke, P. (1987) *Historical Anthropology of Early Modern Italy*. Cambridge.
Burke, P. (1988) 'William Dell, the Universities, and the Radical Tradition', in *Reviving the English Revolution*, ed. G. Eley and W. Hunt, pp. 181–189.
Burke, P. (1990) *The French Historical Revolution: The Annales School 1929–1989*. Cambridge.
Burke, P. (1992) *The Fabrication of Louis XIV*. New Haven.
Burke, P. (1995a) 'America and the Rewriting of World History', in *America in European Consciousness*, ed. K. O. Kupperman (Chapel Hill), pp. 33–51.
Burke, P. (1995b) 'The Jargon of the Schools', in *Languages and Jargons*, ed. P. Burke and Roy Porter (Cambridge), pp. 22–41.
Burke, P. (1995c) *The Fortunes of the Courtier: The European Reception of Castiglione's Cortegiano*. Cambridge.
Burke, P. (1998a) *Varieties of Cultural History*. Cambridge.
Burke, P. (1998b) 'Two Crises of Historical Consciousness', *Storia della Storiografia* no. 33, pp. 3–16.
Burke, P. (1998c) *The European Renaissance: Centres and Peripheries*. Oxford.
Burke, P. (1999a) 'Erasmus and the Republic of Letters', *European Review* 7, no. 1, pp. 5–17.
Burke, P. (1999b) 'The Philosopher as Traveller: Bernier's Orient', in *Voyages and Visions: Towards a Cultural History of Travel*, ed. J. Eisner and J.–P. Rubiés, pp. 124–137.
Burke, P. (2000a) 'Venice as a Centre of Information and Communication', forthcoming in *Venice Reconsidered: The History and Civilization of an Italian City-State 1297–1997*, ed. J. Martin and D. Romano (Baltimore).
Burke, P. (2000b) 'Assumptions and Observations: Eighteenth-Century French Travellers in South America', forthcoming in *Invitation au Voyage*, ed. J. Renwick (Edinburgh).
Burke, P. (2001) 'Rome as a Centre of Information and Communication', forthcoming in P. Jones and T. Worcester (eds), *Saints and Sinners* (Toronto).
Bustamante García, G. (1997) 'Francisco Hernández', in B. Ares Queija and S. Gruzinski (eds), *Entre dos mundos: fronteras culturales y agentes mediadores* (Seville), pp. 243–268.
Canone, E. (ed., 1993) *Bibliothecae Selectae da Cusano a Leopardi*. Florence.
Caracciolo Aricò, A. (ed., 1990) *l'impatto della scoperta dell'America nella cultura veneziana*. Rome.
Carels, P. E. and D. Flory (1981) 'J. H. Zedler's Universal Lexicon', in Kafker, pp. 165–195.
Carpenter, K. E. (ed., 1983) *Books and Society in History*. New York.
Carter, C. H. (1964) *The Secret Diplomacy of the Habsburgs, 1598–1625*. New York.
Castells, M. (1989) *The Informational City*. Oxford.
Cavaciocchi, S. (ed., 1992) *Produzione e commercio della carta e del libro, secc. xiii-xviii*.

Florence.

Chabod, F. (1934) 'Giovanni Botero', rpr. in his *Scritti sul Rinas-cimento* (Turin, 1967), pp. 271–458.

Chaffee, J. W. (1985) *The Thorny Gates of Learning in Sung China: A Social History of Examinations*. Cambridge.

Chamberlain, M. (1994) *Knowledge and Social Practice in Medieval Damascus*. Cambridge.

Charle, C. (1990) *Naissance des 'intellectuels' 1880–1900*.

Chartier, R. (1982) 'Les Intellectuels frustrés au 17e siècle', *Annales: Économies, Sociétés, Civilisations* 37, pp. 389–400.

Chartier, R. (1987) *The Cultural Uses of Print in Early Modern France*. Princeton.

Chartier, R. (1992) *The Order of Books: Readers, Authors and Libraries in Europe between the Fourteenth and Eighteenth Centuries*. Cambridge.

Christianson, J. R. (2000) *On Tycho's Island: Tycho Brahe and his Assistants, 1570–1601*. Cambridge.

Church, W. F. (1972) *Richelieu and Reason of State*. Princeton.

Cipolla, C. M. (1972) 'The Diffusion of Innovations in Early Modern Europe', *Comparative Studies in Society and History* 14, pp. 46–52.

Cipolla, C. M. (1976) *Public Health and the Medical Profession in the Renaissance*. Cambridge.

Clanchy, M. (1979) *From Memory to Written Record: England 1066–1307*. Revised edn, Oxford, 1993.

Clapp, S. (1931) 'The Beginnings of Subscription in the Seventeenth Century', *Modern Philology* 29, pp. 199–224.

Clapp, S. (1933) 'The Subscription Enterprises of John Ogilby and Richard Blome', *Modern Philology* 30, pp. 365–379.

Clark, S. (1997) *Thinking with Demons: The Idea of Witchcraft in Early Modern Europe*. Oxford.

Clarke, J. A. (1966) 'Librarians of the King: The Bignon, 1642–1784', *Library Quarterly* 36, pp. 293–298.

Clarke, J. A. (1970) *Gabriel Naudé, 1600–1653*. Hamden, Conn.

Clement, R. W. (1991) 'The Career of Thomas James', *Libraries and Culture* 26, pp. 269–282.

Cline, H. F. (1964) 'The *Relaciones Geograficas* of the Spanish Indies, 1577–1586', *Hispanic American Historical Review* 44, pp. 341–374.

Cobb, R. (1970) *The Police and the People*. Oxford.

Cochrane, J. A. (1964) *Dr Johnson's Printer: The Life of William Strahan*.

Codina Mir, G. (1968) *Aux sources de la pédagogie des Jésuites*. Rome.

Cohen, H. F. (1989) 'Comment', in *New Trends in the History of Science*, ed. R. P. W. Visser et al., Amsterdam-Atlanta, pp. 49–51.

Cohn, B. S. (1996) *Colonialism and its Forms of Knowledge*. Princeton.

Confino, M. (1962) 'Les Enquêtes économiques de la Société Libre d'Économie de Saint Petersbourg', *Revue Historique* 227, pp. 155–180.

Cormack, L. B. (1997) *Charting an Empire; Geography at the English Universities, 1580–1620*. Chicago.

Cortesão, A. (ed., 1944) *Tomé Pires, Suma Oriental*. London.

Costello, William T. (1958) *The Scholastic Curriculum at Early Seventeenth-Century Cambridge*. Cambridge, Mass.
Crane, D. (1972) *Invisible Colleges: Diffusion of Knowledge in Scientific Communities*. Chicago.
Crick, M. (1982) 'Anthropology of Knowledge', *Annual Review of Anthropology* 11, pp. 287–313.
Crombie, A. C. (1953) *Robert Grosseteste and the Origins of Experimental Science, 1100–1700*. Oxford.
Cropper, E. and C. Dempsey (1996) *Nicolas Poussin: Friendship and the Love of Painting*. New Haven.
Curtis, M. H. (1959) *Oxford and Cambridge in Transition, 1558–1642*. Oxford.
Curtis, M. H. (1962) 'The Alienated Intellectuals of Early Stuart England', *Past and Present* 23, pp. 25–41.
Curtius, E. R. (1948) *European Literature and the Latin Middle Ages*, English translation, 1954; second edn, New York, 1963.
D'Addario, A. (1990) 'Lineamenti di storia dell'archivistica', *Archivio Storico Italiano* 148, pp. 3–36.
Dahl, F. (1939) 'Amsterdam-Earliest Newspaper Centre of Western Europe', *Het Boek* 25, pp. 160–197.
Dahl, F. (1951) 'Les Premiers Journaux en français', in *Débuts de la presse française*, ed. Dahl et al. (Göteborg-Paris), pp. 1–15.
Dainville, F. de (1940) *La Géographie des humanistes*.
Daly, L. W. (1967) *Contribution to a History of Alphabetization in Antiquity and the Middle Ages*. Brussels.
Darnton, R. (1979) *The Business of Enlightenment*. Cambridge, Mass.
Darnton, R. (1982) *The Literary Underground of the Old Regime*. New York.
Darnton, R. (1984) 'Philosophers Trim the Tree of Knowledge: The Epistemological Structure of the *Encyclopédie*', in his *The Great Cat Massacre* (New York), pp. 191–214.
Darnton, R. and D. Roche (eds, 1989) *Revolution in Print: The Press in France 1775–1800*. Berkeley.
Daston, L. (1991) 'Baconian Facts, Academic Civility and the Prehistory of Objectivity', *Annals of Scholarship* 8, pp. 337–363.
Daston, L. (1992) 'Classifications of Knowledge in the Age of Louis XIV', in D. L. Rubin (ed.), *Sun King* (Washington), pp. 206–220.
Davids, K. (1995) 'Openness or Secrecy? Industrial Espionage in the Dutch Republic', *Journal of European Economic History* 24, pp. 334–348.
Davies, D. W. (1952) 'The Geographical Extent of the Dutch Book Trade in the 17th Century', *Library Quarterly* 22, pp. 200–213.
Davies, D. W. (1954) *The World of the Elseviers, 1580–1712*. The Hague.
Davis, N. Z. (1983) 'Beyond the Market: Books as Gifts in Sixteenth-Century France', *Transactions of the Royal Historical Society* 33, pp. 69–88.
Dawson, W. R. (1932) 'The London Coffeehouses and the Beginnings of Lloyds', *Essays by Divers Hands* 11, pp. 69–112.
Derber, C., W. A. Schwartz and Y. Magrass (1990) *Power in the Highest Degree: Professionals and the Rise of a New Mandarin Order*. New York.

Deutsch, K. (1953) *Nationalism and Social Communication*. New York.
Dieckmann, H. (1961) 'The Concept of Knowledge in the Encyclopédie', *Essays in Comparative Literature*, pp. 73–107.
Dierse, U. (1977) *Enzyklopädie*. Bonn.
Dionisotti, C. (1967) 'Chierici e laid', in his *Geografia e storia della letteratura italiana*, Turin, pp. 47–73.
Dodds, M. (1929) *Les Récits de voyage sources de l'Esprit des Loix de Montesquieu*.
Dooley, B. (1999) *The Social History of Scepticism: Experience and Doubt in Early Modern Culture*. Baltimore.
Doria, G. (1986) 'Gonoscenza del mercato e sistema informativo: il know-how dei mercanti-finanzieri genovesi nei secoli xvi e xvii', in *La repubblica internazionale del danaro*, eds. A. da Maddalena and H. Kellenbenz (Florence), pp. 57–115.
Drayton, R. (1998) 'Knowledge and Empire', in *The Oxford History of the British Empire*, vol. 2: *The Eighteenth Century*, ed. P. Marshall (Oxford), pp. 231–252.
Drège, J.-P. (1991) *Les Bibliothèques en Chine au temps des manuscrits*. Paris.
Dreitzel, H. (1983) 'Hermann Conring und die politische Wissenschaft seiner Zeit', in Stolleis, pp. 135–172.
Duchet, M. (1971) *Anthropologie et histoire au siècle des lumières*.
Duke, A. C. and C. A. Tamse (eds, 1987) *Too Mighty to be Free: Censorship and the Press in Britain and the Netherlands*. Zutphen.
Dülmen, R. van (1978) 'Die Aufklärungsgesellschaften in Deutsch-land', *Francia* 5, pp. 251–275.
Dülmen, R. van (1986) *The Society of the Enlightenment*, English translation, Cambridge, 1992.
Durán, J. (1991) *Toward a Feminist Epistemology*. Savage, Md.
Durkheim, E. (1912) *The Elementary Forms of the Religious Life*. English translation, New York, 1961.
Durkheim, E. and M. Mauss (1901–1902) *Primitive Classification*. English translation, 1963.
Duyvendak, J. J. L. (1936) 'Early Chinese Studies in Holland', *T'oung Pao* 32, pp.293–344.
Eamon, W. (1994) *Science and the Secrets of Nature: Books of Secrets in Early Modern Culture*. Princeton.
Echevarria Bacigalupe, M. A. (1984) *La diplomacia secreta en Flandres, 1598–1643*. Madrid.
Eco, U. (1995) *The Search for the Perfect Language*. Oxford.
Edney, M. (1997) *Mapping an Empire: The Geographic Construction of British India, 1765–1843*. Chicago.
Eisenstein, E. (1979) *The Printing Press as an Agent of Change*, 2 vols. Cambridge.
Eisenstein, E. (1992) *Grub Street Abroad*. Oxford.
Elias, N. (1939) *The Civilising Process*, English translation, 2 vols, Oxford, 1978–1982.
Elias, N. (1982) 'Scientific Establishments', in *Scientific Establishments and Hierarchies*, ed. N. Elias, H. Martins and R. Whitley (Dordrecht), pp. 3–69.
Elkanah, Y. (1981) 'A Programmatic Attempt at an Anthropology of Knowledge', in *Sciences and Cultures*, ed. E. Mendelsohn and Y. Elkanah, pp. 1–76.
Elkar, R. S. (1995) 'Altes Handwerk und ökonomische Enzyklopädie', in Eybl et al., pp. 215–231.

Elliott, J. H. (1986) *The Count-Duke of Olivares*. New Haven.
Elton, G. R. (1972) *Policy and Police*. Cambridge.
Engelsing, R. (1969) 'Die Perioden der Lesergeschichte in der Neuzeit', *Archiv für Geschichte des Buchwesens* 10, pp. 944-1002.
Engelsing, R. (1974) *Der Burger als Leser. Lesergeschichte in Deutschland, 1500-1800*. Stuttgart.
Esmonin, E. (1964) *Etudes sur la France des 17e et 18e siècles*.
Ettinghausen, H. (1984) 'The News in Spain', *European History Quarterly* 14, pp. 1-20.
Evans, R. J. W. (1973) *Rudolf II and his World*. Oxford.
Eybl, F. et al. (eds, 1995) *Enzyklopädien der frühen Neuzeit*. Tübingen.
Feather, F. (1994) 'From Rights in Copies to Copyright', in *The Construction of Authorship*, ed. M. Woodmansee, Durham, NC, pp. 191-209.
Feingold, M. (1984) *The Mathematicians' Apprenticeship*. Cambridge.
Feingold, M. (1989) 'The Universities and the Scientific Revolution: The Case of England', in *New Trends in the History of Science*, ed. R. P. W. Visser et al., Amsterdam-Atlanta, pp. 29-48.
Feingold, M. (1991) 'Tradition versus Novelty: Universities and Scientific Societies in the Early Modern Period', in P. Barker and R. Ariew (eds, 1991) *Revolution and Continuity: Essays in the History and Philosophy of Early Modern Science* (Washington), pp. 45-59.
Feingold, M. (1997) 'The Mathematical Sciences and New Philosophies', in *History of the University of Oxford*, vol. 4, ed. Nicholas Tyacke (Oxford), pp. 359-448.
Feldhay, R. (1995) *Galileo and the Church: Political Inquisition or Critical Dialogue?* Cambridge.
Fernández-Armesto, F. (ed., 1995) *The European Opportunity*. Aldershot.
Fernández-Armesto, F. (1997) *Truth: A History and a Guide for the Perplexed*.
Field, A. (1988) *The Origins of the Platonic Academy of Florence*. Princeton.
Fiering, N. (1976) 'The Transatlantic Republic of Letters', *William & Mary Quarterly* 33, pp. 642-660.
Figueiredo, J. M. de (1984) 'Ayurvedic Medicine in Goa', rpr. in Storey, pp. 247-257.
Findlen, P. (1989) 'The Museum', *Journal of the History of Collections* 1, pp. 59-78.
Findlen, P. (1994) *Possessing Nature: Museums, Collecting and Scientific Culture in Early Modern Italy*. Berkeley.
Fleck, L. (1935) *Genesis and Development of a Scientific Fact*, English translation, Chicago, 1979.
Fleischer, C. H. (1986) *Bureaucrat and Intellectual in the Ottoman Empire*. Princeton.
Fletcher, J. M. (1981) 'Change and Resistance to Change: A Consideration of the Development of English and German Universities during the Sixteenth Century', *History of Universities* 1, pp. 1-36.
Flint, R. (1904) *Philosophy as Scientia Scientiarum and a History of the Classification of the Sciences*.
Fogel, M. (1989) *Les Cérémonies de l'information*.
Foucault, M. (1961) *Naissance de la clinique*.
Foucault, M. (1966) *Les Mots et les choses*.
Foucault, M. (1980) *Power/Knowledge*, ed. C. Gordon. Brighton.
Fox, A. (1999) 'Remembering the Past in Early Modern England', *Transactions of the Royal*

Historical Society 9, pp. 233-256.
Frängsmyr, Tore, J. L. Heilbron and R. E. Rider (eds, 1990) *The Quantifying Spirit in the Eighteenth Century*. Berkeley-Los Angeles.
Fuller, S. (1992) 'Knowledge as Product and Property', in Stehr and Ericson, pp. 157-190.
Fumaroli, M. (1988) 'The Republic of Letters', *Diogenes* 143, pp. 129-152.
Gandt, F. de (1994) 'D'Alembert et la chaîne des sciences', *Revue de Synthèse* 115, pp. 39-54.
Gardair, J.-M. (1984) *Le 'Giornale de' letterati' de Rome (1668-1681)*. Florence.
Garin, E. (1961) 'Ritratto del Paolo del Pozzo Toscanelli', rpr. in *Ritratti di umanisti* (Florence, 1967), pp. 41-68.
Garofalo, S. (1980) *L'enciclopedismo italiano: Gianfrancesco Pivati*. Ravenna.
Gasnault, P. (1976) 'Les travaux d'érudition des Mauristes au 18e siècle', in Hammer and Voss, pp. 102-121.
Gasparolo, P. (1887) 'Costituzione dell'Archivio Vaticano e suo primo indice sotto il pontificato di Paolo V', *Studi e documenti di storia e diritto* 8, pp. 3-64.
Geertz, C. (1975) 'Common Sense as a Cultural System', rpr. in his *Local Knowledge* (New York, 1983), pp. 73-93.
Geertz, C. (1979) 'Suq', in *Meaning and Order in Moroccan Society* (Cambridge), pp. 123-244.
Geertz, C. (1983) 'Local Knowledge: Fact and Law in Comparative Perspective', in his *Local Knowledge* (New York), pp. 167-234.
Gellner, E. (1974) *Legitimation of Belief*. Cambridge.
Gellner, E. (1988) *Plough, Sword and Book*.
Gellrich, J. M. (1985) *The Idea of the Book in the Middle Ages*. Ithaca.
George, M. D. (1926-1929) 'The Early History of Registry Offices', *Economic History* 1, pp. 570-590.
Gerulaitis, L. V. (1976) *Printing and Publishing in Fifteenth-Century Venice*. Chicago.
Giard, L. (1983-1985) 'Histoire de l'université et histoire du savoir: Padoue (xive-xvie siècles)', *Revue de Synthèse* 104-106, pp. 139-169, 259-298, 419-442.
Giard, L. (1991) 'Remapping Knowledge, Reshaping Institutions', in *Science, Culture and Popular Belief in Renaissance Europe*, eds. S. Pumfrey, P. L. Rossi and M. Slawinski (Manchester), pp. 19-47.
Gibbs, G. C. (1971) 'The Role of the Dutch Republic as the Intellectual Entrepot of Europe in the Seventeenth and Eighteenth Centuries', *Bijdragen en Mededelingen betreffende de Geschiedenis van de Nederlanden* 86, pp. 323-349.
Gibbs, G. C. (1975) 'Some Intellectual and Political Influences of the Huguenot Emigrés in the United Provinces c.1680-1730', *Bijdragen en Mededelingen betreffende de Geschiedenis van de Nederlanden* 90, pp. 255-287.
Giddens, A. (1985) *The Nation-State and Violence*. Cambridge.
Giesecke, M. (1991) *Der Buchdruck in der früben Neuzeit: Eine historische Fallstudie über die Durchsetzung neuer Informations-und Kommunikationstechnologien*. Frankfurt.
Gilbert, F. (1965) *Machiavelli and Guicciardini*. Princeton.
Gilbert, N. W. (1960) *Renaissance Concepts of Method*. New York.
Gillispie, C. C. (1960) *The Edge of Objectivity: An Essay in the History of Scientific Ideas*. Princeton.

Gillispie, C. C. (1980) *Science and Polity in France at the End of the Old Regime*. Princeton.

Ginzburg, C. (1976) 'High and Low: The Theme of Forbidden Knowledge in the 16th and 17th Centuries', *Past and Present* 73, pp. 28–41.

Ginzburg, C. (1978) 'Clues: Roots of an Evidential Paradigm', rpr. in his *Myths, Emblems, Clues*, English translation (1990), pp. 96–125.

Ginzburg, C. (1996) 'Making Things Strange: The Prehistory of a Literary Device', *Representations* 56, pp. 8–28.

Ginzburg, C. (1997) *Occhiacci di legno: nove riflessioni sulla distanza*. Milan.

Glass, D. V. (1973) *Numbering the People: The Eighteenth-Century Population Controversy and the Development of Census and Vital Statistics in Britain*. Farnborough.

Golder, F. A. (ed., 1922) *Bering's Voyages*, 2 vols. New York.

Goldgar, A. (1995) *Impolite Learning*. New Haven.

Goldie, M. (1987) 'The Civil Religion of James Harrington', in *The Languages of Political Theory in Early-Modern Europe*, ed. Anthony Pagden (Cambridge), pp. 197–222.

Goldstein, T. (1965) 'Geography in Fifteenth-Century Florence', rpr. in Fernández-Armesto (1995), pp. 1–22.

Goldthwaite, R. A. (1972) 'Schools and Teachers of Commercial Arithmetic in Renaissance Florence', *Journal of European Economic History* 1, pp. 418–433.

Goodman, D. C. (1988) *Power and Penury: Government, Technology and Science in Philip II's Spain*. Cambridge.

Goodman, D. (1994) *The Republic of Letters: A Cultural History of the French Enlightenment*. Ithaca.

Goodman, G. K. (1967) *Japan: the Dutch Experience*, revised edn, 1987.

Goody, J. (1978) *The Domestication of the Savage Mind*. Cambridge.

Goody, J. (1996) *The East in the West*. Cambridge.

Goss, C. W. F. (1932) *The London Directories, 1677–1855*.

Goyet, F. (1986–1987) 'A propos de "ces pastissages de lieux communs": le rôle de notes de lecture dans la genese des *Essais*', *Bulletin de la Société des Amis de Montaigne*, parts 5–8, pp. 11–26, 9–30.

Goyet, F. (1996) *Le sublime du 'lieu commun': l'invention rhétorique dans l'antiquité et à la Renaissance*.

Grafton, A. (1990) *Forgers and Critics*. Princeton.

Grafton, A. (1992) 'Kepler as a Reader', *Journal of the History of Ideas* 53, pp. 561–572.

Grafton, A. (1997) *The Footnote: A Curious History*.

Grafton, A. and L. Jardine (1986) *From Humanism to the Humanities: Education and the Liberal Arts in Fifteenth- and Sixteenth-Century Europe*.

Granet, M. (1934) *La Pensée chinoise*.

Grant, E. (1996) *The Foundations of Modern Science in the Middle Ages*. Cambridge.

Greengrass, M. (1998) 'Archive Refractions: Hartlib's Papers and the Workings of an Intelligencer', in Hunter, pp. 35–48.

Gregory, T. (1961) *Scetticismo e empirismo: studio su Gassendi*. Bari.

Gregory, T. et al. (eds, 1981) *Ricerche su letteratura libertina e letteratura clandestina nel' 600*. Florence.

Grosrichard, A. (1979) *Structure du serail: la fiction du despotisme asiatique dans l'occident classique*.

Grossman, M. (1975) *Humanism in Wittenberg 1485-1517*. Nieuwkoop.
Grove, R. (1991) 'The Transfer of Botanical Knowledge between Asia and Europe, 1498-1800', *Journal of the Japan-Netherlands Institute* 3, pp. 160-176.
Grove, R. (1996) 'Indigenous Knowledge and the Significance of South West India for Portuguese and Dutch Constructions of Tropical Nature', *Modern Asian Studies* 30, pp. 121-144.
Guénée, B. (1980) *Histoire et culture historique dans l'Occident médiéval*.
Gunn, J. A. W. (1969) *Politics and the Public Interest in the Seventeenth Century*.
Gurvitch, G. (1966) *The Social Frameworks of Knowledge*, English translation, Oxford, 1971.
Guy, R. K. (1987) *The Emperor's Four Treasuries: Scholars and the State in the Late Ch'ien-Lung Era*. Cambridge, Mass.
Haase, E. (1959) *Einführung in die Literatur des Refuge: Der Beitrag der französischen Protestanten zur Entwicklung analytischer Denkformen am Ende des 17. Jht*. Berlin.
Habermas, J. (1962) *The Structural Transformation of the Public Sphere*, English translation, Cambridge, 1989.
Hacking, I. (1975) *The Emergence of Probability*. Cambridge.
Hahn, R. (1971) *The Anatomy of a Scientific Institution: The Paris Academy of Sciences, 1666-1803*. Berkeley.
Hahn, R. (1975) 'Scientific Careers in Eighteenth-Century France', in M. P. Crosland (ed.), *The Emergence of Science in Western Europe*, pp. 127-138.
Hall, A. R. (1962) 'The Scholar and the Craftsman in the Scientific Revolution', in *Critical Problems in the History of Science*, ed. M. Clagett (Madison), pp. 3-32.
Hall, M. B. (1965) 'Oldenburg and the Art of Scientific Communication', *British Journal of the History of Science* 2, pp. 277-290.
Hall, M. B. (1975) 'The Royal Society's Role in the Diffusion of Information in the Seventeenth Century', *Notes and Records of the Royal Society* 29, pp. 173-192.
Hammer, K. and J. Voss (eds, 1976) *Historische Forschung im 18. Jht*. Bonn.
Hammermeyer, L. (1976) 'Die Forschungszentren der deutschen Benediktinern und ihre Vorhaben', in Hammer and Voss, pp. 122-191.
Hammerstein, N. (1972) *Jus und Historie: ein Beitrag zur Geschichte des historischen Denkens an deutschen Universitäten im späten 17. und im 18. Jht*. Göttingen.
Hankins, J. (1990) *Plato in the Italian Renaissance*, 2 vols. Leiden.
Hankins, J. (1991) 'The Myth of the Platonic Academy of Florence', *Renaissance Quarterly* 44, pp. 429-475.
Hannaway, O. (1975) *The Chemists and the Word: The Didactic Origins of Chemistry*. Baltimore.
Hannaway, O. (1986) 'Laboratory Design and the Aims of Science: Andreas Libavius and Tycho Brahe', *Isis* 77, pp. 585-610.
Hannaway, O. (1992) 'Georgius Agricola as Humanist', *Journal of the History of Ideas* 53, pp. 553-560.
Haraway, D. (1988) 'Situated Knowledge', *Feminist Studies* 14, pp. 575-599.
Harley, J. B. (1988) 'Silences and Secrecy: The Hidden Agenda of Cartography in Early Modern Europe', *Imago Mundi* 40, pp. 57-76.
Harley, J. B. and D. Woodward (eds, 1992) *The History of Cartography*, vol. 2, part 1.

Chicago.
Harley, J. B. and D. Woodward (eds, 1994) *The History of Cartography*, vol. 2, part 2. Chicago.
Harmsen, A. J. E. (1994) 'Barlaeus's Description of the Dutch Colony in Brazil', in *Travel Fact and Travel Fiction*, ed. Z. von Martels (Leiden), pp. 158–169.
Harris, J. R. (1985) 'Industrial Espionage in the Eighteenth Century', *Industrial Archaeology Review* 7, pp. 127–138.
Harris, J. R. (1992) 'The First British Measures against Industrial Espionage', in *Industry and Finance in Early Modern History*, ed. Ian Blanchard et al.
Harris, J. R. (1996a) 'A French Industrial Spy: The Engineer Le Turc in England in the 1780s', *Icon* 1, pp. 16–35.
Harris, J. R. (1996b) 'Law, Industrial Espionage and the Transfer of Technology from 18th Britain', in *Technological Change*, ed. R. Fox (Amsterdam), pp. 123–136.
Harris, M. (1987) *London Newspapers in the Age of Walpole*.
Harris, S. J. (1996) 'Confession-Building, Long-Distance Networks, and the Organisation of Jesuit Science', *Early Modern Science* 1, pp. 287–318.
Harris, S. J. (1998) 'Long-Distance Corporations, Big Sciences and the Geography of Knowledge', *Configurations* 6, pp. 269–304.
Harris, S. J. (1999) 'Mapping Jesuit Science: The Role of Travel in the Geography of Knowledge', in O'Malley and Bailey, pp. 212–240.
Haskell, F. (1993) *History and its Images: Art and the Interpretation of the Past*. New Haven.
Hassinger, E. (1978) *Empirisch-rationaler Historismus*. Berne-Munich.
Hathaway, N. (1989) '*Compilatio*: from Plagiarism to Compiling', *Viator* 20, pp. 19–44.
Hazard, P. (1935) *The European Mind, 1680–1715*, English translation, 1953.
Heath, M. J. (1983) 'Montaigne, Lucinge and the *Tesoro Politico*', *Bibliothèque d'Humanisme et Remaissance* 45, pp. 131–135.
Heckscher, W. S. (1958) *Rembrandt's Anatomy of Dr Nicholas Tulp: An Iconological Study*. New York.
Heers, J. (1976) 'L'Enseignement à Gênes et la formation culturelle des hommes d'affaires en Méditerranée à la fin du Moyen Âge', *Etudes Islamiques* 44, pp. 229–244.
Helms, M. W. (1988) *Ulysses' Sail*. Princeton.
Henningsen, G. and J. Tedeschi (eds, 1986) *The Inquisition in Early Modern Europe: Studies on Sources and Methods*. Dekalb, Ill.
Herlihy, D. and C. Klapisch (1978) *Les Toscans et leurs families*.
Hess, A. (1974) 'Piri Reis and the Ottoman Response to the Voyages of Discovery', *Terrae Incognitae* 6, pp. 19–37.
Hill, C. (1965) *Intellectual Origins of the Scientific Revolution*. Oxford.
Hill, C. (1972) *The World Turned Upside Down: Radical Ideas During the English Revolution*, second edn, Harmondsworth, 1975.
Hirschman, A. (1977) *The Passions and the Interests: Political Arguments for Capitalism before its Triumph*. Princeton.
Hoftijzer, P. G. (1987) *Engelse boekverkopers bij de Beurs*. Amsterdam-Maarssen.
Holmes, G. (1977) 'Gregory King and the Social Structure of Preindustrial England', *Transactions of the Royal Historical Society* 27, pp. 41–65.
Hoock, J. (1980) 'Statistik und Politische Ökonomie', in Rassem and Stagl, pp. 307–323.

Hoock, J. and P. Jeannin (eds, 1991-1993) *Ars mercatoria*, 2 vols. Paderborn.
Hopkins, J. (1992) 'The 1791 French Cataloging Code and the Origins of the Card Catalogue', *Libraries and Culture* 27, pp. 378-404.
Houghton, W. E., Jr (1942) 'The English Virtuoso in the Seventeenth Century', *Journal of the History of Ideas* 3, pp. 51-73 and 190-219.
Hucker, C. O. (ed., 1968) *Chinese Government in Ming Times*. New York.
Huff, T. E. (1993) *The Rise of Early Modern Science*. Cambridge.
Huisman, F. (1989) 'Itinerant Medical Practitioners in the Dutch Republic: The Case of Groningen', *Tractrix* 1, pp. 63-83.
Hulshoff Pol, E. (1975) 'The Library', in Lunsingh Scheurleer and Posthumus Meyjes, pp. 395-460.
Hunter, M. C. W. (1981) *Science and Society in Restoration England*. Cambridge.
Hunter, M. C. W. (1982) *The Royal Society and its Fellows*, second edn, Oxford, 1994.
Hunter, M. C. W. (1989) *Establishing the New Science: The Experience of the Early Royal Society*. Woodbridge.
Hunter, M. C. W. (ed., 1998) *Archives of the Scientific Revolution: The Formation and Exchange of Ideas in 17th-Century Europe*. Woodbridge.
Hutchinson, T. W. (1988) *Before Adam Smith: The Emergence of Political Economy, 1662-1776*. Oxford.
Iliffe, R. (1992) 'In the Warehouse: Privacy, Property and Priority in the Early Royal Society', *History of Science* 30, pp. 29-68.
Im Hoff, U. (1982) *Das gesellige Jahrhundert: Gesellschaft und Gesellschaften im Zeitalter der Aufklärung*. Munich.
Im Hoff, U. (1994) *The Enlightenment*. Oxford.
Impey, O. and A. Macgregor (eds, 1985) *The Origins of Museums*. Oxford.
Infelise, M. (1997) 'Professione reportista. Copisti e gazzettieri nella Venezia del' 600', in *Venezia: Itinerari per la storia della città*, ed. S. Gasparri, G. Levi and P. Moro (Bologna), pp. 193-219.
Infelise, M. (1999a) 'Le Marché des informations à Venise au 17e siècle', in H. Duranton and P. Rétat (eds, 1999) *Gazettes et information politique sous l'ancien régime* (Saint-Etienne), pp. 117-128.
Infelise, M. (1999b) *I libri proibiti da Gutenberg all'Encyclopédie*. Rome-Bari.
Innes, J. (1987) *The Collection and Use of Information by Government, circa 1690-1800*. Unpublished.
Innis, H. A. (1950) *Empire and Communications*. Oxford.
Innis, H. A. (1980) *The Idea File of Harold Innis*. Toronto.
Isaievych, I. (1993) 'The Book Trade in Eastern Europe in the Seventeenth and Eighteenth Centuries', in Brewer and Porter, pp. 381-392.
Israel, J. (1990a) 'The Amsterdam Stock Exchange and the English Revolution of 1688', *Tijdschrift voor Geschiedenis* 103, pp. 412-440.
Israel, J. (1990b) 'Een merkwaardig literair werk en de Amsterdamse effectenmarkt in 1688', in *De 17de eeuw* 6, pp. 159-165.
Itzkowitz, N. (1972) *Ottoman Empire and Islamic Tradition*. Princeton.
Jacob, C. (1992) *L'Empire des cartes*.
Jacob, C. (1996) 'Navigations alexandrines', in Baratin and Jacob, pp. 47-83.

Jacob, C. (1999) 'Mapping in the Mind', in *Mappings*, ed. D. Cosgrove, pp. 24-49.
Jardine, L. (1983) 'Isotta Nogarola', *History of Education* 12, pp. 231-244.
Jardine, L. (1985) 'The Myth of the Learned Lady in the Renaissance', *Historical Journal* 28, pp. 799-820.
Jardine, N., J. A. Secord and E. Spary (eds, 1996) *Cultures of Natural History*. Cambridge.
Johannisson, K. (1990) 'The Debate over Quantification in Eighteenth-Century Political Economy', in Frängsmyr, Tore et al. pp. 343-362.
Johansson, E. (1977) 'The History of Literacy in Sweden', rpr. in *Literacy and Social Development in the West*, ed. H. J. Graff (Cambridge, 1981), pp. 151-182.
Johns, A. (1998) *The Nature of the Book: Print and Knowledge in the Making*. Chicago.
Jukes, H. A. L. (ed., 1957) *Thomas Seeker's Articles of Enquiry*. Oxford.
Julia, D. (1986) 'Les Institutions et les hommes (16e-18e siècles)', in Verger, pp. 141-197.
Kafker, F. A. (ed., 1981) *Notable Encyclopaedias*. Oxford.
Kahn, D. (1967) *The Code-Breakers: The Story of Secret Writing*. New York.
Kany, C. E. (1932) *Life and Manners in Madrid, 1750-1800*. Berkeley.
Kapp, V. (ed., 1993) *Les Lieux de mémoire et la fabrique de l'oeuvre*.
Karamustafa, A. T. (1992) 'Military, Administrative and Scholarly Maps and Plans', in Harley and Woodward vol. 2, part 1, pp. 209-227.
Kearney, H. (1970) *Scholars and Gentlemen: Universities and Society in Preindustrial Britain, 1500-1700*.
Keene, D. (1952), *The Japanese Discovery of Europe*.
Keens-Soper, H. M. A. (1972) 'The French Political Academy, 1712', *European Studies Review* 2, pp. 329-355.
Kelley, D. R. (1971) 'History as a Calling: The Case of La Popelinière', in A. Molho and J. A. Tedeschi, eds, *Renaissance Studies in Honor of Hans Baron* (Florence), pp. 773-789.
Kelley, D. R. (1980) 'Johann Sleidan and the Origins of History as a Profession', *Journal of Modern History* 52, pp. 577-598.
Kelley, D. R. (ed., 1997) *History and the Disciplines*. Rochester.
Kelley, D. R. and R. H. Popkin (eds, 1991) *The Shapes of Knowledge from the Renaissance to the Enlightenment*. Dordrecht.
Kelly, C. M. (1994) 'Later Roman Bureaucracy: Going through the Files', in *Literacy and Power in the Ancient World*, ed. A. K. Bowman and G. Woolf, Cambridge, pp. 161-176.
Kenney, E. J. (1974) *The Classical Text: Aspects of Editing in the Age of the Printed Book*. Berkeley.
Kenny, N. (1991) *The Palace of Secrets: Béroalde de Verville and Renaissance Conceptions of Knowledge*. Oxford.
Kenny, N. (1998) *Curiosity in Early Modern Europe: Word Histories*. Wiesbaden.
Keynes, G. (1940) *The Library of Edward Gibbon*. Second edn, 1980.
King, J. E. (1949) *Science and Rationalism in the Government of Louis XIV*. Baltimore.
King, M. L. (1976) 'Thwarted Ambitions: Six Learned Women of the Italian Renaissance', *Soundings* 59, pp. 280-300.
Kitchin, G. (1913) *Sir Roger L'Estrange*.
Klaits, J. (1971) 'Men of Letters and Political Reformation in France at the End of the Reign of Louis XIV: The Founding of the Académie Politique', *Journal of Modern History* 43, pp. 577-597.

Kley, E. J. Van (1971) 'Europe's "Discovery" of China and the Writing of World History', *American Historical Review* 76, pp. 358–385.
Klueting, H. (1986) *Die Lehre von Macht der Staaten*. Berlin.
Knorr-Cetina, K. (1981) *The Manufacture of Knowledge*. Oxford.
Knowles, M. D. (1958) 'Great Historical Enterprises: The Bollandists', *Transactions of the Royal Historical Society* 8, pp. 147–166.
Knowles, M. D. (1959) 'Great Historical Enterprises: The Maurists', *Transactions of the Royal Historical Society* 9, pp. 169–188.
Koeman, C. (1970) *Joan Blaeu and his Grand Atlas*. Amsterdam.
Koerner, L. (1996) 'Carl Linnaeus in his Time and Place', in Jardine, Secord and Spary, pp. 145–162.
Kolmar, L. (1979) 'Colbert und die Entstehung der Collection Doat', *Francia* 7, pp. 463–489.
Konvitz, J. (1987) *Cartography in France, 1660–1848*. Chicago.
Koran, R. (1874) *Der Kanzleienstreit*. Halle.
Kornicki, P. (1998) *The Book in Japan: A Cultural History from the Beginnings to the Nineteenth Century*. Leiden.
Koselleck, R. (1972) '*Begriffsgeschichte* and Social History', rpr. in his *Futures Past*, English translation, Cambridge, Mass., 1985, pp. 73–91.
Kristeller, P. O. (1951–1952) 'The Modern System of the Arts', rpr. in his *Renaissance Thought*, II (New York, 1965), pp. 163–227.
Kristeller, P. O. (1955) 'The Humanist Movement', in his *Renaissance Thought* (New York, 1961), pp. 3–23.
Kühlmann, W. (1982) *Gelehrtenrepublik und Fürstenstaat*. Tübingen.
Kuhn, T. S. (1962) *The Structure of Scientific Revolutions*. Chicago.
Kusukawa, S. (1996) 'Bacon's Classification of Knowledge', in *The Cambridge Companion to Bacon*, ed. M. Peltonen (Cambridge), pp. 47–74.
Labrousse, E. (1963–1964) *Pierre Bayle*, 2 vols. The Hague.
Labrousse, E. (1983) *Bayle*. Oxford.
Lach, D. (1965) *Asia in the Making of Europe*, part 1. Chicago.
Lach, D. (1977) *Asia in the Making of Europe*, part 2. Chicago.
Lach, D. and E. J. Van Kley (1993) *Asia in the Making of Europe*, part 3. Chicago.
Ladner, G. B. (1979) 'Medieval and Modern Understanding of Symbolism: A Comparison', *Speculum* 54, pp. 223–256.
Laeven, A. H. (1986) *Acta Eruditorum*. Amsterdam.
Lamb. U. (1969) 'Science by Litigation: A Cosmographic Feud', rpr. in her *Cosmographers and Pilots of the Spanish Maritime Empire* (Aldershot, 1995), III, pp. 40–57.
Lamb, U. (1976) 'Cosmographers of Seville', rpr. ibid., VI, pp. 675–686.
Lamo de Espinosa, E., J. M. González García and C. Torres Albero (1994) *La sociología del conocimiento y de la ciencia*. Madrid.
Landau, D. and P. Parshall (1994) *The Renaissance Print 1470–1550*. New Haven.
Lander, J. R. (1969) *Conflict and Stability in Fifteenth-Century England*.
Landes, D. S. (1998) *The Wealth and Poverty of Nations*.
Lankhorst, O. S. (1983) *Reinier Leers*. Amsterdam-Maarssen.
Lankhorst, O. S. (1990) 'Die snode uitwerkzels', *De 17de eeuw* 6, pp. 129–136.
Larrère, C. (1992) *L'Invention de l'économie au xviiie siècle*.

Latour, B. (1983) *Science in Action*.
Latour, B. (1986) 'Ces réseaux que la raison ignore: laboratoires, bibliothèques, collections', in Baratin and Jacob, pp. 23–46.
Law, J. (ed., 1986) *Power, Action and Belief: A New Sociology of Knowledge?*
Lawrence, S. C. (1996) *Charitable Knowledge: Hospital Pupils and Practitioners in Eighteenth-Century London*. Cambridge.
LeDonne, J. P. (1984) *Ruling Russia: Politics and Administration in the Age of Absolutism, 1762–1796*. Princeton.
Leedham-Green, E. (1987) *Books in Cambridge Inventories*, 2 vols. Cambridge.
Le Goff, J. (1957) *Intellectuals in the Middle Ages*, revised edn, 1985, English translation, Oxford, 1992.
Le Goff, J. (1977) *Time, Work and Culture in the Middle Ages*, English translation, Chicago, 1980.
Lemaine, G. et al. (eds, 1976) *Perspectives on the Emergence of Scientific Disciplines*. The Hague.
Lenoir, T. (1997) *Instituting Science*. Stanford.
Letwin, W. (1963) *The Origins of Scientific Economics: English Economic Thought, 1660–1776*.
Lévi-Strauss, C. (1962) *La Pensée Sauvage*.
Lévi-Strauss, C. (1964) *Le Cru et le cuit*.
Levy, F. (1982) 'How Information Spread among the Gentry, 1550–1640', *Journal of British Studies* 21, pp. 11–34.
Lieshout, H. H. M. van (1993) 'The Library of Pierre Bayle', in Canone, pp. 281–297.
Lieshout, H. H. M. van (1994) 'Dictionnaires et diffusion de savoir', in *Commercium Litterarium*, ed. H. Bots and F. Waquet (Amsterdam-Maarssen), pp. 131–150.
Lindey, A. (1952) *Plagiarism and Originality*. New York.
Lindqvist, S. (1984) *Technology on Trial: The Introduction of Steam Power Technology into Sweden, 1715–1736*. Uppsala.
Lipking, L. (1977) 'The Marginal Gloss', *Critical Inquiry* 3, pp. 620–631.
Livingstone, D. N. (1995) 'The Spaces of Knowledge', *Society and Space* 13, pp. 5–34.
Long, P.O. (1991) 'Invention, Authorship, "Intellectual Property" and the Origin of Patents: Notes towards a Conceptual History', *Technology and Culture* 32, pp. 846–884.
Losman, A. (1983) 'The European Communications Network of Carl Gustaf Wrangel and Magnus Gabriel de la Gardie', in *Europe and Scandinavia*, ed. G. Rystad (Lund), pp. 199–206.
Lougee, C. C. (1976) *Le Paradis des femmes: Women, Salons and Social Stratification in Seventeenth-Century France*. Princeton.
Lough, J. (1968) *Essays on the Encyclopédie*. Oxford.
Lowood, H. E. (1990) 'The Calculating Forester', in Frängsmyr et al., pp. 315–342.
Lucas, C. (1989) 'Vers une nouvelle image de l'écrivain', in *L'Ecrivain face à son public*, ed. C. A. Fiorato and J.-C. Margolin, pp. 85–104.
Lugli, A. (1983) *Naturalia e Mirabilia, Il collezionismo enciclopedico nelle Wunderkammer d'Europa*. Milan.
Luhmann, N. (1990) 'The Cognitive Programme of Constructivism and a Reality that Remains Unknown', in *Self-Organisation*, ed. W. Krohn, G. Küpper and H. Novotny

(Dordrecht), pp. 64-85.
Lukes, S. (1973) *Emile Durkheim*.
Lunsingh Scheurleer, T. H. and G. H. M. Posthumus Meyes (1975) *Leiden University in the Seventeenth Century*. Leiden.
Lux, D. S. (1991a) 'The Reorganisation of Science, 1450-1700', in Moran, pp. 185-194.
Lux, D. S. (1991b) 'Societies, Circles, Academies and Organisations', in Barker and Ariew, pp. 23-44.
McCarthy, E. D. (1996) *Knowledge as Culture: The New Sociology of Knowledge*.
McClellan, J. E., III (1985) *Science Reorganized: Scientific Societies in the Eighteenth Century*. New York.
MacDonald, M. and T. R. Murphy (1990) *Sleepless Souls: Suicide in Early Modern England*. Oxford.
Machlup, F. (1962) *The Production and Distribution of Knowledge in the United States*. Princeton.
Machlup, F. (1980-1984) *Knowledge*, 3 vols. Princeton.
McKendrick, N., J. Brewer and J. H. Plumb (1982) *The Birth of a Consumer Society: The Commercialization of Eighteenth-Century England*.
McKenzie, D. F. (1992) 'The Economies of Print, 1550-1750: Scales of Production and Conditions of Constraint', in Cavaciocchi, pp. 389-426.
McKitterick, D. (1992) 'Bibliography, Bibliophily and the Organization of Knowledge', in *The Foundations of Scholarship*, ed. D. Vaisey and D. McKitterick (Los Angeles), pp. 29-64.
Macleod, R. (1987) 'On Visiting the "Moving Metropolis": Reflections on the Architecture of Imperial Science', rpr. in Storey, pp. 23-55.
Makdisi, G. (1981) *The Rise of Colleges: Institutions of Learning in Islam and the West*. Edinburgh.
Malherbe, M. (1994) 'Bacon, Diderot et l' ordre encyclopédique', *Revue de Synthèse* 115, pp. 13-38.
Mandosio, J.-M. (1993) 'L' Alchimie dans la classification des sciences et des arts à la Renaissance', in *Alchimie et philosophie à la Renaissance*, ed. J.-C. Margolin and S. Matton (Paris), pp. 11-42.
Mannheim, K. (1925) 'The Problem of a Sociology of Knowledge', English translation in his *Essays in the Sociology of Knowledge*, 1952, pp. 134-190.
Mannheim, K. (1927) Conservatism: A Contribution to the Sociology of Knowledge, English translation, 1986.
Mannheim, K. (1929) 'Competition as a Cultural Phenomenon', English translation in his *Essays in the Sociology of Knowledge*, 1952, pp. 191-229.
Mannheim, K. (1936) *Ideology and Utopia: an Introduction to the Sociology of Knowledge*.
Mannheim, K. (1952) 'The Problem of Generations', in his *Essays on the Sociology of Knowledge*, pp. 276-320.
Marini, G. (1825) 'Memorie istoriche degli archivi della S. Sede', rpr. in *Monumenta Vaticana*, ed. H. Laemmer (Freiburg), 1861, pp. 433-453.
Marsh, R. M. (1961) *The Mandarins:The Circulation of Elites in China, 1600-1900*. Glencoe.
Marshall, A. (1994) *Intelligence and Espionage in the Reign of Charles II*. Cambridge.
Martens, W. (1974) 'Die Geburt des Journalisten in der Aufklärung', in *Wolfenbütteler*

Studien zur Aufklärung, vol. 1, ed. G. Schulz (Bremen), pp. 84–98.
Martin, H.-J. (1957) 'Les Bénédictins, leurs libraires et le pouvoir: notes sur le financement de la recherche au temps de Mabillon et de Montfaucon', *Revue Française de Il'Histoire du Livre* 43, pp. 273–287.
Martin, H.-J. (1969) *Livre, pouvoirs et société a Paris au 17e siècle*.
Martin, H.-J. (1988) *Histoire et pouvoirs de l'écrit*.
Martin, H.-J. (1996) *The French Book: Religion, Absolutism, and Readership 1585–1715*. Baltimore.
Martin, H.-J. and R. Chartier (1983–1984) *Histoire de l'edition française*, 2 vols.
Masseau, D. (1994) *L'Invention de l'intellectuel dans l'Europe du 18e siècle*.
Mattingly, G. (1955) *Renaissance Diplomacy*.
Mazauric, S. (1997) *Savoirs et philosophie à Paris dans la première moitié du 17e siècle: les conférences du bureau d'adresse de Théophraste Renaudot*.
Mazzone, U. and A. Turchini (eds, 1985) *Le visite pastorali*. Bologna.
Meier, H. (1966) *Die ältere deutsche Staats- und Verwaltungslehre*. Neuwied.
Meinecke, F. (1924–1925) *Machiavellism*, English translation, 1957.
Meinel, C. (1988) 'Chemistry's Place in 18th-Century Universities', *History of Universities* 7, pp. 89–116.
Mendelsohn, E. (1977) 'The Social Construction of Scientific Knowledge', in *The Social Production of Scientific Knowledge*, ed. Mendelsohn (Dordrecht-Boston), pp. 3–26.
Merton, R. K. (1938) *Science, Technology and Society in Seventeenth-Century England*, revised edn, New York, 1970.
Merton, R. K. (1941) 'Karl Mannheim and the Sociology of Knowledge', rpr. in his *Social Theory and Social Structure*, revised edn, Glencoe, 1957, pp. 489–508.
Merton, R. K. (1945) 'The Sociology of Knowledge', ibid. pp. 456–488.
Merton, R. K. (1957) 'Priorities in Scientific Discovery', rpr. in his *Sociology of Science* (Chicago, 1973), pp. 286–324.
Merton, R. K. (1968) 'The Matthew Effect in Science', rpr. ibid., pp. 439–459.
Messick, B. (1993) *The Calligraphic State: Textual Domination and History in a Muslim Society*. Berkeley.
Metzger, T. (1973) *The Internal Organisation of Ch'ing Bureaucracy*.
Meyer, J. (1981) *Colbert*.
Middleton, W. E. K. (1971) *The Experimenters: A Study of the Accademia del Cimento*. Baltimore.
Miller, A. (1981) 'Louis Moréri's *Grand Dictionnaire Historique*', in Kafker, pp. 13–52.
Miller, D. P. (1996) 'Joseph Banks, Empire and "Centres of Calculation" in Late Hanoverian London', in *Visions of Empire*, ed. D. P. Miller and P. Reill (Cambridge), pp. 21–37.
Mills, C. W. (1940) 'The Language and Ideas of Ancient China', mimeo, rpr. in his *Power, Politics and People* (New York), pp. 469–520.
Mirot, L. (1924) *Roger de Piles*.
Miyazaki, I. (1963) *China's Examination Hell*, English translation, New York-Tokyo, 1976.
Money, J. (1993) Teaching in the Marketplace', in Brewer and Porter, pp. 335–380.
Monnet, N. (1996) 'L' Encyclopédisme en Chine', in Schaer, pp. 344–367.
Moore, W. E. and M. M. Tumin (1949) 'Some Social Functions of Ignorance', *American Sociological Review* 14, pp. 787–795.

Moran, B. T. (1991) 'Courts, Universities and Academies in Germany: An Overview, 1550–1750', in *Patronage and Institutions* (Woodbridge), pp. 169–194.
Morel-Fatio, A. (1913) *Historiographie de Charles V*.
Morgan, B. T. (1929) *Histoire du Journal des Savants depuis 1665 jusqu'en 1701*.
Morineau, M. (1985) *Incroyables gazettes et fabuleux métaux: les retours des trésors américains d'après les gazettes hollandaises*. Cambridge-Paris.
Moss, A. (1996) *Printed Commonplace Books and the Structuring of Renaissance Thought*. Oxford.
Moureau, F. (ed., 1995) *De bonne main: la communication manuscrite au 18e siècle*. Paris-Oxford.
Mundy, B. (1996) *The Mapping of New Spain: Indigenous Cartography and the Maps of the Relaciones Geográficas*. Chicago.
Murray, A. (1978) *Reason and Society in the Middle Ages*. Oxford.
Myers, R. and M. Harris (eds, 1992) *Censorship and the Control of Print in England and France, 1600–1910*. Winchester.
Nakagawa, H. (1992) 'L'Encyclopédie et le Japon', in his *Des lumières et du comparatisme: un regard japonais sur le 18e siècle*', pp. 237–268.
Nelles, P. N. (1997) 'The Library as an Instrument of Discovery', in Kelley, pp. 41–57.
Nigro, S. S. (1991) 'The Secretary', in *Baroque Personae*, ed. R. Villari, English translation (Chicago, 1995), pp. 82–99.
Nisard, C. (1860) *Les Gladiateurs de la république des lettres*, 2 vols.
Nordenmark, N. V. E. (1939) *Pehr Wilhelm Wargentin*. Uppsala.
Oakley, S. P. (1968) 'The Interception of Posts in Celle, 1694–1700', in *William III and Louis XIV*, ed. R. Hatton and J. S. Bromley (Liverpool), pp. 95–116.
Ollard, S. L. and P. C. Walker (eds, 1929–1931) *Archbishop T. Herring's Visitation Returns*, 4 vols. York.
Olmi, G. (1992) *L'inventario del mondo*. Bologna.
O'Malley, J. and G. Bailey (eds, 1999) *The Jesuits*. Toronto.
Ong, W. (1958) *Ramus: Method and the Decay of Dialogue*, Cambridge, Mass.
Ophir, A. and Steven Shapin (1991) 'The Place of Knowledge', *Science in Context* 4, pp. 3–21.
Ornstein, M. (1913) *The Role of the Scientific Societies in the Seventeenth Century*. New York.
Palumbo, M. (1993a) 'La biblioteca lessicografica di Leibniz', in Canone, pp. 419–456.
Palumbo, M. (1993b) *Leibniz e la res bibliothecaria*. Rome.
Panofsky, E. (1953) 'Artist, Scientist, Genius', revised in *The Renaissance: Six Essays* (New York, 1962), pp. 123–182.
Pardo Tomás. J. (1991) *Ciencia y censura: la inquisición española y los libros científicos en los siglos xvi y xvii*. Madrid.
Pareto, V. (1916) *The Mind and Society*, English translation, 1935.
Parker, G. (1992) 'Maps and Ministers: The Spanish Habsburgs', in Buisseret, pp. 124–152.
Parker, G. (1998) *The Grand Strategy of Philip II*. New Haven.
Parker, I. (1914) *Dissenting Academies in England*. Cambridge.
Partner, P. (1980) 'Papal Financial Policy in the Renaissance and Counter-Reformation', *Past and Present* 88, pp. 17–62.

Partner, P. (1990) *The Pope's Men: The Papal Civil Service in the Renaissance*. Oxford.
Pearson, K. (1978) *The History of Statistics in the Seventeenth and Eighteenth Centuries*.
Pedersen, J. and G. Makdisi (1979) 'Madrasa', *Encyclopaedia of Islam*, vol. 5, pp. 1123–1134. Leiden.
Pedersen, O. (1996) 'Tradition and Innovation', in Ridder-Symoens, pp. 452–488.
Pedley, M. S. (1979) 'The Subscription Lists of the *Atlas Universel* (1757): A Study in Cartographic Dissemination', *Imago Mundi* 31, pp. 66–77.
Pelletier, M. (1990) *La Carte de Cassini: l'extraordinaire aventure de la carte en France*.
Pels, D. (1996) 'Strange Standpoints: or How to Define the Situation for Situated Knowledge', *Telos* 108, pp. 65–91.
Pels, D. (1997) 'Mixing Metaphors: Politics or Economics of Knowledge', *Theory and Society* 26, pp. 685–717.
Perrot, J.-C. (1981) 'Les Dictionnaires de commerce au 18e siècle', *Revue d' Histoire Moderne et Contemporaine* 28, pp. 36–67.
Petrucci, A. (1995) 'Reading to Read', in *A History of Reading in the West*, ed. G. Cavallo and R. Chartier, English translation, Cambridge, 1999, pp. 345–367.
Phillips, H. (1997) *Church and Culture in Seventeenth-Century France*. Cambridge.
Phillips, P. (1990) *The Scientific Lady: A Social History of Women's Scientific Interests, 1520–1918*.
Picard, R. (1943) *Les Salons littéraires*.
Pinch, W. R. (1999) 'Same Difference in India and Europe', *History and Theory* 38, pp. 389–407.
Pinot, V. (1932) *La Chine et la formation de l'esprit philosophique en France, 1640–1740*.
Pintard, R. (1943) *Le Libertinage érudit dans la première moitié du 17e siècle*, revised edn, Geneva-Paris, 1983.
Pipes, R. (1960) 'The Historical Evolution of the Russian Intelligentsia', in Pipes, ed., *The Russian Intelligentsia*, pp. 47–62.
Plumb, J. H. (1973) *The Emergence of Leisure in the Eighteenth Century*. Reading.
Poelhekke, J. J. (1960) 'Lieuwe van Aitzema', rpr. in *Geschiedschrijving in Nederland*, ed. P. A. M. Geurts and A. E. M. Janssen (The Hague, 1981), pp. 97–116.
Pollard, G. and A. Ehrman (1965) *The Distribution of Books by Catalogue*. Cambridge.
Pomian, K. (1972) 'Les Historiens et les archives dans la France du 17e siècle', *Acta Poloniae Historica* 26, pp. 109–125.
Pomian, K. (1973) 'De la lettre au périodique: la circulation des informations dans les milieux des historiens au 17e siècle', *Organon* 9, pp. 25–43.
Pomian, K. (1987) *Collectors and Curiosities*, English translation, Cambridge, 1990.
Popkin, J. D. (1990) *Revolutionary News: The Press in France 1789–1799*. Durham, NC.
Popkin, R. H. (1960) *History of Scepticism from Erasmus to Spinoza*, revised edn, Berkeley-Los Angeles, 1979.
Porter, R. (1989) *Health for Sale*.
Porter, R. (1996) 'The Scientific Revolution and Universities', in Ridder-Symoens, pp. 531–564.
Post, G. (1932) 'Masters' Salaries and Students' Fees in the Medieval Universities', *Speculum* 7, pp. 181–198.
Post, G., K. Giocarini and R. Kay (1955) 'The Medieval Heritage of a Humanist Ideal',

Traditio 11, pp. 195-234.
Poster, M. (1990) *The Mode of Information*. Cambridge.
Potter, E. (1993) 'Gender and Epistemic Negotiation', in Alcoff and Potter, pp. 161-186.
Pred, A. (1973) *Urban Growth and the Circulation of Information*. New York.
Preto, P. (1994) *I servizi segreti di Venezia*. Milan.
Principe, L. M. (1992) 'Robert Boyle's Alchemical Secrecy: Codes, Ciphers and Concealment', *Ambix* 39, pp. 63-74.
Prodi, P. (1982) *The Papal Prince*, English translation, Cambridge, 1987.
Prosperi, A. (1981) 'Intellettuali e chiesa all'inizio dell' età moderna', in *Storia d'Italia, Annali*, vol. 4 (Turin), pp. 161-252.
Prosperi, A. (1996) *Tribunali di coscienza: inquisitori, confessori, missionari*. Turin.
Prosperi, A. (1997) 'Effetti involontari della censura', in *La censura libraria nell'Europa del secolo xvi*, ed. U. Rozzo (Udine), pp. 147-162.
Proust, J. (1962) *Diderot et l'Encyclopédie*.
Pulido Rubio, J. (1950) *El Piloto Mayor de la Casa de la Contratación de Sevilla*. Seville.
Pumfrey, S., P. L. Rossi and M. Slawinski (eds, 1991) *Science, Culture and Popular Belief in Renaissance Europe*. Manchester.
Quedenbaum, G. (1977) *Der Verleger J.H. Zedler*. Hildesheim.
Queller, D. (1973) 'The Development of Ambassadorial *Relazioni*', in *Renaissance Venice*, ed. J. R. Hale, pp. 174-196.
Raeff, M. (1983) *The Well-Ordered Police State*. New Haven.
Ranum, R. (1963) *Richelieu and the Councillors of Louis XIII*. Oxford.
Rassem, M. and J. Stagl (eds, 1980) *Statistik und Staatsbeschreibung in der Neuzeit*. Paderborn.
Rassem, M. and J. Stagl (eds, 1994) *Geschichte der Staatsbeschreibung: Ausgewählte Quellentexte, 1456-1813*. Berlin.
Raven, J. (1992) 'Book Distribution Networks in Early Modern Europe: The Case of the Western Fringe, c. 1400-1800', in Cavaciocchi, pp. 583-630.
Raven, J. (1993) 'Selling Books across Europe c.1450-1800: An Over-view', *Publishing History* 34, pp. 5-20.
Rawski, E. S. (1979) *Education and Popular Literacy in Ch'ing China*. Ann Arbor.
Rawski, E. S. (1985) 'Economic and Social Foundations', in *Popular Culture in Late Imperial China*, ed. D. Johnson, A. J. Nathan and E. S. Rawski (Berkeley) Los Angeles, pp. 3-33.
Reichardt, R. (1989) 'Prints: Images of the Bastille', in Darnton and Roche, pp. 223-251.
Reichmann, E. (1968) *Der Herrschaft der Zahl. Quantitatives Denken in der Deutschen Aufklärung*. Stuttgart.
Reinhartz, D. (1987) 'Shared Vision: Herman Moll and his Circle and the Great South Sea', *Terrae Incognitae* 19, pp. 1-10.
Reinhartz, D. (1994) 'In the Service of Catherine the Great: The Siberian Explorations and Map of Sir Samuel Bentham', *Terrae Incognitae* 26, pp. 49-60.
Reiss, T. J. (1997) *Knowledge, Discovery and Imagination in Early Modern Europe: The Rise of Aesthetic Rationalism*. Cambridge.
Rennie, N. (1995) *Far-Fetched Facts: The Literature of Travel and the Idea of the South Seas*. Oxford.

Repp, R. (1972) 'Some Observations on the Development of the Ottoman Learned Hierarchy', in *Scholars, Saints and Sufis*, ed. N. R. Keddie (Berkeley), pp. 17–32.
Repp, R. (1986) *The Müfti of Istanbul: A Study in the Development of the Ottoman Learned Hierarchy*.
Revel, J. (1991) 'Knowledge of the Territory', *Science in Context* 4, pp. 133–161.
Revel, J. (1996) 'Entre deux mondes: la bibliothèque de Gabriel Naudé', in Baratin and Jacob, pp. 243–250.
Rey, R. (1994) 'La classification des sciences', *Revue de Synthèse* 115, pp. 5–12.
Richardson, B. (1994) *Print Culture in Renaissance Italy: The Editor and the Vernacular Text, 1470–1600*. Cambridge.
Richardson, B. (1999) *Printing, Writers and Readers in Renaissance Italy*. Cambridge.
Richter, L. (1946) *Leibniz und Russland*. Berlin.
Ridder-Symoens, H. de (ed., 1992) *A History of the University in Europe: The Middle Ages*. Cambridge.
Ridder-Symoens, H. de (ed., 1996) *A History of the University in Europe: Universities in Early Modern Europe, 1500–1800*. Cambridge.
Ringer, F. K. (1969) *The Decline of the German Mandarins: The German Academic Community, 1890–1933*. Cambridge, Mass.
Ringer, F. K. (1990) 'The Intellectual Field, Intellectual History and the Sociology of Knowledge', *Theory and Society* 19, pp. 269–294.
Ringer, F. K. (1992) *Fields of Knowledge: French Academic Culture in Comparative Perspective, 1890–1920*. Cambridge.
Robinson, E. (1975) The Transference of British Technology to Russia, 1760–1820', in *Great Britain and her World, 1750–1914*, ed. B. M. Ratcliffe (Manchester), pp. 1–26.
Robinson, F. (1993) 'Technology and Religious Change: Islam and the Impact of Print', *Modern Asian Studies* 27, pp. 229–251, revised and enlarged as 'Islam and the Impact of Print in South Asia', in *The Transmission of Knowledge in South Asia*, ed. N. Crook (Delhi, 1996), pp. 62–97.
Roche, D. (1976) 'L'Histoire dans les activités des académies provinciales en France au 18e siècle', in Hammer and Voss, pp. 260–295.
Roche, D. (1978) *Le Siècle des lumières en province*. The Hague.
Roche, D. (1981) *The People of Paris*, English translation, Leamington, 1987.
Roche, D. (1982) 'L'Intellectuel au travail', rpr. in his *Les Républicains des lettres* (1988), pp. 225–241.
Roche, D. (1989) 'Censorship and the Publishing Industry', in Darnton and Roche, pp. 3–26.
Rochot, B. (1966) 'Le Père Mersenne et les relations intellectuelles dans l'Europe du 17e siècle', *Cahiers d'Histoire Mondiale* 10, pp. 55–73.
Rogers, P. (1972) *Grub Street*.
Romano, R. and A. Tenenti (1967) 'L'Intellectuel dans la société italienne des 15e et 16e siècles', in *Niveaux de culture*, ed. L. Bergeron, pp. 51–65.
Rosa, M. (1994) 'Un médiateur dans la République des Lettres: le bibliothecaire', in *Commercium Literarium*, ed. H. Bots and F. Waquet (Amsterdam-Maarssen), pp. 81–100.
Rose, M. (1988) 'The Author as Proprietor', *Representations* 23, pp. 51–85.
Rose, M. (1993) *Authors and Owners*. Cambridge, Mass.
Rosenthal, F. (1970) *Knowledge Triumphant*. Leiden.

Rossi, P. (1960) *Clavis Universalis: Arti Mnemoniche e Logica Combinatoria da Lullo a Leibniz*. Milan-Naples.

Rossi, P. (1962) *Philosophy, Technology and the Arts in the Early Modern Era*, English translation, New York, 1970.

Rothkrug, L. (1965) *Opposition to Louis XIV: The Political and Social Origins of the French Enlightenment*. Princeton.

Rouse, R. H. and M. A. Rouse (1982) '*Statim invenire*: Schools, Preachers and New Attitudes to the Page', in *Renaissance and Renewal*, ed. R. L. Benson and G. Constable (Cambridge, Mass.), pp. 201–225.

Rouse, R. H. and M. A. Rouse (1983) 'La naissance des index', in *Martin and Chartier* vol. 1, pp. 77–86.

Rowen, H. H. (1987) 'Lieuwe van Aitzema', in *Politics and Culture in Early Modern Europe*, ed. P. Mack and M. Jacob (Cambridge), pp. 169–182.

Rubin, M. R. and M. T. Huber (1986) *The Knowledge Industry in the United States, 1960-1980*. New Haven.

Rüegg, W. (1992) 'The Rise of Humanism', in Ridder-Symoens, pp. 442–468.

Ruestow, E. G. (1973) *Physics at 17th and 18thc Leiden*. The Hague.

Said, E. (1978) *Orientalism*, second edn, 1995.

Salmond, A. (1982) 'Theoretical Landscapes: On Cross-Cultural Conceptions of Knowledge', in *Semantic Anthropology*, ed. D. Parkin, pp. 65–88.

Santos Lopes, M. dos (1992) *Afrika: eine neue Welt in deutschen Schriften des 16. und 17. Jht*. Stuttgart.

Santschi, C. (1978) *La Censure à Genève au 17e siècle*. Geneva.

Sardella, P. (1948) *Nouvelles et spéculations à Venise*.

Saunders, S. (1991) 'Public Administration and the Library of J.-B. Colbert', *Libraries and Culture* 26, pp. 282–300.

Sazonova, L. (1996) 'Die Entstehung der Akademien in Russland', in K. Garber and H. Wismann (eds), *Die europaischen Akademien* (Tübingen), pp. 966–992.

Schaer, R. (ed., 1996) *Tous les savoirs du monde: encyclopédies et bibliothèques, de Sumer au xxie siècle*.

Schaffer, S. (1996) 'Afterword', in *Visions of Empire*, ed. D. P. Miller and P. Reill (Cambridge), pp. 335–352.

Scheler, M. (1926) *Die Wissensformen und die Gesellschaft*. Leipzig.

Schiebinger, L. (1989) *The Mind has no Sex?* Cambridge, Mass.

Schilder, G. (1976) 'Organisation and Evolution of the Dutch East India Company's Hydrographic Office', *Imago Mundi* 28, pp. 61–78.

Schiller, H. I. (1986) *Information and the Crisis Economy*. New York.

Schiller, H. I. (1996) *Information Inequality: The Deepening Social Crisis in America*.

Schilling, H. (1983) 'Innovation through Migration', *Histoire Sociale* 16, pp. 7–34.

Schmidt-Biggemann, W. (1983) *Topica universalis: eine Modellge-schichte humanistischer und barocker Wissenschaft*. Hamburg.

Schmidt-Biggemann, W. (1996) 'New Structures of Knowledge', in Ridder-Symoens, pp. 489–530.

Schöffler, H. (1936) *Wirkungen der Reformation*, rpr. Frankfurt, 1960.

Schottenloher, K. (1933) 'Die Druckprivilegien', *Gutenberg Jahrbuch*, pp. 89–111.

Schottenloher, K. (1935) *Der Buchdrucker als neuer Berufstand des 15. und 16. Jahrhunderts*. Berlin.
Schulte-Albert, H. G. (1971) 'G. W. Leibniz and Library Classification', *Journal of Library History* 6, pp. 133-152.
Schumpeter, J. (1942) *Capitalism, Socialism and Democracy*.
Scott, J. (1991) 'Ignorance and Revolution: Perceptions of Social Reality in Revolutionary Marseilles', in *Interpretation and Cultural History*, ed. J. Pittock and A. Wear, pp. 235-268.
Sealy, R. J. (1981) *The Palace Academy of Henry III*. Geneva.
Seguin, J.-P. (1964) *L'Information en France avant le périodique, 1529-1631*.
Seifert, A. (1976) *Cognitio historica: die Geschichte als Namengeberin der frühneuzeitliche Empirie*. Berlin.
Seifert, A. (1980) 'Staatenkunde', in Rassem and Stagl, pp. 217-248.
Seifert, A. (1983) 'Conring und die Begründung der Staatenkunde', in Stolleis, pp. 201-216.
Serjeantson, R. (1999) 'Introduction' to Meric Casaubon, *Generall Learning* (Cambridge), pp. 1-65 [first edn of seventeenth-century text].
Serrai, A. (1988-1992) *Storia della bibliografia*, 5 vols. Rome.
Serrai, A. (1990) *Conrad Gessner*, ed. M. Cochetti. Rome.
Seymour, W. A. (ed., 1980) *A History of the Ordnance Survey*. Folkestone.
Sgard, J. (ed., 1976) *Dictionnaire des journalistes (1600-1789)*. Grenoble.
Sgard, J. (1987) 'Et si les anciens etaient modernes …le système du P. Hardouin', in *D'un siècle à l'autre*, ed. L. Godard de Donville (Marseilles), pp. 209-220.
Sgard, J. (ed., 1991) *Dictionnaire des journaux, 1600-1789*, 2 vols.
Shaaber, M. (1929) *Some Forerunners of the Newspaper, 1476-1622*. Philadelphia.
Shackleton, R. (1961) *Montesquieu: An Intellectual and Critical Biography*. Oxford.
Shackleton, R. (1970) *The Encyclopaedia and the Clerks*. Oxford.
Shapin, S. (1982) 'History of Science and its Sociological Reconstructions', revised in *Cognition and Fact*, ed. R. S. Cohen and T. Schnelle (Dordrecht), pp. 325-386.
Shapin, S. (1988) 'The House of Experiment in Seventeenth-Century England', *Isis* 79, pp. 373-404.
Shapin, S. (1994) *A Social History of Truth: Civility and Science in Seventeenth-Century England*. Chicago.
Shapin, S. (1996) *The Scientific Revolution*. Chicago.
Shapin, S. and S. Schaffer (1985) *Leviathan and the Air-Pump*: *Hobbes, Boyle and the Experimental Life*. Princeton.
Shapiro, B. J. (1983) *Probability and Certainty in Seventeenth-Century England*. Princeton.
Shapiro, B. J. (1991) *Beyond Reasonable Doubt*. Berkeley.
Shapiro, B. J. (1994) 'The Concept "Fact": Legal Origins and Cultural Diffusion', *Albion* 26, pp. 1-26.
Shaw, D. J. B. (1996) 'Geographical Practice and its Significance in Peter the Great's Russia', *Journal of Historical Geography* 22, pp. 160-176.
Sher, R. B. (1997) 'Charles V and the Book Trade: An Episode in Enlightenment Print Culture', in S. J. Brown (ed.) *William Robertson and the Expansion of Empire* (Cambridge), pp. 164-195.
Sherman, W. (1995) *John Dee: The Politics of Reading and Writing in the English*

Renaissance. Amherst.
Shively, D. H. (1991) 'Popular Culture', in *Early Modern Japan*, ed. J. W. Hall (Cambridge), pp. 706-769.
Shteir, A. B. (1996) *Cultivating Women, Cultivating Science*. Baltimore.
Siebert, F. S. (1965) *Freedom of the Press in England, 1476-1776*. Urbana.
Slaughter, M. M. (1982) *Universal Language and Scientific Taxonomy in the Seventeenth Century*. Cambridge.
Smith, P. H. (1994) *The Business of Alchemy: Science and Culture in the Holy Roman Empire*. Princeton.
Smith, W. D. (1984) 'Amsterdam as an Information Exchange in the Seventeenth Century', *Journal of Economic History* 44, pp. 985-1005.
Solomon, H. M. (1972) *Public Welfare, Science and Propaganda*. Princeton.
Solt, L. F. (1956) 'Anti-intellectualism in the Puritan Revolution', *Church History* 25, pp. 306-316.
Soucek, S. (1992) 'Islamic Charting in the Mediterranean', in Harley and Woodward vol. 2, part 1, pp. 263-292.
Stagl, J. (1980) 'Die Apodemik oder "Reisekunst" als Methpdik der Sozialforschung vom Humanismus bis zur Aufklärung', in Rassem and Stagl, pp. 131-202.
Stagl, J. (1995) *The History of Curiosity*. Chur.
Stark, W. (1960) *Montesquieu, Pioneer of the Sociology of Knowledge*.
Steensgaard, N. (1982) 'The Dutch East India Company as an Institutional Innovation', in *Dutch Capitalism and World Capitalism*, ed. M. Aymard (Cambridge-Paris), pp. 235-257.
Stegmann, J. (1988) 'Comment constituer une bibliothèque en France au début du 17e siècle', in Aquilon and Martin, pp. 467-501.
Stehr, N. (1992) 'Experts, Counsellors and Advisers', in Stehr and Ericson, pp. 107-155.
Stehr, N. (1994) *Knowledge Societies*.
Stehr, N. and R. V. Ericson (eds, 1992) *The Culture and Power of Knowledge*. Berlin-New York.
Stehr, N. and V. Meja (eds, 1984) *Society and Knowledge*. New Brunswick.
Stenzel, H. (1993) 'Gabriel Naudé et l'utopie d'une bibliothèque idéale', in Kapp, pp. 103-115.
Stevenson, E. L. (1927) 'The Geographical Activities of the *Casa de la Contratación*', *Annals of the Association of American Geographers* 17, pp. 39-52.
Stewart, L. (1992) *The Rise of Public Science: Rhetoric, Technology and Natural Philosophy in Newtonian Britain, 1660-1750*. Cambridge.
Stichweh, R. (1991) *Der frühmoderne Staat und die europäische Universität*. Frankfurt.
Stigler, G. J. (1961) 'The Economics of Information', *Journal of Political Economy* 69, pp. 213-225.
Stock, B. (1983) *The Implications of Literacy*. Princeton.
Stolleis, M. (1980) *Arcana Imperii und Ratio Status*. Göttingen.
Stolleis, M. (1983) 'Die Einheit der Wissenschaften-Hermann Conring', in *Hermann Conring (1606-1681)* (Berlin), pp. 11-34.
Storey, W. K. (ed., 1996) *Scientific Aspects of European Expansion*. Aldershot.
Strauss, G. (1975) 'Success and Failure in the German Reformation', *Past and Present* 67, pp. 30-63.

Stroup, A. (1990) *A Company of Scientists: Botany, Patronage and Community at the Seventeenth-Century Parisian Royal Academy of Sciences*. Berkeley-Los Angeles.
Sutherland, J. R. (1986) *The Restoration Newspaper*. Cambridge.
Switzer, R. (1967) 'America in the *Encyclopédie*', *Studies on Voltaire* 58, pp. 1481-1499.
Taylor, A. R. (1945) *Renaissance Guides to Books*. Berkeley-Los Angeles.
Tega, W. (1984) *Arbor scientiarum*. Bologna.
Teixeira de Mota, A. (1976) 'Some Notes on the Organisation of Hydrographical Services in Portugal', *Imago Mundi* 28, pp. 51-60.
Teng, S.-Y. (1942-1943) 'Chinese Influence on the Western Examination System', *Harvard Journal of Asiatic Studies* 7, pp. 267-312.
Teng, S.-Y. and K. Biggerstaff (1936) *An Annotated Bibliography of Selected Chinese Reference Works*, revised edn, Cambridge, Mass., 1950.
Tennant, E. C. (1996) 'The Protection of Invention: Printing Privileges in Early Modern Germany', in *Knowledge, Science and Literature in Early Modern Germany*, ed. G. S. Williams and S. K. Schindler (Chapel Hill), pp. 7-48.
Thiel-Horstmann, M. (1980) 'Staatsbeschreibung und Statistische Erhebungen im Vorkolonialen und Kolonialen Indien', in Rassem and Stagl, pp. 205-213.
Thomas, K. V. (1971) *Religion and the Decline of Magic: Studies in Popular Beliefs in Sixteenth and Seventeenth Century England*.
Thorndike, L. (1951) 'Newness and Novelty in Seventeenth-Century Science', *Journal of the History of Ideas* 12, pp. 584-598.
Thrift, N. (1985) 'Flies and Germs: A Geography of Knowledge', in *Social Relations and Spatial Structures*, ed. D. Gregory and J. Urry, pp. 366-403.
Thrift, N., F. Driver and D. Livingstone (1995) 'The Geography of Truth', *Society and Space* 13, pp. 1-3.
Toscani, I. (1980) 'Etatsisches Denken und Erkenntnis-theoretische Überlegungen in den Venezianischen Relazionen', in Rassem and Stagl, pp. 111-125.
Trenard, L. (1965-1966) 'Le Rayonnement de *L'Encyclopédie*', *Cahiers d'Histoire Moderne* 9, pp. 712-747.
Tucci, U. (1990) 'Ranke and the Venetian Document Market', in *Leopold von Ranke and the Shaping of the Historical Discipline*, ed. G. G. Iggers and J. M. Powell (Syracuse), pp. 99-108.
Turner, R. (ed., 1974) *Ethnomethodology*. Harmondsworth.
Tyacke, N. (1978) 'Science and Religion at Oxford before the Civil War', in *Puritans and Revolution*, ed. D. Pennington and K. V. Thomas (Oxford), pp. 73-93.
Unno, K. (1994) 'Cartography in Japan', in Harley and Woodward, vol. 2, pt 2, pp. 346-477.
Vandermeersch, P. A. (1996) 'Teachers', in Ridder-Symoens, pp. 210-255.
Van Leeuwen, H. G. (1963) *The Problem of Certainty in English Thought 1630-1690*. The Hague.
Veblen, T. (1906) 'The Place of Science in Modern Civilisation', *American Journal of Sociology* 11, pp. 585-609.
Veblen, T. (1918) *The Higher Learning in America: A Memorandum on the Conduct of Universities by Businessmen*. New York.
Veblen, T. (1919) 'The Intellectual Pre-eminence of Jews in Modern Europe', *Political Science Quarterly* 34, pp. 33-42.

Venard, M. (1985) 'Le visite pastorali francesi dal xvi al xviii secolo', in Mazzone and Turchini, pp. 13–55.
Venturi, F. (1959) 'Contributi ad un dizionario storico', *Rivista Storica Italiana* 71, pp. 119–130.
Verger, J. (1997) *Les Gens de savoir en Europe à la fin du Moyen Age*.
Vericat, J. (1982) 'La "organizatoriedad" del saber en la España del siglo xvi', in *Homenaje a G. F. de Oviedo*, ed. F. de Solano and F. del Pino, 2 vols (Madrid), vol. 1, pp. 381–415.
Verner, C. (1978) 'John Seller and the Chart Trade in Seventeenth-Century England', in N. J. W. Thrower (ed.), *The Complete Plattmaker* (Berkeley), pp. 127–158.
Viala, A. (1985) *Naissance de l'écrivain*.
Villey, P. (1908) *Les Sources et l'évolution des Essais de Montaigne*, 2 vols.
Völkel, M. (1987) '*Pyrrhonismus historicus*' und '*fides historica*': *die Entwicklung der deutschen historischen Methodologie unter dem Gesichtspunkt der historischen Skepsis*. Frankfurt.
Voss, J. (1972) *Das Mittelalter im historischen Denken Frankreichs*. Munich.
Voss, J. (1979) *Universität, Geschichtswissenschaft und Diplomatie im Zeitalter der Aufklärung: Johann Daniel Schöpflin (1694–1771)*. Munich.
Voss, J. (1980) 'Die Akademien als Organisationsträger der Wissenschaften im 18. Jht', *Historisches Zeitschrift* 231, pp. 43–74.
Vucinich, A. (1963) *Science in Russian Culture: A History to 1860*. Stanford.
Walker, R. B. (1973) 'Advertising in London Newspapers 1650–1750', *Business History* 15 (1973), pp. 112–130.
Wallis, P. J. (1974) 'Book Subscription Lists', *The Library* 29, pp. 255–286.
Wallis, R. (ed., 1979) *On the Margins of Science: The Social Construction of Rejected Knowledge*. Keele.
Walzer, M. (1965) *The Revolution of the Saints: A Study in the Origins of Radical Politics*. Cambridge, Mass.
Wansink, H. (1975) *Politieke Wetenschappen aan de Leidse Universiteit*. Leiden.
Waquet, F. (1993a) 'Book Subscription Lists in Early Eighteenth-Century Italy', *Publishing History* 33, pp. 77–88.
Waquet, F. (1993b) 'Le *Polyhistor* de Daniel Georg Morhof, lieu de mémoire de la République des Lettres', in Kapp, pp. 47–60.
Weber, M. (1920) *Economy and Society*, English trans., 3 vols, New York, 1968.
Webster, C. (1975) *The Great Instauration: Science, Medicine and Reform, 1626–1660*.
Webster, F. (1995) *Theories of the Information Society*.
Wellisch, H. H. (1991) *Indexing from A to Z*, revised edn, New York, 1995.
Wells, J. M. (1966) *The Circle of Knowledge*.
Wernham, R. B. (1956) 'The Public Records', in *English Historical Scholarship*, ed. L. Fox, pp. 11–30.
Wiener, N. (1948) *Cybernetics*.
Williams, A. (1979) *The Police of Paris, 1718–1789*. Baton Rouge.
Wilson, A. M. (1972) *Diderot*. New York.
Wilterdink, N. (1977) 'Norbert Elias's Sociology of Knowledge', in *Human Figurations*, pp. 110–126.
Winch, D. (1990) 'Economic Knowledge and Government in Britain: Some Historical and

Comparative Reflexions', in M. O. Furner and B. Supple (eds), *The State and Economic Knowledge* (Cambridge), pp. 40–70.

Winch, D. (1993) 'The Science of the Legislator: The Enlightenment Heritage', in M. Lacey and M. O. Furner (eds), *The State and Social Investigation in Britain and the United States* (Cambridge), pp. 63–91.

Withers, C. W. J. (1998) 'Towards a History of Geography in the Public Sphere', *History of Science* 36, pp. 45–78.

Witty, F. J. (1965) 'Early Indexing Techniques', *The Library Quarterly* 35, pp. 141–148.

Wood, P. (1993) *The Aberdeen Enlightenment: The Arts Curriculum in the Eighteenth Century*. Aberdeen.

Woodmansee, M. (1984) 'The Genius and the Copyright: Economic and Legal Conditions for the Emergence of the Author', *Eighteenth-Century Studies* 17, pp. 425–448.

Woods, J. M. (1987) 'Das "Gelahrte Frauenzimmer" und die deutsche Frauenlexika 1631-1743', in *Res Publica Litteraria*, ed. Sebastian Neumeister and Conrad Wiedemann, 2 vols (Wiesbaden), pp. 577–588.

Woolf, D. R. (1988) 'History, Folklore and Oral Tradition in Early Modern England', *Past and Present* 120, pp. 26–52.

Woolgar, S. (ed., 1988) *Knowledge and Reflexivity*.

Worsley, P. (1956) 'Emile Durkheim's Theory of Knowledge', *Sociological Review*, 47–61.

Worsley, P. (1997) *Knowledges: What Different Peoples Make of the World*.

Yardeni, M. (1973) 'Journalisme et histoire contemporaine à l'époque de Bayle', *History and Theory* 12, pp. 208–229.

Yardeni, M. (1985) 'Naissance du journalisme moderne', in *Le Refuge protestant*, pp. 201–207.

Yates, F. (1947) *French Academies of the Sixteenth Century*.

Yates, F. (1964) *Giordano Bruno and the Hermetic Tradition*.

Yates, F. (1966) *The Renaissance Art of Memory*.

Yates, F. (1979) *The Occult Philosophy in the Elizabethan Age*.

Yazaki, T. (1968) *Social Change and the City in Japan*. Tokyo.

Yee, C. D. K. (1994a) 'Chinese Maps in Political Culture', in Harley and Woodward, vol. 2, pt 2, pp. 71–95.

Yee, C. D. K. (1994b) 'Traditional Chinese Cartography and the Myth of Westernisation', in Harley and Woodward, vol. 2, pt 2, pp. 170–202.

Yeo, R. (1991) 'Reading Encyclopaedias: Science and the Organisation of Knowledge in British Dictionaries of Arts and Sciences, 1730-1850', *Isis* 82, pp. 24–49.

Yeo, R. (1996) 'Ephraim Chambers, Cyclopaedia (1728) and the Tradition of Commonplaces', *Journal of the History of Ideas* 57, pp. 157–175.

Zacharias, T. (1960) *Joseph Emmanuel Fischer von Erlach*. Vienna.

Zedelmaier, H. (1992) *Bibliotheca Universalis und Bibliotheca Selecta: das Problem der Ordnung des gelehrten Wissens in der frühen Neuzeit*. Cologne.

Zhang, L. (1998) *Mighty Opposites: From Dichotomies to Differences in the Comparative Study of China*. Stanford.

Ziegler, W. (1981) 'Tentativi di Accademia in ambito monastico nella Germania del xviii secolo', in L. Boehm and E. Raimondi (eds), *Università, accademie in Italia e Germania dal '500 al '700* (Bologna), pp. 355–378.

Zilfi, M. C. (1988) *The Politics of Piety: The Ottoman Ulema in the Post-classical Age.* Minneapolis.

Zilsel, E. (1926) *Die Entstehung des Geniebegriffes.* Tübingen.

Zilsel, E. (1941a) 'Problems of Empiricism', in *The Development of Rationalism and Empiricism* (Chicago), pp. 53–94.

Zilsel, E. (1941b) 'Origins of William Gilbert's Scientific Method', *Journal of the History of Ideas* 2, pp. 1–32.

Ziman, J. (1978) *Reliable Knowledge.* Cambridge.

Znaniecki, F. (1940) *The Social Role of the Man of Knowledge.* New York.

索　　引

（条目后数字为英文原书页码，即本书页边码）

Abelard, Peter (1079-1142)　法国哲学家彼得·阿伯拉尔　201
Aberdeen　阿伯丁　90
Academia del Cimento, Florence　佛罗伦萨实验学会　39, 46
Academia della Crusca, Florence　佛罗伦萨秕糠学会　43
Academia dei Lincei, Rome　罗马林西学院　41, 46
Académie Française, Paris　巴黎法兰西学院　43, 172
Académie des Inscriptions　法兰西金石铭文与文艺学院　47, 66
Académie des Sciences, Paris　巴黎法兰西科学院　24, 39, 41, 43, 46-47, 66, 99, 110-111, 129, 203
academies　学院　36, 39, 43, 45-47, 49, 145
Academy of Sciences, St Petersburg　圣彼得堡科学院　58
Acta Eruditorum, Leipzig journal　莱比锡杂志《学者文萃》　29, 105, 142, 189
Adriani, Gianbattista (1511-1579)　意大利历史学家詹巴蒂斯塔·阿德利亚尼　145
advancement of learning　学术进展　12, 46, 111-114
advertisements　广告　161
Africa　非洲　65, 143-144, 193-194, 201
Agricola, Georgius (1494-1555)　德国医师格奥尔格·阿格里科拉　15

Agricola, Rudolf (Huusman: 1494-1555)　荷兰人文主义者鲁道夫·阿格里科拉　95
agriculture　农业　47, 151
Aitzema, Lieuwe van (1600-1669)　荷兰历史学家利奥·范·安提泽玛　158
Albert the Great (c.1200-1280)　中世纪德国哲学家大阿尔伯特　21
Alberti, Leon Babttista (1404-1472)　意大利人文主义者、建筑师莱昂·巴蒂斯塔·阿尔贝蒂　15, 36
Alcalà　阿尔卡拉　37-38, 132
alchemy, see Chemistry　炼金术，见化学
Aldrovandi, Ulisse (1522-1605)　意大利艺术品鉴赏家、自然主义者乌利塞·阿尔德罗万迪　82, 106, 107
Alembert, Jean marquis d'（1717-1783）　法国哲学家让·达朗贝尔侯爵　28, 48, 110, 115, 172, 184, 186
Aleppo　阿勒颇　62, 156
Aldus Manutius (1449-1515)　意大利印刷商人阿尔都斯·马努提乌斯　22, 55
Alexandria　亚历山大港　62, 75
Algarotti, Francesco (1712-1764)　意大利艺术品鉴赏家弗朗西斯科·阿尔加罗蒂　21
alienated intellectuals　异化的知识分子　23
alphabetical order　字母排序法　110, 115, 184-187
Alsted, Johann Heinrich (1588-1638)　德国百科全书编纂者约翰·海因里希·阿尔斯泰

索　引　|　289

德 87, 94, 98-99, 106
Altdorf 阿尔特多夫 41
Amelot de la Houssaie, Abraham Nicolas (1634-1706) 法国外交家亚伯拉罕·尼古拉斯·阿莫莱特·德·拉·侯赛 24, 147
Amsterdam 阿姆斯特丹 44-45, 54, 63-65, 70, 72, 75-78, 158, 163-165, 168-169
anatomy 解剖学 41, 43
anthropology 人类学 6-8, 81-82
Antikvitetskollegiet, Uppsala 乌普萨拉古史学会 43
Antwerp 安特卫普 43, 55, 63, 75-76, 158-160
d'Anville, Jean Baptiste (1697-1782) 法国地理学家让·巴普蒂斯特·丹维尔 75, 77, 157
Apáczai Csere János (1625-1659) 匈牙利数学家、百科全书编纂者阿帕扎·谢雷·詹努斯 70, 163
Aquinas, Thomas (c.1225-1274) 意大利经院派哲学家托马斯·阿奎那 21, 34
Aráoz, Francisco de (early 17th century) 17世纪早期西班牙学者弗朗西斯科·德·阿劳斯 103
archives 档案 138-141, 145, 156
Aretino, Pietro (1492-1556) 意大利作家彼得罗·阿雷蒂诺 163
Aristotle (384-322 BC) 亚里士多德 33-34, 92, 95, 98-99, 205
Arlington, Henry Bennet, first earl of (1618-1685) 英国国务大臣亨利·班奈特·阿灵顿伯爵 146
Armazém de Guiné 几内亚商号 61, 125
Arnold, Gottfried (1666-1714) 德国牧师、教会历史学家戈特弗雷德·阿诺德 207
astronomy 天文学 40, 58, 69, 91, 99
atlases; see also geography 地图册，见地理学 54, 79, 114, 188-189
Aubrey, John (1626-1697) 英国古物收藏家约翰·奥布里 202
Augsbury 奥格斯堡 156

Bacon, Francis (1561-1626) 英国知识改革家弗朗西斯·培根 2, 16, 24-25, 35, 44, 46, 99, 109-114, 179, 204, 210
Bacon, Roger (c.1220-1292) 中世纪英国哲学家罗吉尔·培根 21
Baghdad 巴格达 49
Banks, Sir Joseph (1743-1820) 英国大师约瑟夫·班克斯爵士 47
Barbaro, Daniele (1514-1570) 威尼斯贵族达埃莱·巴巴罗 15, 144

Barbeyrac, Jean (1674-1744) 法国法律作家让·贝贝拉克 178
Barcelona 巴塞罗那 71
Barlaeus (van Baerle), Caspar (1584-1648) 荷兰作家卡斯帕·巴勒乌斯 77, 160, 165
Barros, João de (c.1496-1570) 葡萄牙亚洲研究历史学家乔奥·德·巴罗斯 61, 77
Barrow, Issac (1630-1677) 剑桥大学三一学院院长伊萨克·巴罗 26, 85
Bartoli, Daniele (1608-1685) 意大利耶稣会作家达尼埃莱·巴尔托利 28
Baxter Richard (1615-1691) 英国神学家理查德·巴克斯特 85
Bayle, Pierre (1647-1706) 法国学者、批评家皮埃尔·培尔 29, 163, 165, 172, 185, 188, 192, 194, 198, 200, 208
Beccaria, Cesare (1738-1794) 意大利改革家切萨雷·贝卡里亚 179
Becher, Johann Joachim (1635-1682) 德国设计师约翰·约钦姆·贝歇尔 41, 101, 111
Bél, Matthias (1684-1749) 匈牙利或斯洛伐克历史学家马蒂亚斯·贝尔 70
Bell, Andrew (1726-1809) 苏格兰出版家安德鲁·贝尔 173
Bellforest, François de (1530-1583) 法国作家弗朗索瓦·德·贝勒福雷 182
Belon, Pierre (1517-1564) 法国自然主义者皮埃尔·贝隆 60
Bentham, Samuel (1757-1831) 英国工程师塞缪尔·边沁 128
Bentley, Richard (1662-1742) 英国古典学者理查德·本特利 177, 199
Benzoni, Gerolamo (1519-c.1572) 意大利旅行家吉罗拉摩·班佐尼 191, 200
Bergen 卑尔根 54
Bering, Vitus (1681-1741) 服务于俄国的丹麦航海家维塔斯·白令 127
Berlin 柏林 24, 46-47, 69-70, 178
Berne 伯尔尼 173
Bernier, François (1620-1688) 法国旅行家弗朗索瓦·贝尼耶 77
Bernoulli, Daniel (1700-1782) 瑞士数学家丹尼尔·伯努利 70
Bernoulli, Nicolas (1687-1759) 瑞士数学家尼古拉斯·伯努利 70
Bernstorff, Count Andreas Peter von (1735-1797) 丹麦大臣安德里亚斯·彼得·冯·伯恩斯托夫伯爵 129
Besler, Basilius (1561-1629) 德国药剂师、收藏家巴西利厄斯·贝斯莱尔 106

Beughem, Cornelius de (fl. 1678-1700) 德国目录学家科内利斯·德·勃艮 161, 189

Beyerlinck, Laurentius (1578-1627) 佛兰德神父、学者劳伦修斯·拜耳林克 95, 185

bibliographies 文献目录 93, 103, 161, 171, 187-189

Bibliothèque Universelle et Historique, Amsterdam journal 阿姆斯特丹期刊《世界和历史图书馆》 169

Billings, Joseph (1758-1806) 海军军官、探险家约瑟夫·比林斯 128

Birmingham 伯明翰 47

Blaeu family 布劳家族 54, 75, 77, 79-80, 157, 161, 163-164, 187-188

Blegny, Nicholas de (c.1646-1722) 法国药剂师尼古拉斯·德·布勒尼 73

Blotius, Hugo (1533-1608) 荷兰图书馆馆长胡果·布洛提乌斯 27, 103

Bodin, Jean (c.1530-1596) 法国政治思想家让·博丹 182, 187, 189, 191, 197

Bodley, Sir Thomas (1545-1613) 英国外交大臣托马斯·伯德利爵士 68, 185

Boerhaave, Herman (1668-1738) 荷兰医师赫尔曼·布尔哈弗 91

Bolduan, Paul (1563-1622) 德国牧师、目录学家保罗·伯尔杜安 23, 187

Bollandists 博兰德会成员 43

Bologna 博洛尼亚 44, 99, 106, 162

Bondt, Jacob de (1592-1631) 荷兰医师雅各布·德·波特 78

Bonfini, Antonio (c.1427-c.1502) 意大利历史学家安东尼奥·邦菲尼 187

bookshops 书店 55-56, 162, 164, 174

Borel, Pierre (c.1620-1671) 法国医师、收藏家皮埃尔·博雷尔 106

Borough, Stephen (1525-1584) 英国领航员史蒂芬·伯勒 37

Bosman, Willem (1672-c.1705) 荷兰商人、旅行家威廉·鲍斯曼 193

botany 植物学 39, 41, 43, 45-46, 60, 76, 78, 85, 91, 100-101, 206

Botero, Giovanni (1544-1617) 意大利牧师、学者乔万尼·波特罗 65-66, 77, 145, 170, 188-189, 195, 208

Bouchet, Jean (1476-c.1557) 法国人文主义者让·布歇 191

Bourdieu, Pierre (1930-2002) 法国社会学家皮埃尔·布迪厄 7-8, 33, 48, 51

Bourgeois, Louise (c.1563-1636) 法国助产师路易丝·布尔乔亚 14

Boyle, Sir Robert (1627-1691) 英国自然哲学家罗伯特·波义耳 110, 200, 202, 204, 207

Boym, Michael (1614-1659) 波兰来华耶稣会士卜弥格 77-78

Bracciolini, Poggio (1380-1459) 意大利人文主义者波焦·布拉乔利尼 23

Brahe, Tycho (1546-1601) 荷兰天文学家第谷·布拉赫 41-42, 46, 69

Bratislava (Pozsony) 伯拉第斯拉瓦（波若尼） 69-70

Brazil 巴西 79, 107, 128, 144, 160, 190-193, 200

Brillon, Pierre-Jacques (1671-1736) 法国法学家皮埃尔-雅克·布瑞林 192

Bristol 布里斯托 169

Brucker, Johan Jakob (1696-1770) 德国牧师、哲学史家约翰·雅各布·布鲁克 28, 193

Bruges 布鲁日 158

Brunelleschi, Filippo (1377-1446) 意大利工程师、发明家菲利波·布鲁内列斯基 15, 36, 153

Bruni, Leonardo (1370-1444) 意大利人文主义者莱昂纳多·布鲁尼 23, 36

Brussels 布鲁塞尔 45

Buffon, Georges-Louis, Leclerc, comte de (1707-1788) 法国动物学家乔治-路易·勒克莱尔·孔德·德·布丰 194

Burckhardt Jacob (1818-1897) 瑞士历史学家雅各布·布克哈特 150

Bure, Johann (1568-1652) 瑞典档案管理员约翰·布尔 140

Burma 缅甸 62

Burnet, Gilbert (1643-1715) 索尔兹伯里主教吉尔伯特·伯内特 68, 192, 201

Burton, Robert (1577-1640) 牛津大学教授罗伯特·伯顿 31, 183, 195-196

Busbecq, Ogier Ghiselin de (1522-1592) 佛兰德外交官奥吉尔·盖斯林·德·布斯贝克 193

Cabot, Sebastian (1425-c.1500) 意大利领航员塞巴斯蒂安·卡伯特 36

Cadell, Thomas (1742-1802) 出版商托马斯·卡德尔 166

Caen 卡昂 194

Cairo 开罗 49

calling 职业 19, 26

Calvin, Jean (1509-1564) 法国改革家让·加尔文 23, 76, 84

Calvinists 加尔文教徒 29, 44, 48, 90, 164-165

索引 | 291

Cambridge 剑桥 39-40, 100, 142, 189
Camden, William (1551-1623) 英国历史学家威廉·卡姆登 145
Cano, Melchor (1509-1560) 西班牙神学家梅尔希奥·卡诺 95
Cantemir, Dimitrie (1673-1723) 摩尔达维亚王子迪米特里·坎特米尔 30
Capoa, Leonardo de (1617-1699) 那不勒斯医师莱昂纳多·迪·卡波埃 199
card-index 卡片索引 181
Carew, Sir George (died 1612) 外国外交官乔治·卡鲁爵士 123
Carneades (c.213-129 BC) 希腊哲学家卡涅阿德斯 198, 200
Caron, François (c.1600-1673) 法国旅日作家弗朗索瓦·卡隆 60
Carré, François (late 17th century) 法国旅行家弗朗索瓦·卡瑞 126
Casa da India, Lisbon 里斯本印度商行 36, 61
Casa de Contratación, Seville 塞维利亚贸易商行 36-37, 46, 61-62
Casaubon, Meric (1599-1671) 英国牧师、学者梅里克·卡索邦 210
Cassiano del Pozzo (1583-1657) 意大利修士、鉴赏家卡西诺·德·波佐 66, 107
Cassini, Gian-Domenico (1625-1712) 意大利天文学家吉安-多梅内克·卡西尼 25, 134
Cassini de Thury, César-François (1714-1784) 法国天文学家、制图师塞萨尔-弗朗索瓦·蒂里·德·卡西尼 134
Castiglione, Baldassare (1478-1529) 意大利人文主义者、外交官巴尔达萨雷·卡斯蒂廖内 183
Castres 卡斯特尔 106
Catherine the Great (ruled 1762-1796) 俄国女皇叶卡捷琳娜二世 128-129
Cavendish, Margaret, Duchess of Newcastle (c.1624-1674) 英国哲学家纽卡斯尔公爵夫人玛格丽特·卡文迪什 20
Celle 策勒 146
censorship 审查制度 141-145
census 人口普查 120-122, 135-137
Cesalpino, Cesare (1519-1603) 意大利植物学家切萨雷·切萨尔皮诺 101
Chambers Ephraim (c.1680-1740) 英国百科全书编纂者埃弗拉姆·钱伯斯 110, 173, 192
Chapelain, Jean (1595-1674) 法国批评家让·夏普兰 27
Charles II (ruled 1660-1685) 英国国王查理二世 27, 41

Charles V (ruled 1516-1556) 国王查理五世 125, 147, 153
Charles IX (ruled 1560-1574) 查理九世 129
Charron, Pierre (1541-1603) 法国牧师、哲学家皮埃尔·沙朗 198
Châtelet, Emilie marquise du (1706-1749) 埃米莉·夏特莱侯爵夫人 20
chemistry 化学 39, 69, 83, 91, 96-97, 99-102
Child, Sir Josiah (1630-1699) 英国商人约西亚·柴尔德男爵 15
China 中国 31, 53-54, 66, 77-79, 81-82, 93-94, 120, 157, 167, 174-176, 193-196, 201, 204
Chmielowski, Benedykt (1700-1763) 波兰神父、百科全书编纂者本笃·契米洛夫斯基 70
Christine de Pisan (1364-c.1430) 法国作家克里斯蒂娜·德·皮桑 20
Cicero, Marcus Tullius (106-43 BC) 古罗马作家、政治家马库斯·图留斯·西塞罗 86, 90, 150
cipher 密码 144-145, 147
clerisy 知识阶层 18-31
Cleyer, Andreas (1634-1697) 德国医师安德里亚斯·克莱耶 78
Clusius see Ecluse, Charles de l' 克卢修斯, 见查理·德·莱克鲁斯
Cluverius, Philipp (1588-1622) 德国地质学家菲利普·克鲁维里乌斯 100
code see cipher 编码, 见密码
Coeur, Jacques (c.1395-1456) 法国商人雅克·柯尔 156
coffee-house 咖啡馆 48, 71, 132, 159
Colbert, Jean-Baptiste (1619-1683) 法国大臣让-巴普蒂斯特·柯尔贝尔 25, 35, 46, 126, 129-130, 134, 137, 140, 143, 154, 160, 185
Coleridge, Samuel (1772-1834) 英国诗人塞缪尔·柯勒律治 19
Colerus, Christoph (c.1602-1658) 德国人文主义者克里斯托夫·克勒卢斯 103
Collins, Samuel (1619-1670) 英国医师、旅行家塞缪尔·柯林斯 202
Colón, Fernando (1488-1539) 哥伦布之子费尔南德·哥伦布 62
Columbus, Christopher (1451-1506) 意大利新大陆发现者克里斯多弗·哥伦布 32, 36, 55
Comenius, Jan Amos (Jan Amos Komensky, 1592-1670) 捷克教育家扬·阿姆斯·夸美纽斯 41, 70, 85, 90, 103
Commelin, Issac (1598-1676) 荷兰作家伊萨克·柯孟林 160, 165
commonplaces 摘录簿 95-96, 181-182, 194-

195

Commynes, Philippe de (1447-1511) 法国外交官、历史学家菲利普·德·科米纳 191
Comte, Auguste (1798-1857) 法国社会学家奥古斯特·孔德 3, 46
Condamine, Charles-Marie de La (1701-1174) 法国数学家拉孔达米纳 194
connoisseurship 鉴赏力 16, 76
Conring, Herman (1606-1681) 德国教授赫尔曼·康令 28, 91, 101
constructivism 结构主义 6, 8
Cook, Captain James (1728-1779) 英国探险家詹姆斯·库克船长 128, 166
Copenhagen 哥本哈根 54, 106, 158, 160
Copernicus, Nicholas (1473-1543) 波兰/德国天文学家尼古拉斯·哥白尼 40
copyright see property, intellectual 版权，见知识产权
Cornonelli, Vincenzo (1650-1718) 意大利修士、地理学家文塞佐·克洛内利 71, 75
Cotton, Sir Robert (1517-1631) 英国学者罗伯特·柯顿爵士 180
Cousin, Gilbert (1506-1572) 伊拉斯谟秘书吉尔伯特·库辛 24
Cracow 克拉科夫 33, 69
Craig, John (died 1731) 苏格兰神学家约翰·克雷格 204
credulity 轻信 209-210
crisis of knowledge 知识危机 109, 203
curiosity, curiosities 好奇（心） 26-27, 41, 43, 46, 84, 111, 190

Dam, Peter van (1621-1706) 荷兰法学家彼得·范·达姆 158
Damascus 大马士革 49, 62
Daniel, Gabriel (1649-1728) 法国耶稣会史学家加布里埃尔·丹尼尔 209
Danzig (Gdansk) 但泽地区（格丹斯克） 70, 101
Dapper, Olfert (1636-1689) 荷兰作家奥尔夫特·达珀 77, 165
Davenant, Charles (1606-1668) 英国剧作家、统计学家查尔斯·戴维南特 137
Dee, John (1527-1608) 英国地理学家、占星家约翰·迪伊 67, 189
Defoe, Daniel (1660-1731) 英国作家丹尼尔·笛福 165
Delisle, Guillaume (1675-1726) 法国地理学家纪尧姆·德利勒 134, 195

Delisle, Joseph-Nicolas (1675-1726) 法国天文学家约瑟夫-尼古拉斯·德里希尔 58
Dell, William (died 1664) 英国改革家威廉·戴尔 39-40
Della Porta, Giambattista (1535-1615) 那不勒斯艺术鉴赏家詹巴蒂斯塔·德拉·波尔塔 151
Desbordes, Henri (died 1722) 法国印刷工亨利·德斯伯德 164, 169
Descartes, René (1596-1650) 法国哲学家勒内·笛卡尔 20, 40, 66, 110, 203
Deshima 出岛 59-60
detachment 间离 2, 18, 22, 26, 32, 51
Deutsch, Karl (1912-1992) 捷克裔美国政治科学家卡尔·多伊奇 116
Dewey, John (1859-1952) 美国哲学家约翰·杜威 3, 105
Dewey, Melvil (1851-1931) 美国图书管理员麦尔维尔·杜威 105
dictionaries 词典 76
Diderot, Denis (1713-1784) 法国百科全书编纂者德尼·狄德罗 17, 25, 29, 48, 77, 111, 115, 143, 151, 172, 193
Dissenting academies 异议学院 45
distanciation see detachment 分解，见间离
Dodoens, Rembert (1516-1585) 荷兰植物学家伦贝特·多乐斯 38, 101
Domesday Book 《末日审判书》 118
Domínguez, Francisco (late 16th century) 葡萄牙宇宙学家弗朗西斯科·多明格斯 132
Doni, Antonfrancesco (1513-1574) 意大利作家安东弗朗西斯科·多尼 103
Doria, Paolo Mattia (1662-1746) 意大利哲学家保罗·马蒂亚·多里亚 195
Dorpat (Tartu) 多帕特（塔尔图） 69
Dousa, Janus (1545-1604) 荷兰人文主义者雅努斯·都塞 38
Dryden, John (1631-1700) 英国诗人、历史学家约翰·德莱顿 27, 48
Dublin 都柏林 47, 111, 167
Du Cange, Charles du Fresne, sieur (1610-1688) 法国学者夏尔·康热 25, 188
Du Halde, Jean-Baptiste (1674-1743) 法国耶稣会士杜赫德 77, 193
Du Pin, Louis-Ellies (1657-1719) 法国牧师、学者路易斯·埃利斯 189
Durie, John (1596-1680) 英国神学家约翰·杜里 56, 110, 114, 152
Durkheim, Emile (1858-1917) 法国人类学家、社会学家埃米尔·涂尔干 3, 7, 81

索引 | 293

Eachard, John (c.1636-1697) 剑桥凯瑟琳学院院长约翰·伊查德 171
East India Company (British) （英国）东印度公司 16, 66-67, 156
East India Company (Dutch) （荷兰）东印度公司 59-60, 63-64, 76, 157-158
East India Company (French) （法国）东印度公司 126, 157
Ecluse, Charles de l'(1526-1609) 佛兰德自然学家查理·德·莱克卢斯 38
economics 经济学 1, 15, 101-102
Edwards, Jonathan (1703-1756) 新英格兰教士乔纳森·爱德华兹 58
Egypt 埃及 190, 194
Eisenhart, Johannes (1643-1707) 德国教授约翰内斯·艾森哈特 209
Elias, Norbert (1897-1990) 德国社会学家诺伯特·埃利亚斯 7, 22, 33, 91
Elsevier family 荷兰印刷商艾斯维尔家族 164, 190
Emili, Paolo (c.1460-1529) 意大利历史学家保罗·埃米利 187
empiricism 经验主义 16, 205-206
encyclopaedias 百科全书 12-13, 93-96, 102, 109-110, 171-173, 175, 184, 186-187
Encyclopédie 《百科全书》 11, 16-17, 28-29, 48, 85-86, 111, 115, 143, 151, 167, 172, 184, 186-187, 193-194
Erasmus, Desiderius (c.1466-1536) 尼德兰人文主义者德西德里乌斯·伊拉斯谟 22, 24, 36, 55, 85, 95, 185, 207
Eratosthenes (c.276BC-c.194 BC) 希腊天文学家、地理学家埃拉托色尼 75
Erfurt 爱尔福特 111
Escorial 埃斯科里亚尔 68
Espinasse, Julie de l'(1752-1776) 沙龙女主人朱莉·德·莱斯皮纳斯 48
Esquivel, Pedro de (late 16th century) 西班牙数学家佩德罗·德·埃斯维尔 132
Ethiopia 埃塞俄比亚 63, 107, 194
Euler, Leonhard (1707-1783) 德国数学家莱昂哈德·欧拉 70
Evelyn, John (1620-1706) 英国艺术品鉴赏家约翰·伊芙林 107, 109
Evreinov, Ivan (died 1724) 俄国探险家伊万·叶夫列伊诺夫 127
experiment 经验 39, 46, 204-205

Febvre, Lucien (1878-1956) 法国历史学家吕西安·费弗尔 3, 90
Fedele, Cassandra (c.1465-1558) 法国人文主义者卡桑德拉·费代莱 20
Feijóo, Benito (1676-1764) 西班牙修道士、作家贝尼托·费胡 200
Fénelon, François Salignac de la Mothe (1651-1715) 康布雷主教弗朗索瓦·萨利尼亚克·德·拉·费内隆 137
Ferrara 费拉拉 144, 162
Ficino, Marsilio (1433-1499) 意大利人文主义者马尔西利奥·费奇诺 36
Fielding, Henry (1707-1754) 英国小说家、文官亨利·菲尔丁 74
Fleck, Ludwik (1896-1961) 波兰科学哲学家卢德维克·弗莱克 2, 8
Florence 佛罗伦萨 39, 41, 44, 53, 68, 71, 76, 136, 192
Fontenelle, Bernard Le Bovier de (1657-1757) 法国作家丰特奈尔 21, 24, 48, 99, 129, 203
footnotes 脚注 208-209
forestry 林学 45, 102
Formey, Jean-Henri-Samuel (1711-1793) 柏林科学院秘书让-亨利-塞缪尔·福梅 24, 47
Foucault, Michel (1926-1984) 法国哲学家米歇尔·福柯 5-9, 19, 82, 87, 92, 116, 125
Foxe, John (1516-1587) 英国殉教史研究者约翰·福克斯 141
François I (ruled 1515-1547) 法国弗朗索瓦一世 37
Frankfurt-on-Main 美因河畔法兰克福 150, 160-161
Frankfurt-on-Oder 奥得河畔法兰克福 102
Frederick the Great (ruled 1740-1786) 普鲁士国王腓特烈大帝 129-130, 138
Freemasons 共济会 48
Freiberg 弗莱堡 45
Frois, Luis (c.1532-1598) 葡萄牙耶稣会士路易斯·弗洛伊斯 193
Froissart, Jean (c.1333-c.1410) 法国年代编纂者让·傅华萨 191
Fugger 16世纪德国商业世家富格尔家族 156
Furetière, Antoine (1619-1688) 法国作家安托万·弗雷蒂埃 172

Galilei, Galileo (1564-1642) 意大利科学家伽利略·伽利雷 41, 45, 56, 85-86, 111, 151
Gama, Vasco da (c.1460-1524) 葡萄牙探险家瓦斯科·达·伽马 196

Gassendi, Pierre (1592-1655) 法国哲学家皮埃尔·伽桑狄 66, 199
Gazette: (London); (Madrid); (Paris) 伦敦《公报》146；马德里《公报》71；巴黎《公报》146
Gazette d'Amsterdam 《阿姆斯特丹公报》168-169, 192
Gazette de Leyde 《莱顿公报》169
Gdansk (Danzig) 格丹斯克（但泽） 70-101
Geertz, Clifford (1926-2006) 美国人类学家克利福德·格尔茨 7
Gellner, Ernest (1925-1995) 捷克裔英国哲学家、人类学家欧内斯特·盖尔纳 7, 19, 176
gender 性别 9, 20-21, 43, 48, 50, 84
Geneva 日内瓦 75, 142, 167, 173, 178
Genoa 热那亚 155-156, 159
Genovesi, Antonio (1713-1769) 意大利政治经济学家安东尼奥·杰诺维西 102
Gentaku, Otsuki (1757-1827) 日本学者大槻玄沢 80
Gentleman's Magazine 《绅士杂志》111
geography 地理学 9, 55, 59, 61, 80, 100, 132-135, 156, 163-164, 170, 187; see also atlases，亦见地图册
Gesner, Conard (1516-1565) 瑞士博物学家康拉德·格斯纳 82, 92-93, 103, 142, 151, 185, 187
Giannone, Pietro (1676-1748) 意大利历史学家彼得·詹诺内 192
Gibbon, Edward (1737-1794) 英国历史学家爱德华·吉本 178, 186
Gilbert, sir Geoffrey (1674-1726) 英国法学家杰弗里·吉尔伯特爵士 206-207
Giolito, Gabriel (died c.1578) 意大利出版商加布里埃尔·吉奥利多 162-163
Giornale de'letterati, Rome journal 罗马期刊《作家报》29
Giovio, Paolo (1483-1552) 意大利主教、历史学家保罗·乔维奥 197
Glanvill, Joseph (1636-1680) 英国神学家、古董收藏家约瑟夫·格兰威尔 114, 200, 209
Glasgow 格拉斯哥 33, 102
Goa 果阿 61, 78
Godefroy, Théodore (1580-1649) 法国外交官、学者西奥多·戈德弗鲁瓦 140
Golius, Jacob (1596-1667) 荷兰东方学家雅各布·哥利乌斯 53-55
Gondomar, Diego, count of (1567-1626) 西班牙外交官迭戈·贡多玛伯爵 125
González de Mendoza, Juan (1545-1618) 西班牙传教士冈萨雷斯·德·门多萨 190-191, 193

Goody, Jack (1919-2015) 英国人类学家杰克·古迪 7
Göttingen 哥廷根 47, 76, 102
Gottsched, Johann Christoph (1700-1766) 德国批评家约翰·克里斯托夫·哥特谢德 28
Gournay, Marie le Jars de (1566-1645) 法国学者玛丽·勒·雅尔·古尔纳 20
Granet, Marcel (1884-1940) 法国汉学家葛兰言 3, 81
Grassi, Orazio (1582-1654) 意大利耶稣会士哲学家奥拉齐奥·格拉西 56
Graunt, John (1620-1674) 英国人口学家约翰·格兰特 137
Grégoire, Pierre (1540-1597) 法国法学家皮埃尔·格雷瓜尔 109
Gregory XIII, pope (ruled 1572-1585) 教皇格列高利八世 139
Gresham College, London 伦敦格雷沙姆学院 42, 67
Grew, Nehemiah (1641-1712) 皇家学会秘书尼希米·格鲁 46
Grimaldi, Claudio Filippo (c.1638-1712) 意大利传教士克劳迪奥·菲利波·格里马尔迪 54
Grimm, Friedrich Melchior von (1723-1807) 德国外交官、文人弗里德里希·梅尔奇奥·冯·格林姆 170
Grotius, Hugo (1583-1645) 荷兰人文主义者、法学家胡果·格劳秀斯 20
Guicciardini, Francesco (1483-1540) 佛罗伦萨执政官、历史学家弗朗西斯科·圭恰迪尼 191
Gurvitch, Georges (1894-1965) 俄裔法国社会学家乔治·古尔维奇 6, 14
Gutenberg, Johann (c.1400-1468) 德国印刷商约翰·古登堡 32

Habermas, Jürgen (born 1929) 德国社会理论家尤尔根·哈贝马斯 7
Hakluyt, Richard (c.1552-1616) 英国旅行家理查德·哈克路特 67, 77, 100, 157, 190, 201
Halle 哈雷 101-102
Hamburg 汉堡 158
Hardouin, Jean (1646-1729) 法国耶稣会士学者让·阿杜安 199
Harrington, James (1611-1677) 英国政治思想家詹姆斯·哈灵顿 211
Harris, John (c.1667-1719) 英国学者、神学家约翰·哈里斯 161, 172, 177, 192
Hartlib, Samuel (c.1600-1662) 东欧设计师塞缪

索 引 | 295

尔·哈特利布 25, 56, 67, 74, 110, 137
Harvey, Gabriel (c.1550-1630) 英国人文主义者加布里埃尔·哈维 189
Hastings, Warren (1732-1818) 印度总督华伦·黑斯廷斯 116
Hawkesworth, John (c.1715-1773) 英国编辑、汇编者约翰·霍克斯沃斯 166
Hazard, Paul (1878-1944) 法国思想史家保罗·阿扎尔 203
Heidelberg 海德堡 100
Helmstedt 黑尔姆施泰特 37, 91, 101
Helvétius, Claude-Adrien (1715-1771) 法国哲学家克劳德·阿德里安·爱尔维修 48
Henri III (ruled 1574-1589) 法国国王亨利三世 37
Herbelot, Barthélemy d' (1625-1695) 法国东方学家巴泰勒米·德尔贝洛 185-186
Herborn 赫博恩 94
Hernández, Francisco (1517-1587) 西班牙医师、自然学家弗朗西斯科·埃尔南德斯 60, 79, 127
Hickes, George (1642-1715) 英国学者乔治·希克斯 146
history, study of 历史研究 38, 43, 45, 47, 76, 91, 99-100, 182, 187-189
History of the Works of the Learned, 英国杂志《学术著作史》 58
Hoan, Arashiyama (1633-1693) 日本医师岚山霍 80
Hobbes, Thomas (1588-1679) 英国哲学家托马斯·霍布斯 24, 211
Hogarth, William (1697-1764) 英国艺术家威廉·贺加斯 162
Holbach, Paul baron d' (1723-1789) 法国哲学家保罗·霍尔巴赫 194
Homann, Johann Baptist (1664-1724) 德国地理学家约翰·巴普蒂斯特·霍曼 75, 134
Hood, Thomas (died 1598) 英国数学家托马斯·胡德 156
Houdry, Victor (1631-1729) 法国耶稣会牧师维克多·胡德利 171, 181
Hudde, Johannes (1628-1704) 荷兰市长、数学家约翰内斯·胡德 158
Huet, Pierre-Daniel (1630-1721) 法国主教、学者皮埃尔-丹尼尔·休伊特 203
humanists 人文主义者 22-24, 35-38
Hume, David (1711-1776) 苏格兰哲学家、历史学家大卫·休谟 166, 209
Hurtado de Mendoza, Don Diego (1504-1575) 西班牙外交官乌尔塔多·德·门多萨 124-125

Hyde, Edward, Lord Clarendon (1609-1674) 英国政治家、历史学家爱德华·海德 211

Ibn Jama's, Muhammad (1241-1333) 伊斯兰教法学家伊本·贾马 93
Ibn Rushd ('Averroes', 1126-1198) 伊斯兰教哲学家伊本·鲁斯德 30
Ibn Sina ('Avicenna', 990-1037) 伊斯兰教哲学家伊本·西那 30
'ilm 知识 30, 92
Index Librorum Prohibitorum 《禁书书目》 141-142, 170, 185
India 印度 77-78, 117, 157, 194, 196; see also East India Company，亦见东印度公司
informationn brokers 信息经纪人 25
information and knowledge 信息与知识 11
information society 信息社会 1
Innis, Harold (1894-1952) 加拿大信息理论学家哈罗德·英尼斯 150, 186
Islam 伊斯兰 30-31, 49-51, 92-93, 185
Istanbul 伊斯坦布尔 30, 65, 123

James, Thomas (1572-1629) 牛津大学伯德利图书馆馆长托马斯·詹姆斯 185
Jansson, Willem (mid-17th century) 荷兰印刷商威廉·扬森 161, 164
Japan 日本 59-60, 63, 77-80, 107, 156, 160, 174, 190, 192-196, 201
Jena 耶拿 37, 91
Jesuits 耶稣会士 43, 59, 63, 65, 68, 76, 86, 124, 158, 195-196; see also Bartoli; Boym; Daniel; Du Halde; Frois; Grassi; Hardouin; Houdry; Kircher; Labata; Martini; Ricci; Roth; Ruggiero; Xavier 亦见巴尔托利、卜弥格、丹尼尔、杜赫德、弗洛伊斯、格拉西、阿杜安、胡德利、珂雪、拉巴塔、卫匡国、利马窦、洛德、罗明坚、沙勿略
Jews 犹太教 4, 32-33, 156
John of Salisbury (c.1115-1180) 英国人文主义者索尔兹伯里的约翰 21
Johnson, Samuel (1709-1764) 英国文人塞缪尔·约翰逊 29, 53, 56, 149, 166, 173, 179, 193, 197
Jonson, Ben (1572-1637) 英国剧作家本·强森 166
Journal des Savants 巴黎《学者杂志》 29, 169
Journal de Trévoux 《特雷乌杂志》 201
Journalism 新闻业 29, 165

Journals 杂志 29, 48, 179; see also *Acta Eruditorum, Bibliothèque Universelle et Historique, Gazette, Gentleman's Manazine, Giornale de' letterati, History of the Works of the Learned, Journal des Savants, Journal de Trévoux, Nouvelles de la République des lettres, philosophical transactions*，亦见《学者文萃》《世界和历史图书馆》《公报》《绅士杂志》《作家报》《学术著作史》《学者杂志》《特雷乌杂志》《文人共和国新闻》《哲学学报》

Jowett, Benjamin (1817-1893) 牛津大学贝利奥尔学院院长本杰明·乔伊特 8, 18, 25

Kaempfer, Engelbert (1651-1716) 德国旅日作家恩格尔贝特·肯普弗 60, 68, 192
Kamchatka 堪察加半岛 127
Kant, Immanuel (1724-1804) 德国哲学家伊曼努尔·康德 96
Karlstadt, Andreas Bodenstein von (died 1541) 德国改革家安德里亚斯·卡尔斯塔特 23
Kassel 卡塞尔 45
Keckermann, Bartholomaeus (1572-1608) 系统论者巴托洛梅乌斯·凯克曼 70, 87, 96, 101
Kepler, Johannes (1571-1630) 德国天文学家约翰内斯·开普勒 69, 111, 189
Khlesl, Melchior (1553-1630) 奥地利红衣主教梅奥基奥·克莱斯尔 122
Kiev 基辅 69
King, Gregory (1648-1712) 英国传令官、算术家格里高利·金 137
Kircher, Athanasius (1602-1680) 德国耶稣会博学家阿塔纳斯·珂雪 66, 70, 77, 85, 99, 194
Klopstock, Friedrich Gottlieb (1724-1803) 德国作家弗里德里希·戈特利布·克劳普斯托克 167
knowledge: higher; impartial; and information; liberal; objective; oral; plural; popular; practical; public; secret; universal; useful 知识：高级 84；公正 22；信息 11；人文 84；客观 26；口头 15；多元 13-14, 34, 39, 56；大众 14-15；实用 14-15, 102, 110；公共 16-17, 83；秘密 16, 83；普遍 84-85；有用 47, 84, 110-111
Koenigsberg 柯尼斯堡 37
Kopievski, Ilya (c.1700) 俄国印刷工伊利亚·柯皮耶夫斯基 164
Korea 朝鲜 175

Koyré, Alexandre (1882-1964) 俄裔法国科学史家亚历山大·柯瓦雷 111
Kristina, Queen of Sweden (1626-1689) 瑞典女王克里斯蒂娜 20, 57, 68
Krünitz, Johann Georg (1728-1796) 德国记者约翰·格奥尔格·科吕尼茨 171
Kuhn, Thomas S.(1922-1996) 美国科学哲学家托马斯·库恩 6-7, 49, 51

Labata, Francisco (1549-1631) 西班牙耶稣会士弗朗西斯科·拉巴塔 95, 171, 181
Laet, Johannes de (1582-1649) 荷兰学者约翰内斯·德·莱特 77, 164, 194
Lambeck Peter (1628-1680) 德国图书管理员彼得·兰贝克 69
La Mothe Le Vayer, Françoise (1588-1672) 法国哲学家弗朗索瓦·勒瓦耶 198
La Popelinière, Henri Lancelot Voisin, Sieur de (1541-1608) 法国历史学家拉·波普利尼埃尔爵士 26
La Reynie, Gabriel Nicolas de (1625-1709) 法国警察局局长加布里埃尔·尼古拉斯·德·拉雷尼 143
Lassels, Richard (c.1603-1668) 英国教士、旅行家理查德·拉塞尔斯 178
Lauder, Sir John (1646-1722) 苏格兰旅行家约翰·劳德爵士 132
Lausanne 洛桑 173, 178
law 法学 21, 23, 26, 83, 92, 96-97, 100, 192, 206-208
Le Brun, Pierre (1661-1729) 法国东方学家皮埃尔·勒布伦 200
Leclerc, Jean (1657-1736) 瑞士神学家、编纂者让·雷克勒 165, 169, 172
Leers, Reynier (1654-1714) 荷兰出版商雷尼·李尔斯 172
Leibniz, Gottifried Wilhelm (1646-1716) 德国博学家戈特弗里德·威廉·莱布尼茨 17, 25, 27, 43, 47, 53-54, 58, 70, 96, 99, 105, 110, 114, 119, 130, 138, 151, 186, 193, 204
Leiden 莱顿 37-38, 40-41, 53-55, 56, 76-77, 91, 100-101, 104-105
Leipzig 莱比锡 37, 99, 102, 105, 164, 172
Lenglet-Dufresnoy, Nicolas (1674-1755) 法国教士、学者尼古拉斯·朗格莱-杜弗雷斯诺 171, 189
Leo the African (Hassan al-Wazzân, c. 1483-1519) 非洲人利奥 193

Leonardo da Vinci (1452-1519)　意大利艺术家、思想家列奥纳多·达·芬奇　36

Léry, Jean de (c.1534-c.1613)　法国传教士让·德·勒瑞　191, 193, 200

Leuven (Louvain)　鲁汶　33, 56, 160

Lévi-Strauss, Claude (1908-2009)　法国人类学家克洛德·列维-斯特劳斯　6-8, 81-82

Libavius, Andreas (c.1560-1616)　德国化学家安德烈亚斯·利巴菲乌斯　91, 96-97

libraries　图书馆　56, 58, 67-70, 92-93, 103-106, 171, 177-178, 184-185

Linnaeus, Carolus (1707-1778)　瑞典植物学家卡罗勒斯·林奈　82, 86, 128

Lipen, Martin (1630-1692)　德国校长、目录学家马丁·里本　161

Lipsius, Justus (1547-1606)　尼德兰人文主义者尤斯图斯·利普修斯　38

Lisbon　里斯本　36, 61, 77, 144, 155-156, 192

Lloyd's　劳合社　71, 159

Lobo, Jerónimo (1595-1678)　葡萄牙耶稣会士劳卜　193

Locke, John (1632-1704)　英国哲学家约翰·洛克　77, 114, 200, 204, 207

logic　逻辑　90

Lomonosov, Mikhail (1711-1765)　俄国博物学家米哈伊尔·罗蒙诺索夫　30, 58

London　伦敦　6, 16, 20, 24, 29, 31, 39, 41-43, 45-48, 56, 66, 71-72, 74, 77, 106, 122, 135, 142, 152, 156, 158-159, 165-169, 178

Longman, Thomas (1699-1755)　英国书商、出版商托马斯·朗文　167, 173

Lopes, Duarte (fl. c.1578)　葡萄牙旅行家杜阿尔特·洛佩斯　193

López de Gómara, Francisco (1510-1560)　西班牙教士、作家洛佩斯·德·戈马拉　79, 191, 193, 200

Louis XIV (ruled 1643-1715)　法国路易十四　24, 29, 41, 46, 68, 106, 119, 125, 134

Louvain (Leuven)　鲁汶　33, 56, 160

Ludovici, Carl G.(1707-1778)　德国教授、百科全书编纂者卡尔·卢多维奇　102, 172

Lull, Ramón (1232-1316)　西班牙修士、博物学家雷蒙·卢勒　86-87, 99

Lunar Society, Birmingham　伯明翰月光社　47

Lund　伦德　69, 100

Luther, Martin (1483-1546)　德国改革家马丁·路德　23, 37, 76, 83

Luzhin, Fedor (early 18th century)　俄国探险家费奥多尔·卢津　127

Lviv　利沃夫　69

Lycosthenes, Conrad (1518-1561)　瑞士学者康拉德·李克希尼斯　95

Lyons　里昂　155, 158

Macfarquhar, Colin (c.1745-1793)　苏格兰印刷商科林·麦克法卡尔　173

Machiavelli, Niccolò (1469-1527)　意大利政治思想家尼可洛·马基雅维利　16, 90, 147, 192, 209

madrasas, medreses　宗教学校　30, 49-50

Madrid　马德里　44-45, 71, 74, 142

Magalotti, Lorenzo (1637-1712)　意大利自然哲学家洛伦佐·玛伽洛蒂　53

Maier, Michael (1568-1622)　德国炼金术士麦克尔·麦尔　69

Maimbourg, Louis (1610-1686)　法国历史学家路易·麦博格　209

Malesherbes, Chrétien-Guillaume de Lamoignon de (1721-1794)　法国审查员马勒泽布　143

Mander, Karel van (1548-1606)　荷兰艺术家、目录学家卡雷尔·范·曼德尔　188

Mannheim, Karl (1893-1947)　匈牙利社会学家卡尔·曼海姆　5, 8-11, 18, 26, 32, 118, 150, 202, 212

Mansi, Giovanni Domenico (1692-1769)　意大利主教、学者乔万尼·多梅尼科·曼西　188

Manuel I (ruled 1495-1521)　葡萄牙国王曼努埃尔一世　143-144

Manutius, Aldus (1449-1515)　意大利印刷商阿尔都斯·马努提乌斯　22, 55

maps see atlases; geography　地图，见地图册，地理学

mapmaker　制图师　75, 79, 187

Marburg　马堡　37, 58, 101

Marchand, Prosper (c.1675-1756)　意大利人文主义者普洛斯珀·马谦德　195

Marco Polo (1254-1324)　意大利旅行家马可·波罗　195

Marineo, Luca (c.1460-1533)　意大利人文主义者卢卡·马里内奥　187

Marini, Filippo de (1609-1682)　意大利远东耶稣会士菲利普·德马里尼　77

Marlowe, Christopher (1564-1593)　英国剧作家克里斯托夫·马洛　98

Marselaer, Frederick (1584-1670)　佛兰德外交作家弗里德里克·马赛来　123

Marsham, Sir John (1602-1685)　英国年代学家约翰·马香爵士　188

Martial (Marcus Valerius Martialis, c.40-c.104)　古

罗马诗人马提亚尔 150

Martini, Martino (1614-1661) 意大利来华耶稣会士卫匡国 53-55, 77, 157, 164

Marx, Karl (1818-1883) 卡尔·马克思 4, 10, 149, 152

mathematics 数学 40, 70, 84-85, 91, 115, 132, 151, 203-4

Mather, Cotton (1663-1728) 新英格兰神学家科顿·梅瑟 58

Mattioli, Pier Andrea (1500-1577) 意大利植物学家皮耶尔·安德里亚·马提奥利 206

Maupertuis, Pierre Louis Moreau de (1698-1759) 法国数学家皮埃尔·德·莫佩尔蒂 47, 70

Maurepas, Jean-Frédéric Phélypeaux, comte de (1701-1781) 法国国务大臣莫勒帕伯爵 126, 129

Maurists 莫尔会修士 43, 47, 49

Maurits Johan, Count of Nassau-Siegen (1604-1679) 巴西总督约翰·毛里茨 128, 165

Mauss, Marcel (1872-1950) 法国人类学家马塞尔·莫斯 3

Maxim Grek (1480-1556) 希腊僧侣马克西姆·格里克 55

Mazarin, Jules (1602-1661) 意大利主教、法国政治家儒勒·马扎然 69, 122

medicine 医学 14, 16, 21, 26, 76, 78-80, 91-92, 101, 196, 199, 205-206

Mehmed II ('the Conqueror', ruled 1451-1481) 奥斯曼帝国苏丹穆罕默德二世 50

Mehmed IV (ruled 1648-1687) 奥斯曼帝国苏丹穆罕默德四世 79

Melanchthon, Philipp (1497-1560) 德国教师、改革家菲利普·梅兰希通 37, 95

Mencke, Johann Burchard (1674-1732) 德国学者约翰·布克哈德·明克 28, 152, 161, 188

Menshikov, Alexander Danilovich (1673-1729) 俄国古物收藏家亚历山大·缅什科夫 58

Mercator, Gerard (1512-1594) 佛兰德制图师杰拉德·墨卡托 75, 79, 187

Mercier, Louis Sébastien (1740-1814) 法国报人塞巴斯蒂安·梅西耶 178

Mersenne, Marin (1588-1648) 法国自然哲学家马林·梅森 25, 66, 137, 199

Merton, Robert (1910-2003) 美国社会学家罗伯特·默顿 6

Messerschmidt, Daniel (1685-1735) 德国探险家丹尼尔·梅塞斯密特 127

Mexico 墨西哥 70, 79, 126-127, 193-194

Michaelis, Johann David (1717-1791) 德国神学家、东方学家约翰·大卫·米歇埃利斯 129

Milan 米兰 68, 83, 105-106, 124, 140, 178, 190

Millar, Andrew (1707-1768) 苏格兰书商安德鲁·米拉 166-167

mining 矿学 15, 45, 85, 127

Monardes, Nicolás (c.1493-1588) 西班牙医师尼古拉斯·蒙纳德斯 61, 78

Moncada see Sancho de Moncada 蒙卡达，见桑乔·德·蒙卡达

Montaigne, Michel de (1533-1592) 法国散文家米歇尔·德·蒙田 15, 20, 55, 191-192, 195, 198, 200

Montanus, Arnoldus (died 1683) 荷兰作家阿诺德斯·蒙塔纳斯 165

Montchrestien, Antoine de (c.1575-1621) 法国剧作家、经济学家安托万·德·蒙克雷蒂安 102

Montesquieu, Charles baron de (1689-1755) 法国思想家查理·孟德斯鸠 2, 48, 77, 180, 191-192, 197

Montfaucon, Bernard de (1655-1741) 法国本笃会学者伯纳德·德·蒙福孔 107, 167-168

Montpellier 蒙彼利埃 76

Moréri, Louis (1643-1680) 法国教士、汇编学家路易·莫雷里 171-172, 185, 192, 194

Morhof, Daniel Georg (1639-1691) 德国博物学家丹尼尔·格奥尔格·蒙霍夫 27-28, 85, 171

Moscow 莫斯科 58, 69, 102

Mughal empire 蒙古帝国 77, 117

Münster, Sebastian (1488-1552) 德国学者塞巴斯蒂安·明斯特 100, 187

Murad III (ruled 1574-1595) 奥斯曼帝国苏丹穆拉德三世 51, 79

Muratori, Ludovico Antonio (1672-1750) 意大利学者、图书馆馆长卢多维科·安东尼奥·穆拉托里 27, 188

museums 博物馆 41, 43, 106-109, 178, 185, 190, 194

Nagasaki 长崎 59-60, 79-80

Naples 那不勒斯 23, 33, 36, 68, 72, 102, 123, 138, 162, 192, 199

natural philosophy 自然哲学 91, 100

Naudé, Gabriel (1600-1653) 法国学者、图书馆馆长加布里埃尔·诺德 25, 27, 103, 105, 109, 178

nauka 贤者 111

Nebrija, Antonio de (1441-1522) 人文主义者安

索 引 | 299

东尼奥·德·内夫里哈 38
networks 网络 8, 47, 56, 58, 65, 78
Neuchâtel 纳沙泰尔 173
newspapers 报纸 168-169, 202
Newton, Issac (1642-1727) 艾萨克·牛顿 27, 40, 151, 177, 204
New York 纽约 111
Nicéron, Jean-Pierre (1685-1738) 法国教士、学者让·皮埃尔·尼塞隆 188
Nicole, Pierre (1625-1695) 詹森派神学家皮埃尔·尼可 203
Niebuhr, Carsten (1733-1815) 德国学者、旅行家卡斯滕·尼布尔 129
Nietzsche, Friedrich (1844-1900) 德国哲学家弗里德里希·尼采 5
Nogarola, Isotta (1418-1466) 意大利人文主义者伊索塔·诺伽洛兰 20
Nouvelles de la République des Lettres, Amsterdam journal 阿姆斯特丹杂志《文人共和国新闻》 29, 165, 169, 189
Nuremberg 纽伦堡 106

objectivity 客观性 26, 110, 208; see also 'detachment' 也见间离
observatories 天文台 41-42, 46, 50-51, 134
occult philosophy 神秘哲学 43, 83
official history 正史 27
Ogilby, John (1600-1676) 英国出版商约翰·奥格尔比 167
Oisel, Jacques (1631-1686) 法国学者雅克·奥赛尔 107, 109
Oldenburg, Henry (1618-1677) 皇家学会秘书亨利·奥尔登堡 24-25, 67, 151
Ordnance Survey 全国地形测量 135
oriental studie see China; India; Islam; Japan 东方研究,见中国、印度、伊斯兰、日本
Ornsterin, Martha (1878-1915) 美国历史学家玛莎·奥恩斯坦 9, 39
Ortelius, Abraham (1527-1598) 佛兰德人文主义者、制图师亚伯拉罕·奥特柳斯 63, 114, 187, 189
Ottoman Empire 奥斯曼帝国 17, 30-31, 49-51, 55, 62, 79, 120, 190, 193-194
Ovando, Juan de (died 1575) 西班牙行政官胡安·德·奥万多 126-127
Oxford 牛津 33, 37, 39-40, 67-68, 70, 93, 100, 142, 178, 235
Padua 帕多瓦 76, 142
Palmieri, Matteo (1406-1475) 意大利人文主义

者马泰奥·帕尔米耶里 84
Pancoucke, Charles-Joseph (1736-1798) 法国出版商查尔斯·约瑟夫·潘库克 173
Pareto, Vilfredo (1848-1923) 意大利社会学家、经济学家维尔弗雷多·帕雷托 33
Paris 巴黎 24, 29, 33, 37, 39, 41, 43-44, 46-48, 66, 68-69, 71-73, 75, 77-78, 100, 132, 138, 143, 152, 168, 178, 184
Pascal, Blaise (1623-1662) 法国哲学家布莱兹·帕斯卡尔 53, 55, 66
Pasquier, Etienne (1529-1615) 法国人文主义法学家艾蒂安·帕斯奎耶 45
Paul V, pope (ruled 1605-1621) 教皇保罗五世 139
Pauw, Cornelis de (1739-1799) 荷兰学者科内利斯·德·波夫 129
Pavia 帕维亚 33, 36, 94
Peirce, Charles (1839-1914) 美国哲学家查尔斯·皮尔士 3
Peiresc, Nicolas-Claude Fabri, sieur de (1580-1673) 法国学者尼古拉斯-克劳德·法夫里·佩雷斯克阁下 25, 85, 189-190
Pepys, Samuel (1633-1703) 英国日记作家塞缪尔·佩皮斯 72
Perrault, Charles (1628-1703) 法国作家夏尔·佩罗 27
Persson, Jöran (c.1530-1568) 瑞典秘书约兰·佩尔森 24
Peru 秘鲁 126, 129, 190, 194
Petavius, Denis (1583-1652) 法国耶稣会学者丹尼斯·佩塔维斯 187
Peter the Great (ruled 1682-1725) 俄国沙皇彼得大帝 58, 111, 119, 127, 130, 134, 164
Petrarch (Francesco Petrarca, 1304-1374) 意大利人文主义者弗兰齐斯科·彼特拉克 35, 150
Petty, William (1623-1687) 政治经济学家威廉·配第 137
Philadelphia 费城 111
Philip II (ruled 1556-1598) 西班牙国王菲利普二世 68, 79, 119, 130, 139-140, 189
Philosophical Transactions, London journal 伦敦杂志《哲学会刊》 29, 169, 195-196
Piazza, Carlo Bartolomeo(1632-1713) 意大利教士卡罗·巴托洛梅奥·皮亚扎 68
Pico della Mirandola, Giovanni (1463-1494) 意大利人文主义者米兰多拉的乔凡尼·皮科 85
Piles, Roger de (1635-1709) 法国鉴赏家、间谍罗杰·德·皮莱斯 125
piracy (of books) 盗版 (书籍) 162, 166-167,

169

Pires, Tomé (c.1468-c.1540) 葡萄牙药剂师、旅行家托梅·皮雷斯 144

Piri Reis (died 1553) 土耳其舰队司令皮瑞·雷斯 55, 120

Pisa 比萨 100-101

Piso, Willem (c.1611-1678) 荷兰医师威廉·皮索 79, 128

Pius IV, pope (ruled 1559-1565) 教皇庇护四世 139

Placcius, Vincent (1642-1699) 德国博物学家文森特·普拉齐乌斯 188, 199

plagiarism 剽窃 150

Plato (c.428-347 BC) 柏拉图 37

poligrafi 多产作家 23, 163

political arithmetic see quantification 政治经济学，见量化

political economy 政治经济学 101-102

politics, study of 政治研究 16, 38, 45, 100-103

Poliziano, Angelo (1454-1494) 意大利人文主义者安吉洛·普利吉阿诺 84-85

polymathia 《博学家》 28, 85

Pope, Alexander (1688-1744) 英国文人亚历山大·蒲柏 29, 166

Porta, see Della Porta 波尔塔，见德拉·波尔塔

Postel, Guillaume (1510-1581) 法国东方学家纪尧姆·波斯特尔 195

posters 广告 72-73

Potemkin, Grigory Alexandrovich (1739-1791) 叶卡捷琳娜二世宠臣格里高利·亚历山德罗维奇·波将金 130

Poulain de la Barre, François (1647-1723) 法国哲学家弗朗索瓦·普兰·德·拉巴尔 20, 212

Pozsony (Bratislava) 波若尼（伯拉第斯拉瓦） 69-70

Prague 布拉格 33, 41, 45, 69, 102, 106

priestcraft 祭司权术 211

Priestley, Joseph (1733-1804) 英国科学家约瑟夫·普利斯特里 45

printing 印刷术 11, 22-23, 51, 57, 77-78, 83, 103, 109, 136, 148, 159-176, 195, 202

progress, intellectual 知识进步 12, 46, 111-114

property, intellectual 知识产权 149-154, 162

Psalmanazar, George (c.1679-1763) 法国骗子乔治·普萨尔马纳扎 201

Pufendorf, Samuel (1632-1694) 德国法学家、历史学家塞缪尔·普芬道夫 27, 45, 145

Purchas, Samuel (c.1575-1626) 英国游记汇编者塞缪尔·帕切斯 70, 190, 194

Pyrrho of Elis (c.360-270 BC), Greek philosopher 希腊哲学家爱利斯的皮浪 2, 198

quantification 量化 85-86, 135-138

Quesnay, François (1694-1774) 法国改革家弗朗索瓦·魁奈 31

questionnaires 问卷 75, 121-122, 126-127, 130, 137, 202

Quiccheberg, Samuel (1529-1567) 德国收藏品作家塞缪尔·金兹堡 106-107, 109

Racine, Jean (1639-1699) 法国剧作家、历史学家让·拉辛 24, 27

Ramus, Petrus (1515-1572) 法国方法论者彼得吕斯·拉米斯 96-98

Ramusio, Giovanni Battista (1485-1537) 意大利游记汇编者乔万尼·巴蒂斯塔·赖麦锡 77, 144

Ranke, Leopold von (1795-1886) 德国历史学家利奥波德·冯·兰克 147-148

reading 读物 179-82

reference books 参考书目 169-171, 182-184

Reisch, Gregor (d. 1525) 德国百科全书编纂者格雷戈尔·赖施 94, 186, 189

relazioni 正式报告 123, 147, 158

Renaudot, Théophraste (1586-1653) 信息经纪人泰奥弗拉斯特·雷诺多 25, 43, 66, 73, 152

Republic of Letters 文人共和国 19-20, 27, 29, 48, 53-54, 57-58, 167

research 研究 45-47, 207

Rheede, Hendrik van (c.1637-1691) 荷兰马拉巴尔总督亨德里克·范·里德 78

rhetoric 修辞学 38, 99

Rhijne, Willem ten (1647-1700) 荷兰医师威廉·泰恩·赖因 78

Ricci, Matteo (1552-1610) 意大利耶稣会传教士利玛窦 79, 174, 193, 196

Richardson, Samuel (1689-1761) 英国作家塞缪尔·理查德森 185

Richelieu, Armand Du Plessis, cardinal de (1585-1643) 法国政治家红衣主教黎塞留 13, 122, 132, 134, 137, 139-140

Rinteln 林特尔恩 102

Rio de Janeiro 里约热内卢 192

Robertson, William (1721-1793) 苏格兰牧师、历史学家威廉·罗伯森 166, 194

Robinson, James Harvey (1863-1936) 美国历史学家詹姆斯·哈威·鲁滨逊 9-10

Rohan, Henri duc de (1579-1638) 法国作家亨利·德·罗翰公爵 211

索 引 | 301

Rome 罗马 20, 29, 41, 46, 54, 56, 63, 65–66, 68, 70–71, 76–77, 79, 85, 99–100, 124, 147, 178, 207
Rosicrucians 玫瑰十字会 43
Roth, Heinrich (1620-1667) 德国耶稣会士洛德 77
Rotterdam 鹿特丹 29, 165, 172
Rousseau, Jean-Jacques (1712-1778) 瑞士裔的法国思想家让-雅克·卢梭 143, 193
Royal Society of London 伦敦皇家学会 6, 16, 20, 24, 29, 31, 39, 41, 43, 46, 58, 67, 83, 195, 200
Rudbeck, Olof (1630-1702) 瑞典博物学家奥勒夫·鲁德贝克 85
Rudolf II, emperor (ruled 1576-1612) 皇帝鲁道夫二世 41, 43, 69, 106
Ruggiero, Michele (1543-1607) 意大利耶稣会士罗明坚 65
Rymer, Thomas (1641-1713) 英国皇家史官托马斯·赖默 188

Sabellico, Marcantonio (1436-1506) 意大利历史学家马肯托尼奥·萨贝里克 154
Said, Edward (1935-2003) 巴勒斯坦裔美国批评家爱德华·萨义德 9, 125
Saint Petersburg 圣彼得堡 27, 30, 47, 58, 69–70, 111, 131
Salamanca 萨拉曼卡 33, 37–38
salons 沙龙 43, 48
Salutati, Coluccio (1331-1406) 意大利人文主义者克卢乔·萨卢塔蒂 96
Sambucus, Johannes (Zsámboky, 1531-1584) 匈牙利人文主义者约翰内斯·桑蒲库斯 69
Sancho de Moncade (fl. c.1620) 西班牙神学家桑乔·德·蒙卡达 145, 189, 208
Sansovino, Francesco (1521-1583) 意大利作家弗朗西斯科·圣索维诺 71, 147
Santos, João dos (c.1550-1622) 多明我会修士、传教士若昂·多斯·桑托斯 201
Sarpi, Paolo (1552-1623) 意大利修道士、学者保罗·萨皮 55, 145, 151, 209–210
Saumur 索米尔 44, 164
Savary, Jacques (1622-1690) 法国贸易作家雅克·萨瓦里 160
Savigny, Christofle de (c.1540-1609) 法国学者克里斯托夫勒·德·萨维尼 97–98
Scaliger, Joseph Juste (1540-1609) 法国古典学者约瑟夫·朱斯特·斯卡利戈 38, 187
Scheler, Max (1874-1928) 德国社会学家马克斯·舍勒 5
Schöpflin, Johann Daniel(1694-1771) 德国教授约翰·丹尼尔·舍普夫林 47
scholastic philosophy 经院哲学 22, 39
Schumpeter, Josef (1883-1950) 奥地利经济学家约瑟夫·熊彼特 32
Schuurman, Anne-Marie (1607-1678) 荷兰学者安妮-玛丽·舒尔曼 20
scientia 知识 12, 83, 101
Sedan 色当 44
Selden, John (1584-1654) 英国法学家、律师约翰·赛尔登 25, 145, 197, 208, 211
Selmecbánya 塞尔梅克班扬 45
Sendivogius, Michael (1566-1646) 波兰炼金术士麦克尔·桑蒂夫吉乌斯 69
Seneca, Lucius Annaeus (c.1-65) 罗马哲学家卢基利乌斯·阿奈乌斯·塞内加 179, 191
Settala, Manfredo (1600-1680) 意大利收藏家曼弗雷多·塞塔拉 106–107, 190, 194
Seville 塞尔维亚 36, 46, 61–62, 78
Sewall, Samuel (1652-1730) 新英格兰商人塞缪尔·休厄尔 189
Sextus Empiricus (fl. 180-200 AD) 古希腊哲学家塞克斯都·恩披里柯 198
Shklovsky, Viktor (1893-1984) 俄国维克托·什克洛夫斯基 2
Sigüenza y Góngora, Carlos de (1645-1700) 墨西哥学者卡洛斯·德·贡戈拉 70
Simon, Richard (1638-1712) 法国奥拉托利会会友、圣经学者理查·西蒙 200
sites (or 'seats') of knowledge 知识空间 7, 44, 55–56, 67
Sixtus V, pop (ruled 1585-1590) 教皇希克图斯五世 121
Sleidan (Phillippson), Johann (1506-1556) 德国人文主义历史学家约翰·斯莱顿 26
Sloane, Sir Hans (1660-1753) 英国医师、古董收藏家汉斯·斯隆尼 106, 110, 201
Smith, Adam (1723-1790) 苏格兰哲学家、经济学家亚当·斯密 102, 174
Society of Antiquaries, London 伦敦古文物专家研究会 43, 67
Society of Arts, London 伦敦艺术协会 47
Society for the Improvement of Husbandry, Dublin 都柏林农业改良学会 47, 111
Sorø 索勒 44
sources, historical 历史渊源 208–209
Spinoza, Baruch (1632-1677) 荷兰哲学家巴鲁赫·斯宾诺沙 142, 204
Sprat, Thomas (1635-1713) 英国主教、皇家学

会史学家托马斯·斯普拉特　26, 44, 67, 152
spying　间谍活动　123-125, 131, 154-155
Stahl, Georg Ernst (1660-1734)　德国化学家格奥尔格·恩斯特·施塔尔　101
statistics　统计学　135-138
stereotypes　模板　194-195
Stillingfleet, Edward (1635-1699)　英国主教、学者爱德华·斯蒂林福利特　211-212
Stirling, James (1692-1770)　苏格兰工业间谍詹姆斯·斯特林　155
Stockholm　斯德哥尔摩　20, 24, 27, 47
Strahan, William (1715-1785)　英国书商、出版商威廉·斯特拉恩　166-167, 173
Strasbourg　斯特拉斯堡　47, 100, 150
Struve, Burkhard Gotthelf (1671-1738)　德国历史学家、学者布克哈德·戈特赫夫·斯特鲁维　27-28, 171, 189
subscriptions　订阅　167, 172, 177
surveillance state　监督型政府　117

tables　表格　97, 115, 138, 184
Tencin, Claudine de (1682-1749)　法国沙龙女主人克劳汀·德·唐桑夫人　48
theology　神学　92, 95, 181, 203
Thevet, André (c.1503-1592)　法国修士、地理学家安德烈·特维　144, 191, 200
Thomasius, Christian (1655-1728)　德国博物学家克里斯蒂安·托马西乌斯　101
Thou, Jacques-Auguste de (1553-1617)　法国文官、历史学家雅克-奥古斯特·德·图　211
Thunberg, Carl Peter (1743-1828)　瑞典旅日作家卡尔·彼得·桑伯格　60
Tissot, Simon (1728-1797)　瑞士医师西蒙·蒂索　28
Toledo　托莱多　139, 145
Tolosani, Giovanni Maria (died 1550)　意大利修道士、学者乔瓦尼·玛丽亚·托洛桑尼　84
Torcy, Jean-Baptiste Colbert, marquis de (1665-1746)　法国外交大臣让-巴普蒂斯特·科尔伯·托尔西侯爵　47, 100, 140, 145
Toscanelli, Paolo (1397-1482)　意大利人文主义地理学家保罗·托斯卡内利　36
Trent, Council of　特伦托会议　121, 210
Trithemius, Johannes (1462-1516)　德国约翰内斯·特里蒂米乌斯　187
Tübingen　图宾根　37, 44
Tull, Jethro (1674-1741)　英国农民、作家杰思罗·塔尔　151
Turgot, Anne Robert Jacques (1727-1781)　French minister 安妮·罗伯特·雅克·杜尔哥　48
Turin　都灵　124, 155

'ulama (ulema)　乌力玛　30, 50
Ulugh Beg (1394-1449)　中亚统治者、天文学家乌鲁·伯格　53
universities　大学　4, 10, 21-22, 32-52, 90-92, 99-102　see also Aberdeen; Alcalà; Altdorf; Bologna; Caen; Cambridge; Frankfurt-on-Oder; Glasgow; Halle; Heidelberg; Helmstedt; Herborn; Jena; Koenigsberg; Leden; Leuven; Marburg; Moscow; Oxford; Padua; Paris; Pavia; Pisa; Salamanca; Uppsala; Utrecht; Wittenberg：亦见阿伯丁、阿尔卡拉、阿尔特多夫、博洛尼亚、卡昂、剑桥、奥得河畔法兰克福、格拉斯哥、哈雷、海德堡、黑尔姆施泰特、赫博恩、耶拿、柯尼斯堡、莱顿、鲁汶、马堡、莫斯科、牛津、帕多瓦、巴黎、帕维亚、比萨、萨拉曼卡、乌普萨拉、乌特勒支、威滕伯格
Uppsala　乌普萨拉　25, 43, 57, 69, 100
Uraniborg　乌兰尼堡　46
Utrecht　乌特勒支　20, 163

Valla, Giorgio (1447-1500)　意大利人文主义百科全书编纂者乔治·瓦拉 94
Valla, Lorenzo (1407-1457)　意大利人文主义者洛伦佐·瓦拉　23, 35-36
Valletta, Giuseppe (1636-1714)　意大利法学家朱塞佩·瓦勒塔　68
Varenius, Bernhard (1622-1650)　德国地理学家伯恩哈德·瓦伦纽斯　77
Vasari, Giorgio (1511-1574)　意大利艺术家、目录学家乔尔乔·瓦萨里　16, 187
Vauban, Sébastien le Prestre, marquis de (1633-1707)　法国元帅、统计学家塞巴斯蒂安·德·沃邦　134
Veblen, Thorstein (1857-1929)　美国社会学家托斯丹·凡勃伦　3-4, 32, 48, 51, 176
Vega, Joseph Penso de la (1650-c.1692)　阿姆斯特丹金融家约瑟夫·宾索·德·拉·维嘉　158-159
Velasco, Juan Léopez de (late 16th century) 西班牙地理历史学家胡安·洛佩斯·德·贝拉斯科　127
Venice　威尼斯　22-24, 45, 55-56, 62, 68, 71-72, 75-76, 94, 123, 132, 136, 141, 144, 147-148, 153-158, 162-163, 165, 178

索引 | 303

Vergil, Polydore (c.1470-1555) 意大利历史学家波利多尔·弗吉尔 187
Vespucci, Amerigo (1454-1512) 意大利探险家亚美利哥·韦斯普奇 36
Vico, Giambattista (1668-1744) 意大利学者詹巴斯蒂安·维科 2, 68, 195, 204, 210
Vienna 维也纳 41, 45, 69, 102-103, 178
Viète, François (1540-1603) 法国数学家弗朗索瓦·维埃特 147
Vincent of Beauvais (c.1190-c.1264) 法国修道士、百科全书编纂者博韦的文森特 94
Vitruvius Pollio, Marcus (first century BC) 古罗马建筑师马尔库斯·维特鲁威·波利奥 15, 144
Vives, Juan Luis (1492-1540) 西班牙人文主义者胡安·路易斯·比韦斯 13, 16, 90
VOC (United East India Company) 荷兰东印度公司 59-60, 63-64, 76, 157-158
Voltaire, François-Marie Arouet de (1694-1778) 法国哲学家弗朗索瓦-马利·阿鲁埃·伏尔泰 20, 27, 30-31, 143, 194

Wallis, John (1616-1703) 英国数学家约翰·沃利斯 84, 147
Walpole, Horace (1717-1797) 英国古董收藏家贺拉斯·沃波尔 209
Walpole, Sir Robert (1676-1745) 英国政治家罗伯特·沃波尔爵士 138
Wargentin, Per Wilhelm (1717-1783) 瑞典科学院秘书佩尔·威廉·瓦根廷 24, 47, 138
Warrington 沃灵顿 45
Weber, Afred (1868-1958) 德国社会学家阿尔弗雷德·韦伯 5, 49
Weber, Max (1864-1920) 德国社会学家马克斯·韦伯 4-6, 26, 118-119
Webster, John (1610-1682) 大学批评家约翰·韦伯斯特 39-40
West India Company 西印度公司 164

Wheare, Degory (1573-1647) 英国学者迪戈里·惠尔 187
Wicquefort, Abraham van (1606-1682) 荷兰外交官亚伯拉罕·范·威克福 147
Wilkins, John (1614-1672) 英国主教、古物收藏家约翰·威尔金斯 204
Williamson, Sir Joseph (1633-1701) 英国国务大臣约瑟夫·威廉森爵士 146, 180
Witt, Jan de (1625-1672) 荷兰法学家、政治家扬·德·维特 135
Wittenberg 威滕伯格 23, 37, 76
Wolfenbüttel 沃芬布特尔 69, 105, 184
women 女性 9, 20-21, 43, 48, 50, 84, 212
Worm, Ole (1588-1654) 丹麦博物学家奥勒·沃尔姆 25, 54, 106-108, 194
Wotton, Sir Henry (1568-1639) 英国驻威尼斯大使亨利·沃顿爵士 123-124
Wrangel, Carl Gustaf (1613-1676) 瑞典贵族、军人卡尔·古斯塔夫·弗兰格尔 57-58
Wright, Edward (c.1558-1615) 英国数学家爱德华·赖特 156

Xavier, Francisco (1506-1552) 西班牙耶稣会传教士方济各·沙勿略 59, 195-196

Zara, Antonio (died 1620) 意大利主教、百科全书编纂者安东尼奥·扎拉 109-110
Zedler, Johann Heinrich (1706-1751) 德国出版商约翰·海因里希·泽德勒 171-172
Znaniecki, Florian (1882-1958) 波兰社会学家弗洛里安·兹纳涅茨基 6
Zürich 苏黎士 142
Zurita, Jerónimo (1512-1580) 西班牙历史学家杰罗尼莫·祖里达 140
Zwinger, Theodor (1533-1588) 瑞士医师、百科全书编纂者西奥多·茨温格 25, 95-96, 142

A Social History of Knowledge: From Gutenberg to Diderot

by Peter Burke

Copyright © 2000 by Peter Burke

The right of Peter Burke to be identified as author of this work has been asserted in accordance with the Copyright, Designs and Patents Act 1988.

First published in 2000 by Polity Press in association with Blackwell Publishers, a Blackwell Publishing Company.

This edition is published by arrangement with Polity Press Ltd., Cambridge

本书译自彼得·伯克首版 *A Social History of Knowledge: From Gutenberg to Diderot*

由剑桥Polity出版社安排出版

Simplified Chinese translation copyright © 2024

by Zhejiang University Press Co., Ltd.

All rights reserved.

浙江省版权局著作权合同登记图字：11-2015-197号